SO, SO!!
NICHTS GETRUNKEN?
MAN WÜNSCHT SICH
WOHL DIE GUTE ALTE
DDR ZURÜCK, WAS?!
Oranienburger Str.

Thomas Heubner

Alles Trabi, oder was?

Ein Lach- und Sachbuch
rund ums Auto

Eulenspiegel Verlag

Inhalt

Vorn ist das Licht

Liebe Kunden, liebe Leserin, lieber Leser!

Herzlichen Glückwunsch zu diesem neuen Buch, das Sie nach langer Vorbestell- und Wartezeit nun endlich erstehen konnten.

Dieses Werk zeichnet sich durch drei hervorragende Eigenschaften aus: es ist preiswert, nicht zu dick und garantiert nicht langweilig. Es wurde vom Verlag auf der Basis modernster Drucktechnik produziert und vom Autor nach neuesten Erkenntnissen der Geschichts- und Technikwissenschaften sowie der Satirologie verfaßt. Zu unserem selbstverständlichen Kundendienst gehört es, daß Ihnen das werkgeschulte Personal im Verlag und Buchhandel beim Lesen zur Seite steht. Ständige Betriebsbereitschaft und hohe Lebensdauer unseres Produkts setzen aber eine sachgemäße Behandlung, Pflege und Wartung voraus. Wir bitten Sie deshalb, nehmen Sie sich vor dem ersten Kapitel Zeit zum Lesen dieses Vorworts. Sie schützen sich damit vor Unannehmlichkeiten, die durch oberflächliches Studium, einen fehlenden Klassenstandpunkt oder heimtückische Fragestellung eintreten könnten. Etwa: Besaß der leistungsstarke Wartburg-Motor außer den zwei öffentlich bekannten noch mehrere unsichtbare Takte? War Multicar tatsächlich ein Geschoßwerfer des Warschauer Pakts? Oder: Wie wurde die Plaste des Trabant gehärtet?

Solche Unklarheiten sind fehl am Platz. Denn das Wertvollste, was der DDR-Bürger besaß, war das Auto. Es wurde ihm höchstens einmal gegeben im Leben, und benutzen sollte er es so, daß ihn zwecklos zurückgelegte Kilometer nicht bedrückten, daß ihn die Schande einer niederträchtigen Vergangenheit ohne Auto nicht brannte und daß er, sterbend auf einer Kreuzung, sagen konnte: Mein ganzes Leben, mein ganzes Geld habe ich dem Herrlichsten in der Welt, dem Kampf für die Motorisierung der Menschheit gewidmet.

Diesem hehren Ziel galt auch das Wirken der Partei. Angefangen bei Walter Ulbricht, der die zehn Gebote für die sozialistische Autopflege verfaßte, über Erich Honecker, der die Straßenverkehrsordnung unter dem Motto »Vorwärts immer, rückwärts nimmer!« schöpferisch weiterentwickelte bis zu

Erich Mielke, der verkündete: »Manchen kann das Mitfahren, keinesfalls aber das Lenken gestattet werden.« Das humanistische Anliegen wurde nicht zuletzt von Volksmusikkollektiven unterstützt, die fröhlich sagen: »Vorn ist das Licht. Und Luft für jeden ... Vorn ist das Licht, Du kannst es sehen, Vorn ist das Licht, beim Vorwärtsgehen, Vorn ist das Licht, Trägt die Jungen, Wir sind vorn ...«

In diesem Sinne ist natürlich auch die Grundfrage aller Philosophie – *Was war zuerst da? Der Sozialismus oder das Auto?* – längst beantwortet. Beide gehören untrennbar zusammen. Schließlich steckt bereits in dem Wort »Sozialismus« der Begriff »Socius«, was im Lateinischen Teilnehmer, Beifahrer bedeutet. Viele Bürger haben dies zu wörtlich genommen oder einfach Beifahrer mit Beischläfer verwechselt. Doch wenn der Fahrgast schon nicht lenken will, um das Fahrziel sollte er immerhin Bescheid wissen. Aber keiner wußte Bescheid, und alle machten mit. Und die wenigsten Kraftfahrer hatten den schlauen Bertolt Brecht verstanden: »Wenn ich Auto fahre, selbst am Steuer, kritisiere ich den Lauf meines Wagens, indem ich steure.«

Somit wird auch deutlich, daß die deutsche Autofahrernation niemals gespalten war. Die Liebe der Deutschen zum Auto verband sie wie die zu Musikantenstadl und Oberhofer Bauernmarkt, der erste Schritt zur Wiedervereinigung.

Die im Buch enthaltenen Geschichten von den Auto- und Motorradfahrern, den Erbauern und Konstrukteuren, den Verkehrsplanern und -reglern sind authentisch aus der DDR überliefert. Daten und Fakten sind historisch getreu wiedergegeben. Und wie üblich bei einem seriösen Verlag, sind die handelnden Personen – mit Ausnahme historischer Persönlichkeiten und auf Medienpräsenz bedachter VIPs – frei erfunden, jede Ähnlichkeit mit lebenden ist rein zufällig. Nachbau- und Reparaturanleitungen sind allerdings kein Dogma, sondern lediglich Anleitung zum Handeln. Für eventuell eintretende Schäden übernehmen wir keine Haftung. Gleichwohl wünschen wir Ihnen allzeit gute Fahrt.

Mit freundlichen Zweitaktgrüßen
Autor und Verlag

»Heute sind se wieder alle auf den Beinen.«

Von der Wiege bis zur Bahre – ich fahre!

Auto-Biographie eines Verkehrsteilnehmers

Am meisten liebte ich meinen zweiten Wagen – ein Cabrio. Ein smarter Sportflitzer mit offenem Verdeck. Doch die erste Karre war auch nicht von schlechten Eltern. Das Fahrgestell war etwas tiefer gelegt, kompakte Mittelklasse. Die Karosserie aus hell lackiertem Korb bestach durch ihr stromlinienförmiges Design – eben der Mode entsprechend, Anfang der 50er Jahre.

Ich konnte an der Flasche hängen und gleichzeitig in der Gegend herumkutschieren. Zudem fühlte ich mich pudelwohl in diesem Käferchen. Ein Wagen zum Leben, *made in paradise*.

Leider durfte ich damals noch nicht selbst ans Steuer. Aber da sowohl meine Mutter als auch der Vater im Zuge der neuen Gleichberechtigung von Frau und Mann eine Fahrerlaubnis besaßen, wechselten sie sich auch ab beim Lenken und Schieben des Kinderwagens. Während ich täglich durch die Botanik geschaukelt wurde, ließ es sich unter der warmen Decke prima schlafen. Ärgerlich war es nur, wenn Regen einsetzte. Denn die Konstrukteure hatten das Korbverdeck leider nicht wasserdicht bauen lassen, und deshalb benetzten manchmal ein paar Regentropfen mein pausbäckiges Babyface. Doch Körper und Geist überstanden es unbeschadet. Vorerst.

Sehr gesund dann auch die Fortbewegung in besagtem Sportwagen. Da war bei zurückgeklapptem Verdeck die Frischluftzirkulation natürlich viel besser als in der alten Korbwanne. Vor allem aber brauchte ich nicht mehr ständig zu liegen, sondern konnte endlich sitzen und den spannenden Panoramablick genießen und agierte praktisch nebenberuflich schon als Kinderwagen-Testfahrer. Seitenwände und Federung des Wagens haben jedenfalls meinem Körpergewicht standgehalten.

Nur einmal, als mich meine Mutter beim Einkaufen vor dem Fleischerladen geparkt hatte, löste sich durch mein Gehopse die festgestellte Bremse, und quietschvergnügt rollte ich quasi mit Autopilot ein paar Meter auf dem abschüssigem Bürgersteig. Es kam Gott sei Dank nicht zu einem tragischen Verkehrsunfall, da eine beherzte Bürgerin das Gefährt sofort zum Stehen brachte. Auch das Herz meiner Mutter soll vor Schreck fast stehengeblieben sein. Aber mein Fortbewegungsdrang auf Rädern wurde dadurch nur angestachelt.

Eine Lehre aus der Geschichte wurde freilich gezogen: Als mein kleines Brüderchen drei Jahre später die beiden Fahrzeuge als Gebrauchtwagen von mir übernahm, wurden ihm Sicherheitsgurte angelegt. Die Karren überstanden auch den zweiten Stammhalter der Familie. Kein Wunder, handelte es sich doch um sozialistische Qualitätsprodukte aus dem VEB Zekiwa – Zeitzer Kinderwagen – mit einer langen Tradition.

Was es im Autoland DDR nicht gab:

Autokonzerne
Autokredit
Autolobby im Parlament
Automobilklub
Boxenluder
Frauenparkplätze
Freie Fahrt für freie Bürger
Idiotentest
Killerautos
Michael Schumacher
Neuautos ohne Wartezeit
Parlamentarier, von Autokonzernen bezahlt
Punkte in Flensburg
Rollende Lagerhallen auf der rechten Fahrspur
Stau
Steigende Benzinpreise
Straßen ohne Schlaglöcher
Unbegrenztes Rasen auf der Autobahn

Der Trabi ist sogar im Marxismus verankert! Wie schrieb Karl Marx im »Kapital«: »Es gibt Gebrauchswert ohne Wert.«

Klein-Peter kommt mit seinem Vater von einer Autofahrt zurück. »Es war ganz wunderbar, Mutti«, schwärmt der Junge, »unterwegs haben wir drei Idioten, sechs blöde Affen, acht Trottel und eine ganze Menge Armleuchter überholt!«

Hier, in Sachsen-Anhalt, im südlichen Zipfel des Bezirks Halle, wurden schon seit Mitte des 19. Jahrhunderts Kinderwagen hergestellt. Als Handwerkergeselle von langer Wanderschaft durch Amerika und Europa nach Hause zurückgekehrt, hatte Ernst Albert Naether 1846 die Stellmacherei seines Vaters übernommen. Der erfindungsreiche Mann konstruierte seinen ersten Kinderwagen und stellte ihn 1852 auf der Leipziger Messe vor, also nur ein paar Kilometer von Zeitz entfernt. Keine zehn Jahre später gab Naether die Stellmacherei auf und baute nur noch Kinderwagen. Weitere fünfzig Jahre später arbeiteten in dem Betrieb schon 750 Leute, das Geschäft brummte. Selbst in den beiden Weltkriegen, wo allerdings Kinderwagen weniger gefragt waren, dafür um so mehr Munitionskisten und Proviantkörbe. Das mag nach 1945 für die sowjetischen Besatzer und die Wirtschaftsfunktionäre der neuen Partei Grund genug gewesen sein, Naether zu enteignen und 1950 den VEB Zeitzer Kinderwagen zu gründen.

Nicht zum Schaden des Wirtschaftsstandortes Zeitz übrigens. Denn die tüchtigen DDR-Bürger zeichneten sich durch ein gesundes Paarungsverhalten und eine erfreuliche Geburtenrate aus, seit den 70er Jahren zusätzlich motiviert durch gutes Kindergeld und zinslosen Ehekredit. Bald fertigten die 2200 fleißigen Werktätigen von Zekiwa im Jahr 450 000 Kinder- und 160 000 Puppenwagen. Darunter 1968 der erste Kinderwagen mit Plastwanne, auf der Leipziger Messe mit einer Goldmedaille ausgezeichnet, und 1976 der erste leichte Buggy in Serienproduktion. Man produzierte in der größten Kinderwagenfabrik Europas nicht nur für den eigenen wachsenden Bedarf, sondern exportierte auch in die Bruderländer des RGW. Sogar große bundesdeutsche Versandhäuser rissen sich um die Ostwagen und bezahlten dafür hartes Westgeld. Zumindest haben die derbgefederten DDR-Wagen den penatenverwöhnten Babys aus Bayern oder Hessen nicht geschadet.

Verständlich also, daß nicht nur mein Bruder und ich zuerst auf Zeitzer Rädern die Welt erkundeten, sondern fast 98 Prozent der zwischen 1949 und 1989 in der DDR Geborenen. Der Rest hatte Westverwandtschaft und wurde stolz in Joggern, Buggys oder Trikes herumkutschiert, oder wie auch immer man diese Westwagen nannte, die aus Hamburg oder Köln mitgebracht oder im Intershop gekauft wurden. Im Kinderwagenverkehr der DDR herrschte friedliche Koexistenz.

Da man als ganz junger Mensch sehr fix dem Kinderwagen entwachsen ist, mußte auch ich im zarten Alter von drei, vier Jahren diesen Fahrzeugen Lebewohl sagen. Abschied ist ein scharfes Schwert. Meinen entstandenen Weltschmerz versuchten die Eltern dadurch zu kompensieren, daß sie das Kinderzimmer mit Spielzeugautos von *sonni*, vom VEB Vereinigte Spielwarenwerke Sonneberg, vollstellten. Herrliche Geräte waren darunter! Riesige Holzkipper, auf denen man sitzen konnte, Blechautos mit Schwungrad und solche mit einer Fernlenkung. Nur keine Match-Box. Jammerschade, daß die wenigsten dieser Autos die erste Inspektion in der Kinderwerkstatt überstanden. Sie würden heute beim Antiquitätenhändler viel Geld bringen.

Langlebiger waren dagegen die anderen fahrbaren Untersätze, die ich im raschen Wechsel genußvoll ausprobierte. Zuerst ein Dreirad, auf dem man wegen seiner drei Räder nicht umfallen konnte. Dann einen kleinen Holzroller, der aber recht bald von einem echten luftbereiften Roller mit einer richtigen Hupe abgelöst wurde. Zwischendurch das Größte und Schönste überhaupt – ein rotes Tretauto! In der Karre bin ich wie ein Wahnsinniger durch die Gegend gekurvt, die dabei zurückgelegten Kilometer müssen einer Erdumrundung entsprochen haben. Irgendwann paßte ich dann partout nicht mehr ins Cockpit, das Brüderchen drängelte auch schon, so stieg ich dann aufs Fahrrad um. Nicht so ein winziges Vehikel mit Stützrädern an den Seiten hinten, sondern ein 24er Kinderfahrrad von Mifa. Es war unverwüstlich, Reifen oder Kette reparieren hatten mir Vater und Onkel beigebracht, und erst zur Jugendweihe wurde es gegen ein 28er Diamant-Sportfahrrad eingetauscht.

Fast erübrigt sich somit die Feststellung, daß mir das Fahren in die Wiege gelegt wurde. Ich war einfach nicht zum Fußgänger geboren. Die Diktatur des Proletariats konnte daran auch nichts ändern. Die Gnade meiner späten Geburt brachte es mit sich, daß ich gleich in eine Autofamilie geriet. Mein Vater war nicht nur SED-Mitglied, sondern auch begeisterter Automobilist. Und in diesem Sinne verzog er mich.

Ich konnte noch nicht einmal richtig laufen, da setzte er mich hinters Lenkrad seines Horch, wie er den F 8 immer nannte und den sich die Eltern für schlappe 8415 Mark sofort nach ihrer Hochzeit zugelegt hatten. Natürlich kam ich mit meinen kurzen Beinchen weder an Gas- oder Kupplungspedal ran, aber zu hupen bereitete viel mehr Vergnügen. Ebenso das Betätigen der Winker per Hand – automatische Blinker gab's damals noch nicht –, die in den Säulen links und rechts neben den Vordersitzen angebracht waren. Weniger lustig jedoch die langen Fahrten an kalten Wintertagen, weil die Heizung des Wagens mit seiner Holzkarosserie eher eine Kühlung war. Während der Tour wischte Vater mit einem Leinensäckchen, das mit Salz gefüllt war, die von innen zugefrorene Frontscheibe ab, und hinter den Vordersitzen blubberte ein Katalytofen sinnlos vor sich hin.

Sichtlich komfortabler dann der Wartburg 311. Kurz vor meiner Schuleinführung nahm mich mein Erzeuger mit ins Eisenacher Werk, blätterte dort 14 700 Mark hin und fuhr stolz wie ein Ritter von der Wartburg mit mir heimwärts. Zu Hause angekommen, erregte die schnittige Limousine sofort viel Aufsehen. Schließlich handelte es sich nicht um einen popeligen P 70. Die Eltern fuhren jahrelang Wartburg, bis sie irgendwann auf Viertakter umstiegen und sich einen

Skoda S 105 zulegten, der ihnen nach ein paar Jährchen Wartezeit zugeteilt worden war.

In der Zwischenzeit und mit dem Alter hatte sich meine Euphorie gegenüber der elterlichen Motorisierung und den Ausflügen an den Wochenenden jedoch etwas gelegt. Spätestens seit mein bester Klassenkamerad berichtet hatte, daß sein Onkel aus Düsseldorf zu Besuch gekommen war – mit einem amerikanischen Straßenkreuzer, einem echten Cadillac. (Daß es sich um einen Mietwagen handelte, erfuhren die Eltern meines Freundes erst viel später.) Da begann ich zu ahnen, daß es auf der Welt noch schönere, größere und schnellere Autos als Wartburg oder Trabant gab.

Enkel Peter schreibt stolz seiner Oma im Westen, er hätte sich ein neues Auto gekauft, einen Trabant 601.
Darauf antwortet seine Oma: »Junge, mußt du immer so übertreiben? Ein 300er Mercedes hätte doch auch gereicht!«

Das bestätigte sich auch auf einem Schulwandertag, der unsere Klasse auf die Leipziger Frühjahrsmesse geführt hatte. Dort interessierten uns weniger die Errungenschaften der wissenschaftlich-technischen Revolution, dafür um so mehr die vielen Westautos in der Stadt und in den Messehallen. Wir kamen aus dem Gaffen gar nicht mehr raus und hamsterten Prospekte von BMW und Porsche. Die kapitalistischen Druckerzeugnisse wurden jahrelang wie ein Schatz gehütet. *I had a dream ...*

Im Herbst 1982 bei einem Magdeburger Frauenarzt: »Herzlichen Glückwunsch, Frau Schulze, Sie sind schwanger. Soll ich Ihr Kind gleich für ein Auto anmelden?«

Ein wichtiger Schritt zur Erfüllung dieses Traums war der 16. Geburtstag. Da besaß man nicht nur seit zwei Jahren seinen blauen Personalausweis, sondern durfte nun endlich auch Moped fahren. Allerdings forderte die strenge Straßenverkehrsordnung (StVO) der DDR in ihren Paragraphen 8 und 85, daß man auch zum Führen von Krafträdern bis 150 Kubik eine Fahrerlaubnis braucht. Der Besuch einer Fahrschule war dafür nicht erforderlich, aber man mußte »in einer Prüfung genügend fahrpraktische und verkehrsrechtliche Kenntnisse und Fertigkeiten« nachweisen. Praktischerweise absolvierte unsere Schulklasse das im Kollektiv. Der Vater eines Schulfreundes war Elternaktivvorsitzender und Volkspolizist, ein paar Klassenkameraden hatten von ihren Eltern eine Schwalbe, Spatz oder Star geschenkt bekommen, und nach drei Nachmittagen Schulung und Training bekamen 30 Jungen und Mädchen ihre Fahrerlaubnis der Deutschen Demokratischen Republik kostenlos ausgehändigt. Die meinige mit der Nummer C334388 besitzt heute noch Gültigkeit.

DEUTSCHE DEMOKRATISCHE REPUBLIK
Internationaler Kraftfahrzeugverkehr

Internationaler Führerschein

Internationales Abkommen vom 24. April 1926

Ausstellung des Scheins

Ort: Berlin

Tag: 29. 05. 70

Stempel der Behörde

Präsidium der Volkspolizei
(Name der Verwaltungsbehörde)

(Unterschrift)

VK 36 (87/11) Ag 106/2500/69

Erst mit 18 Jahren durfte man auf vier Räder umsteigen. Dabei erwies es sich als günstig, daß ich Mitglied der Gesellschaft für Sport und Technik (GST) war. Ich beteiligte mich nur zähneknirschend am Luftgewehrschießen oder Übungshandgranatenwerfen. Doch die 50 Pfennige monatlicher GST-Beitrag waren gut angelegt. Dafür konnte man dort fast kostenlos die Fahrschule absolvieren. Sogar auf einem W 50. Seitdem kann ich nicht nur einen Pkw, sondern auch Lastwagen und Traktoren führen.

Somit dürfte eigentlich klar sein, daß meine Erlebnisse als Fußgänger oder Benutzer öffentlicher Verkehrsmittel äußerst rar sind. Schnell erzählt sind dagegen die restlichen Etappen meiner Motorisierungskarriere: Schon ein paar Jahre nach dem Studium konnte ich den alten Trabi aus dritter Hand gewinnbringend weiterverkaufen, da das neue Auto, das ich gleich mit 18 angemeldet hatte, ausgeliefert wurde. Nunmehr ging alles seinen geregelten sozialistischen Gang. Dank ausgeklügelter Familienplanung stand alle vier, fünf Jahre ein neues Gefährt vor dem Haus. Die üblichen Rennereien nach Ersatzteilen, die bekannte Warterei in der Autowerkstatt, die wunderbare Solidargemeinschaft in Aktion, wenn man mit einer Panne unterwegs stehenblieb und sich gegenseitig half ... Aber wem erzähle ich das!

In den Jahren ist mir mein Fahrzeug an den Körper gewachsen, wir sind siamesische Zwillinge. Mit dem Auto bin ich bis in die Hohe Tatra oder nach Nessebar in den Urlaub gedüst, bin zum Bäcker um die Ecke gefahren und habe auf den letzten Drücker, weil kein Taxi zu bekommen war, meine Frau zur Entbindung ins Krankenhaus gebracht.

Traurig nur, daß man seinen letzten Weg nicht als Selbstfahrer zurücklegen kann. Aber schön wäre es, wenn ich dabei auf das Vertraute nicht verzichten müßte: Auf einen Barkas B 1000, ein ausgebauter, schwarz lackierter Kastenwagen.

Denn mittlerweile haben zwar unsere neuen ruhmreichen Landesregierungen die alten DDR-Gesetze begraben, so auch die »Bestimmungen über die Verladung und den Transport von Leichen« gemäß der ersten Durchführungsbestimmung zur Gütertransportverordnung (GBl. DDR I 1982 S. 23). Doch dem aktuellen Bestattungsgesetz, wonach »im Straßenverkehr ... Leichen in Fahrzeugen zu befördern (sind), die ausschließlich für den Transport von Särgen und Urnen bestimmt und hierfür eingerichtet sind«, dürfte der gute alte Barkas nicht widersprechen.

Also, wenn das alles geregelt ist, wünsche ich mir nur noch, daß an meinem Grab ein kleiner Trompeter das himmlische Lied aus DDR-Zeiten spielt: »Ein himmelblauer Trabant, fuhr übers Land ...«

Ein himmelblauer Trabant

Es war auf der Straße von X-Dorf nach Y-Hagen,
da kam ich vom Bahnhof, schon fing ein Gewitterguß an,
ich hatte die Tropfen im Mantel, im Schuh und im Kragen,
ich winkte den Autos und eines, ein kleines hielt an.

Ein himmelblauer Trabant rollte durchs Land, mitten im Regen,
der große Himmel war grau, trübe und grau, ich aber fuhr
im himmelblauen Trabant quer übers Land, mitten im Regen,
oh ja, ich danke dir sehr, lieber Chauffeur, für diese Tour.

So kam ich viel schneller und besser nach Haus, als ich dachte,
mein freundlicher Fahrer, der hielt ja direkt vor der Tür,
Und als ich dann ausstieg und sah, wie verlegen er lachte,
da gab's noch ein Küßchen, ich glaube, ihr wißt schon wofür.

Ein himmelblauer Trabant rollte durchs Land, mitten im Regen,
der große Himmel war grau, trübe und grau, ich aber fuhr
im himmelblauen Trabant quer übers Land, mitten im Regen,
oh ja, ich danke dir sehr, lieber Chauffeur, für diese Tour.

(Musik: Rudi Werion
Text: Thomas Kluth
Interpretin: Sonja Schmidt)

John Stave
Striche am Trabant

Als ich uns für den Wagen anmeldete, fielen wir noch unter das Jugendschutzgesetz. Wir waren verlobt und heirateten einige Jahre darauf. Nach den Hochzeitsfeierlichkeiten – es waren insgesamt dreizehn Personen gekommen – führten wir das Prinzip der strengsten Sparsamkeit ein. Zuerst verzichteten wir auf die Anschaffung eines Fernsehgerätes, dann verkauften wir unseren Radioapparat günstig, und ich bestellte die *BZ am Abend* ab. Die *Fußballwoche* las ich jetzt immer bei einem Bekannten mit. Meine Frau löschte unsere Mitgliedschaft im Theateranrecht, und durch einen betrieblichen Wechsel zahlte ich keinen Beitrag mehr für die Deutsch-Sowjetische Freundschaft. Aber auch die Dinge des täglichen Lebens wurden stark eingeschränkt. Wir tranken keinen Bohnenkaffee mehr, nur noch Tee. Ich verkniff mir das Bier und schraubte überall 25er Birnen ein, wodurch auch das Lesen flachfiel, so daß wir die zwölf Bücher, die wir zur Hochzeit geschenkt bekommen hatten, zu einem guten Preis losschlagen konnten. Meine Frau entwickelte ein Verfahren zur Streckung von Pflaumenmus. Wochentags trugen wir beide Trainingsanzüge. Um später besser zu fahren, liefen wir nun zu unseren Arbeitsstätten, ich zwölf O-Bus-Stationen, meine Frau neunzehn Straßenbahnhaltestellen.

Ich hatte früher mal in einem Buch gelesen, daß, wer größere Schritte macht, Schuhsohlen einspart. Wir probierten die Sache aus, es ging. Wir wurden auch beide Nichtraucher. Sogar am Essen kann man bei etwas gutem Willen eine Menge einsparen. Zum Frühstück leckten wir Brausepulver. Abends teilten wir uns eine Dampfwurst. Beim Betriebsessen ließen wir uns von anderen Kollegen noch etwas zugeben und konnten es bewerkstelligen, daß wir ab und zu schon mal ein paar gekochte Kartoffeln mit Soßenresten nach Hause bringen konnten. Die Kartoffeln kann man prima mit etwas Malzkaffee aufbraten. Das müssen Sie sich mal merken, wenn Sie in die Verlegenheit kommen! Beim Fußball sah ich mir stets nur noch die zweite Halbzeit an, weil man da umsonst reinkommt. Wir trafen zu Hause auch alle Vorsichtsmaßregeln, daß uns nicht etwa ein Kind unterlief. Die Sache selbst brauchten wir zunächst nicht einzuschränken, weil sie ja nichts kostete.

Ich ließ mir die Haare lang wachsen, geriet aber anläßlich des 11. Plenums in eine Anti-Gammler-Kampagne, obwohl ich es nur aus Sparsamkeit getan hatte und gegen überhaupt nichts protestieren wollte. Auch besaß ich nicht einmal eine Gitarre.

Meine Frau wurde immer weniger. Als wir uns kennenlernten, war sie eine richtige Bombe, gut besattelt sozusagen, aber nun war fast gar nichts mehr dran. Ihre alten Blue Jeans, die immer beinahe platzten, schlackerten schon um ihre dünnen Schenkel.

Es wurde Zeit, daß wir den Wagen bekamen.

Und dann war es endlich soweit! Der Trabant rollte an. Es war ein erhebendes Gefühl. Eigener Lenker ist Goldes wert.

Wir fuhren jeden Tag ein paar kurze Strecken, denn Kraftstoffgemisch wird einem ja auch nicht gerade geschenkt. Sonnabends und sonntags putzte ich den Wagen. Ich machte es auf der Straße vor unserem Haus. Die Leute sollten es alle sehen, daß man mit etwas gutem Willen ganz schön was ranschaffen kann. Zweimal fiel ich während der Waschvorgänge in Ohnmacht. Anstelle des Brausepulvers zum Frühstück hatte ich jetzt schon Margarinestullen, dünn geschmiert, zugelassen, also die strengste Sparsamkeit etwas gelockert Auch zum Braten. Meine Frau, die die ersten paar Male beim Waschen geholfen hatte, ließ im Interesse plötzlich nach. Sie blieb lieber oben und fuhr auf den kurzen Strecken nicht mehr so oft mit.

Einmal überraschte ich sie in der Speisekammer, wie sie heimlich von einem illegal angeschafften Stück Butter einen Löffel in den Mund nahm. Das ergab den ersten Streit in unserer Ehe. Alles kann man mit mir machen, aber nicht von hinten durch die kalte Küche!

An einem arbeitsfreien Sonnabend – ich war gerade dabei, mit einem Rest Autolack, den mir ein Bekannter geschenkt hatte, einen roten Strich an den Wagenseiten anzubringen – trat meine Frau aus dem Haus. Sie hatte sich ganz nett zurechtgemacht und war auch wieder etwas dicker geworden, wie ich mit Erstaunen bemerkte.

Ich rief ihr zu: »Ich bin noch nicht soweit. Ein halbes Stündchen wird es wohl noch dauern! An der linken Seite habe ich den Strich schon fertig. Schau ihn dir einmal an!«

Sie aber sprach: »Ich muß einen wichtigen Gang erledigen. Fahr du nur allein mit den Strichen.«

Sie eilte – mit kurzen Schritten! – weiter, und ich rief ihr noch hinterher: »Wann kommst du zurück, Ruth-Madeleine?«

Aber sie hörte es nicht, war schon um eine Ecke verschwunden. Ich habe Ruth-Madeleine nie wiedergesehen. Böse Nachbarn erzählen, daß sie jetzt sehr glücklich wäre und mit einem Mann zusammenlebe. Dieser Mann, hörte ich, soll kein Auto besitzen. Da kann man wieder mal sehen, daß Frauen nicht sehr weit denken können. Die roten Striche am Trabant verleihen dem Wagen übrigens ein schnittiges Aussehen.

1968

Ideenklau an Hörsel und Mulde

Berlin-Karlshorst, 23. Dezember 1953

– Streng geheim! –
Gen. L. P. Berija – persönlich!
Vorsitzender des NKWD und
stellvertretender Ministerpräsident der UdSSR
Lubjanka
Feliks-Edmundowitsch-Dzierzynski-Platz
Moskau

Sehr verehrter Genosse Lawrentij Pawlowitsch!

Noch auf Befehl unseres unvergessenen, leider viel zu früh von uns gegangenen teuren Genossen J. W. Stalin übersende ich Euch hiermit eine Kurzeinschätzung über die erfolgreiche Entwicklung der Automobilindustrie in den acht Jahren seit 1945 in der von uns kontrollierten Besatzungszone in Deutschland. Das Wichtigste vorab: Wir haben alles im Griff, die Lage ist ernst, aber nicht hoffnungslos. Schon bald werden wir in allen deutschen Betrieben ein Niveau erreicht haben, das dem der Moskauer Autofabrik SIS (Sawod imenij Stalina/Stalin-Werk) oder der Kamsker Lastwagenfabrik (KAMAZ) entspricht.

Die Ausgangssituation war allerdings komplizierter, als wir uns das ursprünglich vorgestellt hatten. Noch 1944, nachdem auf der Krim-Konferenz mit den Alliierten die Besatzungszonen in Deutschland aufgeteilt wurden, ging der weise Genosse Stalin davon aus, daß uns ein Industrieparadies in den Schoß fiele. Sachsen war bester Steuerzahler des Deutschen Reiches und bildete mit Thüringen die Wiege des deutschen Automobilbaus. Gemessen an allen deutschen Kfz-Zulassen aus dem Jahr 1938 kamen bei den Pkw 26,7, bei Lkw 38,5 und bei Motorrädern 29,4 Prozent aus den Produktionsstätten in Chemnitz, Zwickau, Plauen, Zschopau oder Eisenach. Kein Vergleich etwa zu den agrarischen Provinznestern um München, wo sich die Füchse noch Gute Nacht sagen.

Wie wir wissen, hatten die Nazis diese Unternehmen in ihre Rüstungs- und Kriegsproduktion eingebunden. Alle Betriebe bauten Kriegsgeräte, das Eisenacher BMW-Werk beispielsweise Flugzeugmotoren, und waren bedeutende Lieferanten der Wehrmacht. Aus diesem Grund waren sie zum Großteil das Ziel mehrerer Bombenangriffe der alliierten Luftwaffe. So wurden in den Chemnitzer Wanderer-Werken zwei Drittel der Gebäude und ein Fünftel der Maschinen zerstört, bei Audi und Horch in Zwickau zwischen 12 bzw. 5 Prozent. Beim Lkw-Hersteller Vomag in Plauen waren die Hälfte der Gebäude und ein Fünftel der Maschinen vernichtet. Schlimm auch bei BMW in Eisenach. 1944 hatten drei amerikani-

Anfrage an Sender Jerewan: Stimmt es, daß in den USA jeder Einwohner ein Auto hat?
Antwort: Im Prinzip ja, aber bei uns hat dafür jeder einen Parkplatz!

Anfrage an Sender Jerewan: Stimmt es, daß Grigorij Grigorijewitsch Grigorijew bei der Allunions-Meisterschaft in Moskau ein Funktionärsauto vom Typ Tschaika gewonnen hat?
Antwort: Im Prinzip ja. Aber erstens war es nicht Grigorij Grigorijewitsch Grigorijew, sondern Wassili Wassiljewitsch Wassilijew. Zweitens war es nicht bei der Allunions-Meisterschaft in Moskau, sondern beim Kolchos-Sportfest in Kusima. Drittens war es kein Tschaika, sondern ein Fahrrad. Und viertens hat er es nicht gewonnen, sondern es wurde ihm geklaut.

Anfrage an Sender Jerewan: Stimmt es, daß ein sozialistischer Betriebsleiter einen sozialistischen Betrieb leiten kann?
Antwort: Im Prinzip ja. Aber haben Sie schon mal einen Zitronenfalter gesehen, der Zitronen falten kann?

Erich Honecker bekommt einen Brief von seiner alten Mutter aus dem Saarland, die sich nach seinem Wohlergehen und seiner Arbeit erkundigt. Erich schreibt stolz, er sei Staatsratsvorsitzender, das wäre so was ähnliches wie in ihrer Jugendzeit der Kaiser. Es ginge ihm sehr gut, er hätte eine schöne Villa in Wandlitz und einen großen Volvo mit Chauffeur. Antwortet die Mutter: »Mein lieber Erich! Ich habe Angst um Dich! Paß bloß auf die bösen Kommunisten auf, daß die Dir nicht wieder alles wegnehmen!«

Warum fährt Erich Honecker mit dem Traktor durch Berlin? Er sucht seine Anhänger!

sche Luftangriffe über die Hälfte aller Fertigungsstätten in Schutt und Asche gelegt. Bis November 1945 mußten 50 000 Kubikmeter Schutt beseitigt werden, und bis 1947 nochmals 16 000 Kubikmeter Schutt und über 8000 Tonnen Trümmerschrott. Außerdem hatte der Krieg die besten deutschen Facharbeiter verschlungen.

Aber damit leider nicht genug. Wie Sie, geschätzter Genosse Lawrentij Pawlowitsch, durch unsere Aufklärung längst wissen, haben uns die einstigen Verbündeten nach ihrem Einmarsch in Thüringen im April 1945 ausgetrickst. Ähnlich wie bei Carl Zeiss Jena, wo die Amerikaner in der Geheimoperation »Paperclip« sämtliche Patent- und Forschungsunterlagen klauten und eine Reihe wichtiger Maschinen sowie rund 120 leitende Angestellte, Ingenieure und Wissenschaftler nach Heidenheim und Oberkochen verschleppten, gingen sie auch im ostdeutschen Automobilbau vor. Unsere vormaligen lieben amerikanischen Freunde nennen es Know-how- und Technologietransfer und entwendeten sowohl in Chemnitz und Zwickau als auch in Eisenach tonnenweise Versuchsberichte, Patentschriften, Konstruktionszeichnungen und siedelten Hunderte Konstrukteure, technische und kaufmännische Direktoren in ihre Besatzungszone um. Mittlerweile sind in Ingolstadt, Stuttgart, Wolfsburg und Neckarsulm sogar neue Wohnsiedlungen wie Klein-Chemnitz und Klein-Zwickau entstanden. In den Führungsetagen bei VW, Daimler-Benz, NSU oder Auto Union (West) gehört der sächsische Dialekt längst zum guten Ton. Als unsere ruhmreiche Sowjetarmee Ende Juni, Anfang Juli 45 in Sachsen und Thüringen einmarschierte und dort die Hoheitsgewalt übernahm, stand sie also nicht nur vor zerbombten Fabriken, sonder diese waren durch die Amerikaner vor ihrem Abzug auch noch fast vollständig ausgeplündert worden.

Mit den Amerikanern setzte sich in Eisenach ebenfalls die gesamte frühere BMW-Direktion in die Westzonen ab, darunter die Herren Fattler, Fritz und Kandt. In einer Nacht- und Nebelaktion war zuvor noch von Treuhändern der Aktionäre ein Großteil des Bargeldes nach München gebracht worden, wodurch die letzten Mittel für die laufenden Lohnzahlungen erschöpft waren.

Nach Berechnungen unseres Dienstes haben sich nach 1945 insgesamt rund neun Millionen Flüchtlinge und Ausgebürgerte in den Westzonen angesiedelt. Etwa die Hälfte von ihnen ist berufstätig, und acht Prozent von diesen betreiben wiederum ein Gewerbe. Davon dürften sich drei Viertel als überlebensfähig erwiesen haben, das sind immerhin 270 000 Unternehmen. Über Nacht erlebte Westdeutschland also einen Technologie- und Innovationsschub, der einmalig ist auf der Welt. Innerhalb kürzester Zeit schwappten mehr als 100 Jahre Produktions- und Marktkompetenz in das Gebiet zwischen Alpen und Nordsee. Nu konjetschno, es zogen auch ein paar Leute vom Osten in den Westen, weil sie sich von uns und Walter Ulbrichts neuer Einheitspartei ungerecht behandelt fühlten. Doch wo gehobelt wird, da fallen Späne. Alles in allem bedeutete dies für Ostdeutschland einen Aderlaß. Eines jedoch konnten die Klassenfeinde nicht mitnehmen: den unerschütterlichen Willen der Arbeiterklasse ein neues Leben ohne Kapitalisten, Junker und Militaristen aufzubauen.

Selbstverständlich zogen wir als sowjetische Besatzungsmacht daraus unsere Lehren. Vor allem ging es darum, so schnell wie möglich die Reparationsansprüche der UdSSR zu sichern. Beispielsweise arbeiteten die Frankenberger Motorenwerke (Framo) in Hainichen in der Nähe von Chemnitz während der Nazizeit ausschließlich als Rüstungsbetrieb, hatten aber keinerlei Kriegsschäden aufzuweisen und waren deshalb auf Grundlage des SMAD-Befehls Nr. 124 zur vollständigen Demontage auserkoren. Wir bauten dort bis Ende Juli 45 den gesamten Maschinenpark ab und sicherten uns sämtliche Betriebsakten, einschließlich der Konstruktionsunterlagen, mit Ausnahme von zwei Sätzen Blaupausen des Kleintransporters V 501.

Taktisch klug gingen wir auch im übrigen Sachsen vor, wo sich die vier Automobilbauer Horch und Audi aus Zwickau, DKW aus Zschopau sowie die Wanderer-Werke aus Chemnitz 1932 zur Auto-Union AG zusammengeschlossen hatten. Unsere Wirtschaftsoffiziere übergaben den Werken ein grandioses Fertigungsprogramm, wonach ein Maschinenplan – aufgeteilt in vorhandene und benötigte Maschinen – aufgestellt werden mußte. So kamen wir zu vollständigen Kontrollisten, konnten alles demontieren und auf die Reise Richtung Osten schicken. Wie uns aber zuverlässige NKWD-Informanten berichteten, waren die Maschinen unsachgemäß verpackt, somit dem schlechten Wetter ausgesetzt und verrotteten auf dem Rangierbahnhof in Brest-Litowsk. Das passierte uns allerdings nicht mit den vielen Mitarbeitern aus den technischen Büros, die wir zur Arbeit in der Sowjetunion dienstverpflichtet hatten, damit sie dort am industriellen Wiederaufbau unseres Landes mithalfen.

Wir beriefen uns stets auf die Beschlüsse des Alliierten Kontrollrats und der Potsdamer Konferenz. Diese haben schließlich »die Ausschaltung der gesamten deutschen Industrie« zum Ziel, »welche für eine Kriegsproduktion benutzt werden kann ... In praktisch kürzester Frist ist das deutsche Wirtschaftsleben zu dezentralisieren mit dem Ziel der Vernichtung der bestehenden übermäßigen Konzentration der Wirtschaftskraft, dargestellt insbesondere durch Kartelle, Syndikate, Trusts und andere Monopolvereinigungen.« Außerdem ist im Abschnitt IV, Absatz 1 und 6 eindeutig festgelegt, daß »die Reparationsansprüche der UdSSR (...) durch Entnahmen aus der von der UdSSR besetzten Zone Deutschlands ... befriedigt werden« und »sobald wie möglich beginnen und innerhalb von zwei Jahren ... abgeschlossen« werden. Nu charascho, das haben wir erledigt.

Ganz besonders stolz sind wir darauf, daß wir den Genossen Walter Ulbricht und Wilhelm Pieck beibringen konnten, daß alles demokratisch aussehen muß. So beraumten sie für den 30. Juni 1946 in Sachsen einen Volksentscheid an. 77,2 Prozent der Wähler stimm-

Beklagt sich ein westdeutscher Autohändler auf der Leipziger Frühjahrsmesse: »In diesem Jahr will kaum jemand einen Wagen mit automatischem Getriebe kaufen, bloß weil wir ein Schaltjahr haben!«

Anfrage an Sender Jerewan: Gibt es Vergleiche zwischen dem Aufbau des Sozialismus und der Erschaffung der Welt?
Antwort: Im Prinzip ja. Aber bei der Erschaffung der Welt war das Chaos am Anfang!

ten mit »Ja« auf die Frage »Stimmen Sie dem Gesetz über die Übergabe von Betrieben von Kriegs- und Naziverbrechern in das Eigentum des Volkes zu?« Dieses Ergebnis war zwar zufriedenstellend, doch die deutschen Genossen versprachen, daß bei künftigen Wahlen in unserem Herrschaftsbereich mindestens 99 Prozent ihre Zustimmung geben, wofür auch immer.

Für die Audi- und Horch-Werke in Zwickau bedeutete das, daß sie durch die Sächsische Aufbauwerke GmbH übernommen wurden, die per 1. Juli 1946 zur neugebildeten Industrieverwaltung 19, Fahrzeugbau (IFA) gehörte. Diese IFA repräsentiert seitdem den gesamten Fahrzeugbau in der SBZ, ist deren Leiter und Träger der technischen Entwicklung. Am 17. August 1948 haben wir die Auto-Union aus dem Handelsregister Chemnitz streichen lassen.

Da es aber der deutschen Bevölkerung nach dem Krieg an allem mangelte, ließen wir vorher die sächsischen Autowerker aus den Überresten an Material Wandleuchter, Schrotmühlen, Seifenschalen und andere Haushaltgeräte produzieren. Ebenso in Eisenach, wo man Kochtöpfe, Wassereimer, Gartengeräte und Handwagen herstellte. Alles Artikel, die mit einer kurzen Durchlaufzeit produziert werden konnten und die spätestens nach drei Tagen Bargeld brachten.

Bei einer Inspektion des Eisenacher Werkes durch eine Abordnung hochrangiger Offiziere der SMAD fiel diesen ein BMW 321 aus der Vorkriegszeit auf, der noch auf dem Betriebsgelände stand. Sofort verliebten sich die Generäle und Oberste in dieses repräsentative, schnittige und wunderschöne Auto. Jeder wollte am liebsten sofort eins mit nach Hause nehmen. Doch das ging natürlich nicht so einfach. Schließlich war die Kfz-Produktion noch verboten, und das Werk stand als ehemaliger faschistischer Rüstungsbetrieb auf unserer Demontageliste. Also griffen wir zu einer Kriegslist.

Mit der von uns eingesetzten neuen Werkleitung und dem Betriebsausschuß, den die Belegschaft unter unserer Aufsicht demokratisch gewählt hatte, führten wir ein vertrauensvolles Gespräch. Wir schlugen den deutschen Natschalniks vor, sich an Marschall Shukow, den Chef der SMAD, persönlich zu wenden und ihn zu bitten, eine Ausnahmegenehmigung für die Aufnahme der Fahrzeugproduktion in Eisenach zu erteilen. Gesagt – getan. Eine Delegation der Werktätigen reiste nach Berlin-Karlshorst. Sie legte Georgij Konstantinowitsch Pläne für die neue Produktion vor, versprach, daß künftig in diesem Betrieb nur für den Frieden gearbeitet würde und daß alle Voraussetzungen für eine hohe Qualitätsarbeit vorhanden seien. Da der Genosse Oberbefehlshaber selbst von der Marke BMW fasziniert war, willigte er ein. Als Voraussetzung für eine endgültige Entscheidung erteilte er jedoch die Auflage, daß die Eisenacher schnellstmöglich eine Probe ihres Könnens vorlegen. Bis zum 10. September sollten sie fünf Autos als Baumuster liefern.

Was dann in Thüringen, am Ufer des Flusses Hörsel passierte, glich einem Wunder. *Nichts ist unmöglich.* Mit einer Begeisterung ohnegleichen, rund um die Uhr, bauten die deutschen Facharbeiter in Manufaktur die Autos. Innerhalb von nur sechs Tagen hatten sie fünf Probewagen vom Typ BMW 321 fertiggestellt. Unsere militärische Führung war begeistert. Sofort wurden die Limousinen als Reparationsleistung eingezogen, der Generalität zur persönlichen Verfügung gestellt und weitere zehn Wagen geordert. Schon am 13. Oktober 1945 erteilte der Oberste Befehlshaber der Sowjetischen Streitkräfte in Deutschland den Befehl Nr. 93, in der Fahrzeug- und Maschinenfabrik Eisenach (ehemals BMW), die Produktion wieder aufzunehmen. Jährlich sollten 3000 Autos vom Typ 321 und 3000 Motorräder R 35 hergestellt werden.

Wir erlaubten dem Betrieb deshalb, die während des Krieges in Thüringer Kalischächte ausgelagerten Maschinen wieder in Eisenach aufzustellen. Am Vorabend des Jahrestages der Großen Sozialistischen Oktoberrevolution, am 1. November, wurde die Produktion offiziell und feierlich in Gang gesetzt. Bereits im ersten Monat wurden 14 Autos und 16 Motorräder hergestellt. Bis zum Ende des Jahres 1945 waren es insgesamt 53 Pkw vom Typ 321 und 15 vom Typ 326 sowie 75 Motorräder. Das Eisenacher Werk firmierte einstweilen innerhalb unserer sowjetischen »Aktiengesellschaft für Maschinenbau vormals BMW«. Mit dem SMAD-Befehl Nr. 41 vom 25. Januar 1946 hieß es dann »Staatliche Aktiengesellschaft Awtowelo Werk BMW Eisenach« und wurde somit völlig der Verwaltungshoheit unserer Besatzungsmacht unterstellt. Mit dem Befehl Nr. 390 des Chefs der Thüringer SMAD vom 13. August 1946 erfolgte nochmals eine Umbenennung in »Automobilfabrik der Staatlichen Aktiengesellschaft Awtowelo, Werk BMW Eisenach« sowie die Eingliederung in unseren Awtowelo-Verband. Zu diesem gehörten auch die Simson-Werke in Suhl, vormals ein Ableger des Wilhelm-Gustloff-Rüstungskonzerns in Weimar, die MIFA-Fahrradwerke in Sangerhausen, die Elite Diamant-Werke Siegmar-Schönau bei Chemnitz, die Feinmeßzeugfabrik Keilpart in Suhl, das Rheinmetallwerk in Sömmerda, die Leipziger Kugellagerfabrik Böhlitz-Ehrenberg, die Uhren- und Maschinenfabrik Ruhla und das Fichtel-&-Sachs-Werk in Reichenbach im Vogtland.

Somit konnten wir unsere internationalistische Hilfeleistung systematisch ausbauen. Die Erfahrungsaustausche mit sowjetischen Neuerern vermittelten den Deutschen wertvolle Erkenntnisse in der Anwendung moderner Fertigungsmethoden, unter unserer fachkundigen Anleitung lernten sie das Beherrschen fortschrittlicher Produktionsprozesse. Das Werk tat seine ersten Schritte zum sozialistischen Großbetrieb.

Ein Beleg hierfür ist die erste Eisenacher Neukonstruktion, der BMW 340, der 1948 der Öffentlichkeit vorgestellt wurde und dessen Serienproduktion am 7. Oktober 1949, dem Gründungstag der DDR, aufgenommen wurde. Von dem Wagen mit seinen ursprünglichen 55 PS und einer Spitzengeschwindigkeit von 120 Stundenkilometern wurden bis 1952 fast 19000 Exemplare gebaut. Das Auto ist stattlich und geräumig und eignet sich hervorragend als Dienstwagen in der Partei, in den Staatsorganen sowie in den Industrieverwaltungen. Sonderausführungen gibt es als Kombi- und Kastenlieferwagen sowie als »Sankra«, also Sanitätskraftwagen. Viele 340er werden auch als »Toni-Einsatzwagen« der Volkspolizei oder als Taxi genutzt. Natürlich fanden auch unsere sowjetischen Funktionäre Gefallen an diesem Produkt deutscher Wertarbeit, vor allem an der Uhr im Deckel des Handschuhfachs. Verständlich, daß zwei Drittel der Gesamtproduktion in die Sowjetunion exportiert wurden.

Bedauerlicherweise untersagte uns die imperialistische Klassenjustiz Ende 1951 in einem Düsseldorfer Gerichtsbeschluß die weitere Nutzung des Firmennamens BMW sowie seines weiß-blauen Logos. Weil wir in dieser Phase des Kalten Krieges keinen zusätzlichen Ärger mit den Amis haben wollten, lösten wir das Eisenacher Werk aus den sowjetischen Besitzverhältnissen und unterstellten es mit Wirkung vom 5. Juni 1952 als »VEB IFA Automobilfabrik EMW« der deutschen IFA. Der 340er BMW wurde kurzerhand in EMW umbenannt, anstelle des alten wurde nun ein rot-weißes Firmenlogo in den Thüringer Landesfarben verwendet. Darüber freuten sich die Eisenacher Kollegen, weil die Farbe Rot auch viel besser zum planmäßigen Aufbau des Sozialismus paßt.

Aus der Not eine Tugend machten auch die Arbeiter der Framo-Werke in Hainichen. Sie wendeten regelrechte Partisanenmethoden an, was aber für uns immer noch kein Schimpfwort ist. Wir hatten ja alle 539 Produktionsmaschinen demontiert, aber den Schlawinern war es gelungen, einige Maschinen unter den Trümmern und Schrott im Betrieb zu verstecken. Da wir auch die Materialbestände beschlagnahmt hatten, griffen sie einfach auf unbrauchbares liegengebliebenes Kriegsmaterial wie Leitwerke für Fliegerbomben oder Rohrgestelle für den Abschuß von Nebelgranaten zurück. Daraus bauten sie dann Haushaltsgeräte, die die deutsche Bevölkerung massenhaft benötigte. Selbstverständlich hielten wir dieses Treiben unter Kontrolle und schritten auch nicht ein, als die sächsische Landesregierung 1946 dem Werk die Produktion von zivilen Gütern erlaubte. Immerhin wurden im Monat 300 Handwagen hergestellt, wie auch die Reparatur von Framo-Fahrzeugen und die Ersatzteilproduktion wieder aufgenommen wurden. General Dubrowsky, der SMAD-Chef für Sachsen, gab dann seinem Herzen einen Stoß und genehmigte im Juni 46 die Produktion von Neusiedler-Bauernwagen mit 1,5 Tonnen Tragkraft, die in der Landwirtschaft dringend benötigt wurden. Da die Ersatzteilfertigung immer weiter ausgebaut wurde, dauerte es dann nur noch bis 1949, bis die ersten Lieferwagen, 65 Exemplare des Framo V 501, das Werk verließen.

So geschickt wie in Hainichen oder am Fuß der Wartburg gingen unsere Sowjetorgane auch am Ufer der Mulde vor. Natürlich waren wir keine Durakij, Dummköpfe, die den Beschluß des Alliierten Kontrollrates über das Verbot der Automobilproduktion in den Besatzungszonen als unantastbar betrachteten. Vielmehr sagten wir uns, daß wir diese unsinnige Anordnung am ehesten durch einen Prikas nach dem anderen auflockern und aushöhlen könnten. Genosse Stalin gab uns dafür seinen Segen.

So wurde bereits im Sommer 1945 der SMAD-Sonderbefehl Nr. 44 erlassen, womit die Auto Union-Werke in Zwickau die Möglichkeit erhielt, Reparaturaufträge der Besatzungsmacht auszuführen. Unter der Oberaufsicht eines sowjetischen Werkskommandanten reparierten sie fortan vor allem Autos aus den großen Fuhrparks der Post und Verwaltung und produzierten Ersatzteile für die alten DKW. Aber wie das manchmal so ist mit Ersatzteilen: Man stellt eins und dann noch eines her, schraubt sie zusammen, fügt noch ein anderes hinzu – und plötzlich ist ein DKW F 8 zusammengebaut. Großzügig drückte unser Werkskommandant beide Augen zu, weil er genau wußte, daß den führenden Genossen in Berlin-Karlshorst auch beim Anblick dieses Autos das Wasser im Munde zusammenlief. Vor allem staunten sie über die Dynastartanlage des F 8, die die Funktionen von Lichtmaschine und Anlasser in einem erfüllt.

Aus Karlshorst kam Anfang 1947 auch prompt der Auftrag, 300 Lkw vom Typ H 3 zu bauen – und am F 8 weiterzubasteln. Nur wenige Monate später wurde den Zwickauern offiziell erlaubt, einige F 8 zu montieren und sie auf der Leipziger Frühjahrsmesse 1948 auszustellen. Zum gleichen Zeitpunkt konnte dank des Fleißes der deutschen Arbeiter schon das Nachfolgemodell F 9 präsentiert werden, das von der Auto-Union bereits 1939 fertig konstruiert war.

Unseren Wirtschafts- und Kulturoffizieren gingen die Augen über. Das Auto wird zwar als Kleinwagen gehandelt, sieht aber mit seiner stromlinienförmigen Stahlblechkarosserie umwerfend schön aus.

Vor allem bei Militärparaden auf dem Roten Platz kann man damit Eindruck schinden.

Sorgenfrei konnten auch die Forscher, Konstrukteure und Ingenieure in den deutschen Automobilfabriken leben. Sogar darum haben wir uns gekümmert. Nicht nur in Zwickau oder Eisenach, sondern beispielsweise auch in Chemnitz, wo das Ministerium für Automobilbau der UdSSR im Juni 1946 mit dem Automobiltechnischen Büro (ATB) eine Entwicklungsstelle gegründet hatte. Überall reaktivierten wir die leitenden Angestellten, sahen großzügig darüber hinweg, wenn sie vorher irrtümlicherweise Mitglied der NSDAP gewesen waren. Zudem köderten wir sie, indem wir ihnen zusätzliche Lebensmittelkarten zuwiesen, mit denen sie in bestimmten Fleischerläden oder in unseren Magazinen einkaufen konnten. Außerdem kamen sie in den Genuß unserer Pajoks, also der monatlichen Sonderzuteilung von Naturalien in Form von Zigaretten, Schokolode, Schnaps, Schuhen und Stoffen, mit denen wir im Land auch viele Funktionäre in Partei- und Staatsapparat, Wissenschaftler und Künstler beschenkten. Das ist ein guter Weg, den Leuten den Sozialismus schmackhaft zu machen.

Die bisherigen Erfolge geben uns recht. Die Autobauer in der DDR legten erstaunlich schnell ein echtes sozialistischen Bewußtsein an den Tag. Sie sprühten vor Ehrgeiz, Daimler-Benz abzuhängen. Leider gab es ein paar Organisations- und Materialprobleme, was allerdings typisch ist für den Sozialismus in Kinderschuhen.

Als erste Maßnahme schufen wir deshalb neue Strukturen und ordneten das Automobilwerk Eisenach dem IFA-Industrieverband Fahrzeugbau der DDR zu. Vor allem mußte das Typensortiment bereinigt werden. Denn zu Beginn der 50er Jahre zeichnete sich der internationale Trend zu Kleinwagen mit 2-Takt-Motor ab. Diese zwei Takte entsprechen auch unseren ideologischen Prinzipien – »Ja« oder »Nein« – viel besser. Eben wie der geistreiche Genosse Stalin formulierte: »Wer nicht mit uns ist, ist gegen uns!« Deshalb übernahm Eisenach die Produktion des zuvor in Zwickau gefertigten Pkw IFA F9. Am 5. März 1953 rollte dort die erste F 9-Limousine aus den Fertigungshallen. Leider hatte uns Genosse Stalin nicht im voraus seinen Plan mitgeteilt, daß er sich just an diesem Tag vom internationalen Weltproletariat verabschiedet, um in die ewigen revolutionären Jagdgründe zu gehen. Sonst hätten wir das historische Datum natürlich vorverlegt.

Als zweite Maßnahme zogen wir bei den Autobauern der DDR die Daumenschraube an. Da uns die Imperialisten im Westen sabotierten und kaum noch Tiefziehblech lieferten, sollten sich die Zwikkauer Ingenieure gefälligst etwas einfallen lassen. Dawaji – entweder ihr baut Autos aus irgendwelchem Material, nur nicht aus Blech, sagten wir ihnen, oder ihr laßt die Finger davon und dürft wie 1945 Kaffeemühlen und Handwagen basteln.

Derart motiviert, sucht seit 1951 ein Forscherkollektiv nach einem geeigneten Ersatzstoff, der witterungs- und korrosionsbeständig ist und der im eigenen Land beschafft oder hergestellt werden kann. Sie führten auch schon erste Versuche durch, die sich auf Überlegungen aus den 30er Jahren gründen, für die neue Karosserie Plastmaterial oder Kunstharz zu verwenden. Schade, daß es zur Zeit nur Motorhauben, Türen und Rückwände aus diesem Material gibt und keine fertigen Prototypen des Fahrzeugs, das wir Ihnen nach Moskau senden könnten.

Als Ersatz dafür schicken wir aber parallel zu diesem Schreiben drei Pkw aus der laufenden Produktion zum persönlichen Gebrauch für die Führungstroika unserer Partei.

Ich wünsche Ihnen und den Genossen Molotow und Malenkow persönlich alles Gute, weitere großartige Erfolge beim Aufbau des Kommunismus und verbleibe

mit tschekistischen Grüßen

NKWD-Oberst Wladimir Wladimirowitsch Kutin
(deutsche Übersetzung: Mischa Wolf)

Hans-Joachim Riegenring

Das Geheimnis des grauen Autos

Die Technik schreitet und fliegt und fährt und schwimmt unaufhaltsam fort, liebe Leser, und man sollte meinen, je schneller etwas fährt, schwimmt oder fliegt, desto höher ist der Stand der Technik; aber es ist nicht so, ganz im Gegenteil, je langsamer – na, das erzähle ich lieber von Anfang an und beginne also mit Heinz-Jürgen.

Heinz-Jürgen hält sich für einen der intelligentesten Menschen, die ich kenne, er wirft mit Elektronen, Isotopen und Zyklotronen herum – mit den Worten, meine ich –, und seit der Arzt ihm eine Brille verschrieben hat, hält er sich auch noch für einen Erfinder. Wir wollen nicht ungerecht sein. Er sinnt in jeder freien Minute über Erfindungen nach, die der Menschheit das Leben erleichtern. Er konstruierte ein stromsparendes Mikrofon für die Übertragung der Sendepausen, und aus gutunterrichteter Quelle weiß ich, daß er mit der Konstruktion eines Luftballons ohne Hülle und einer geruchlosen Stinkbombe beschäftigt ist.

Es war an einem Donnerstag, 18.47 Uhr MEZ. Nie werde ich diese Minute vergessen, in der eine der größten Erfindungen der Menschheit geboren wurde. Heinz-Jürgen saß vor einem großen Bogen Papier, den sein vierjähriger Sohn anscheinend mit kindlichen Kritzeleien vollgemalt hatte. »Begabter Junge, nicht?« sagte ich, um sein Vaterherz zu erfreuen.

»Wer?« fragte er erstaunt.

»Dein Junge, der da dieses Zeug da ...« Ich zeigte auf das Papier.

Heinz-Jürgen stöhnte wie eine Lokomotive beim Anblick von vierundfünfzig Güterwagen, die man ihr anhängen will. »Lieber Freund«, sprach er, »das ist ein Schaltplan für eine meiner neuesten und besten Erfindungen. Siehst du hier den Kondensator A? An ihn schließe ich den Stromkreis K 2 an, der durch das Relais VF 8 kurzgeschlossen und auf dem Wege über die Gleichrichterröhre QP 46 und den Widerstand W 23 ...«

»Ich verstehe«, sagte ich, »ich verstehe völlig. Nur – was soll das?«

Er sah mich an mit der Miene eines Hellsehers, der den Beginn eines neuen Zeitalters verkündet. »Das«, sagte er, und in seiner Stimme klangen die tiefsten Geheimnisse des Universums, »das wird eine Fernsteuerung.«

»Ausgezeichnet«, nickte ich. »Aber wozuhalb? Warum in die Ferne steuern?«

»Dir als technischem Laien«, erklärte er wie ein Universitätsprofessor gegenüber einem Abc-Schützen, »wird es nicht bekannt sein, daß der Fernsteuerung die Zukunft gehört.«

»Aha«, begriff ich, »unsere Zukunft liegt in der Ferne.«

Gerade, als er erklärte, ich würde ihn in die Nervenheilanstalt bringen, verstand ich, daß er ein Auto fernsteuern wollte.

»Tolle Sache«, staunte ich, was ihn wieder mit mir versöhnte. Und nicht nur das, er bat mich sogar, ihm zu helfen. Sie haben bestimmt schon von Elektronengehirnen gelesen, lieber Leser. Die sind so kompliziert, daß man es sich gar nicht mehr vorstellen kann. Nun denken Sie sich ein ganz besonders unvorstellbares Elektronengehirn – dann haben Sie eine Vorstellung von Heinz-Jürgens Fernsteuerung.

Einhundertdreiundachtzig Elektronenröhren. Vierundsiebenzig Relais. Widerstände. Schalter. Lampen. Lötstellen. Draht. Draht. Draht. Und das Ganze nannte sich drahtloses System. Sobald man den Strom einschaltete, leuchtete, brummte, funkte, knisterte es an einigen tausend Stellen.

»Nun brauchen wir noch ein Auto«, strahlte der Erfinder, »dann wirst du sehen, wie genial« – hier folgten noch einige ähnlich bescheidene Worte – »ich das hingekriegt habe.«

Der Bruder eines Onkels meiner verstorbenen Tante besaß ein Auto, das aus einer verrosteten Karosserie vom Jahrgang 1924 und vier, wenn auch nicht runden, so doch drehbaren Rädern bestand. Nachdem er sich bereit erklärt hatte, uns noch fünfzig Mark dazuzuzahlen, nahmen wir ihm die Ruine ab und bauten einen Elektromotor nebst Fernsteuerung ein.

Die Anlage war so kompliziert, daß ein Mann allein sie nicht bedienen konnte, weshalb Heinz-Jürgen seinen Freund Eberhard zu Hilfe nahm, der ebenfalls ein großer Elektronenexperte war.

Bei der Frage, ob man die Drehzahlregelung über einen Selengleichrichter der Type ABMVCXL oder einen Röhrensatz SZ schräger Strich 8462 schräger Strich öäüabc steuern solle, wurden sie sich uneinig, und Eberhard sagte, wir sollten unseren Dreck allein machen, er könne sich selbst eine Fernsteuerung bauen.

»Dann nicht«, meinte Heinz-Jürgen, als er weg war. »Viel verstand er sowieso nicht. So dumm wie der bist du auch.«

Er erklärte mir, was ich wann, wo, wie zu tun hätte. Wir schoben das schön grau lackierte Auto auf die Straße. Jeder von uns trug einen Koffer, jeweils die Hälfte der Fernsteuerung.

»Wir«, sagte Heinz-Jürgen und deutete auf sich, »gehen jetzt an die Ecke und lassen den Wagen langsam auf uns zu rollen.«

»In Ordnung«, sagte ich mit der Überzeugung eines Nichtfachmannes.

Heinz-Jürgen schaltete. Ich schaltete.

»Schalter T«, rief er. Ich drückte.

Die Rathausuhr blieb stehen, und eine Straßenbahn der Linie 14 entgleiste.

»Idiot«, zischte Heinz-Jürgen, »T sagte ich, du hast D geschaltet.« Ich schaltete auf Welle T. Eine junge Dame schrie auf und beschwerte sich bei einem Polizisten, es hätte sie jemand unsittlich berührt. Dem Polizisten kam erst dieses, und da niemand in der Nähe zu sehen war, die Dame komisch vor, und er versprach, den Vorfall zu untersuchen.

Ich bekam von Heinz-Jürgen einige Tiernamen genannt, weil ich geschaltet hatte, bevor er den sekundären Stromkreis des interfrequenthochohmigen Niederspannungsaggregats geschlossen hatte. Wir schalteten auf Kommando beide gleichzeitig. In unseren Koffern brummte es wie zehntausend wahnsinnige Maikäfer. Vier Pferde gingen durch, und die Fernschreiber schrieben plötzlich unanständige Texte. Der graue Wagen stand unbeweglich.

Heinz-Jürgen sah mich kopfschüttelnd an. »Menschenskind, das kann doch nicht gehen. Hast du denn nicht gemerkt, daß ich eine falsche Wellenlänge eingestellt habe?«

Er drehte an neununddreißig Knöpfen, bis der Apparat die richtigen Wellen schlug. Ich schaltete auf Vorwärtsgang.

»Hurra!« Der Wagen rollte ein Stück vorwärts, blieb stehen und fuhr auf seinen Platz zurück.

Wir probierten die Lenkung.

Die Vorderräder schwenkten nach links und sofort zurück in die Normalstellung. Wir bekamen den Wagen nicht vom Fleck.

Heinz-Jürgen untersuchte den Wagen. Alles in Ordnung.

Er ging in seine Werkstatt und nahm die Koffergeräte auseinander.

Am nächsten Tage traf ich Eberhard und erzählte ihm unseren Reinfall. »Das war ich«, grinste er. »Habe mir auch eine Fernsteuerung gebaut und immer das Gegenteil von euren Befehlen geschaltet.«

Ich fand das gemein und erzählte es Heinz-Jürgen.

Er baute sofort eine Verbesserung, aber als er sie ausprobierte, hatte Eberhard schon eine Gegenverbesserung gefunden. Seitdem verbessern beide täglich und haben nun die vollkommensten Fernsteuerungen der Welt. Nur der Wagen steht noch an der gleichen Stelle.

1962

»Ja, wo kommst du denn so plötzlich her?«

Das Verkehrswesen, es entwickelt sich ...

Heinz Diesel, Sektorenleiter in der Hauptverwaltung Kraftverkehr im Ministerium für Verkehrswesen in der Berliner Krausenstraße, fuhr zum Urlaub aufs Land.

»Wie wär's, Genosse Diesel«, fragte ihn Robert Menzel, sein Vorgesetzter, »wenn du schon nach Trinwillershagen, zu unserer Paten-LPG ›Rote Fahne‹ fährst, könntest du doch, na ja, in dem Dorf da ein bißchen agitieren. Sag den mit uns verbündeten Genossenschafsbauern, na ja, daß sich das Verkehrswesen bei uns hervorragend entwickelt ... Vielleicht zeigen die Bäuerlein dann mehr Verständnis und behelligen uns nicht mehr mit Eingaben über fehlende Ersatzteile für ihre Mähdrescher und Traktoren oder über zu lange Wartezeiten auf einen Trabant. Das hat sich schon an unserem Moskauer Partnerministerium bewährt, wo die Genossen Grigori Kossonossow und Michail Sostschenko positive Erfahrungen sammeln konnten.«

»Darauf kannst du dich verlassen«, antwortete Diesel. »Ich werd schon agitieren. Wenn's was anderes wär ..., aber das vom Verkehrswesen, keine Sorge, ich sag's ihnen.«

Als Diesel nach Trinwillershagen kam, war Herbst, die Ernte also schon eingefahren. Gleich am Tag seiner Ankunft marschierte er zum Bürgermeister und LPG-Vorsitzenden.

»Also«, sagte er, »ich möchte bei euch im Dorf ein bißchen agitieren. Wenn ich nun schon vom Ministerium gekommen bin, wird man wohl 'ne Versammlung machen können.«

»Warum nicht«, sprach der LPG-Vorsitzende im vorauseilenden Gehorsam, »schieb ab, und morgen rufe ich die Bauern zusammen.«

Am nächsten Tag bestellte der Vorsitzende seine LPG-Mitglieder ins Kulturhaus. Die FDJ- und DFD-Gruppe des Dorfes waren auf freundliche Empfehlung der SED-Grundorganisationsleitung ebenfalls zahlreich erschienen. Denn wann haben Leute auf dem Land schon mal die Möglichkeit, dem Vortrag eines Ministeriumsmitarbeiters aus der Hauptstadt zu lauschen?

Heinz Diesel trat vor sie hin, verbeugte sich, und da er's nicht gewohnt war, öffentlich vor so vielen Menschen frei zu reden, wurde er verlegen und sprach mit zitternder Stimme.

»Nämlich das ist so«, sagte Diesel, »das Verkehrswesen, Genossen Bauern ... Euch fehlen in der tiefen Provinz leider ein paar Insiderinformationen, darum werde ich erst von der Dingsda reden, na ja, von der Politik ... Hier, sagen wir mal, hier ist die DDR, und dort, dort ist die UdSSR. Dies ist die DDR, und hier ... überhaupt ...«

»Worüber sprichst du denn, Lieber?« fragten die Bauern verständnislos.

»Worüber?« antwortete Diesel gekränkt. »Na, über das Verkehrswesen doch. Es entwickelt sich, das Verkehrswesen ... Hier liegt die DDR, da liegt die BRD, und dort liegt die UdSSR.«

Ein Scheich hatte gehört, daß in der DDR ein Auto gebaut würde, das so phantastisch sein sollte, daß man zwanzig Jahre auf die Lieferung warten mußte. Natürlich wollte der Scheich ein solches Auto haben und ließ sofort einen Brief an das entsprechende Werk aufsetzen.
Als der Brief in Zwickau ankam, war man geschmeichelt. Selbstverständlich wollte man ein den Scheich nicht 20 Jahre auf ein Auto warten lassen. Der nächste Trabi, der vom Fließband kam, wurde sofort in das Emirat geschickt.
Eine Woche später kam das Dankschreiben des Scheichs: »Liebe Genossen, ich freue mich über unsere zukünftigen Handelsbeziehungen und danke Ihnen, daß Sie mir umgehend das schöne Modell aus Pappe geschickt haben ...«

An Bord einer INTERFLUG-Maschine hören die Passagiere folgende Ansage durch den Lautsprecher: »Meine Damen und Herren, Sie fliegen heute mit dem Autopiloten. Aber Sie müssen sich keine Sorgen machen, denn die Technik ist heute vollkommen, die Technik ist heute vollkommen, die Technik ist ...«

Was ist der Unterschied zwischen einer Fuhre Langholz und dem Sozialismus?
Bei der Fuhre Langholz kommt zuerst das dicke Ende und dann die rote Fahne ...

»Schon gehört? Gestern ist der Dachdecker von einem Auto angefahren worden!«
»Schrecklich, dieser Verkehr in der heutigen Zeit! Nicht einmal auf dem Dach ist man noch sicher.«

Ein Amerikaner besucht die Leipziger Messe. Vor der Oper hält er mit seinem Straßenkreuzer neben einem Polizisten, kurbelt die Scheibe runter und sagt ungeduldig: »Please, ich suche einen Parkplatz.«
Erwidert der Polizist höflich: »Und deshalb gommse exdra aus Ameriga?«

Zuletzt wurde der Trabi ohne Motor ausgeliefert.
In der DDR ging sowieso alles bergab.

DDR = Deutsche Dackel Rennbahn

Der LPG-Bauer spannt einen Zuchtstier vor den Pflug. Fragt ein Urlauber aus der Stadt: »Warum nehmen Sie nicht den Traktor?«
»Damit das verwöhnte Biest endlich begreift, daß das Leben nicht nur aus Sex besteht.«

Die Bauern hörten finster zu.

»Komm zur Sache!« schrie einer von hinten.

»Ich bin ja bei der Sache«, beschied ihm Diesel. »Ich sprech über das Verkehrswesen in der DDR ... Es entwickelt sich, Genossen Bauern. Nichts dagegen zu sagen. Es ist, wie es ist. Das will ich nicht bestreiten ...«

»Unverständlich!« brummte nun laut der LPG-Vorsitzende. »Du, Genosse, komm doch näher zu den Massen ...«

Heinz Diesel trat dichter an die Massen heran, nahm einen tiefen Schluck Wodka aus dem Wasserglas und begann von neuem: »Nämlich das ist so, Genossen Bauern ... Man baut Verkehrswege und Fahrzeuge, und hinterher fährt man damit. Das heißt, auf den Straßen oder Schienen ...«

»Das wissen wir schon«, murmelte ein Bauer.

Es genügt nicht, keine Gedanken zu haben. Man muß auch unfähig sein, sie auszudrücken, dachte sich Diesel und fuhr fort: »Wenn ich mal meine eigene persönliche und subjektive Meinung sagen darf, so hat schon Karl Marx festgestellt, daß der Verkehr die ›vierte Sphäre der materiellen Produktion‹ ist.«

Einige Jugendfreunde von der FDJ kicherten anzüglich. Doch Diesel ließ sich nicht beirren und redete mutig weiter.

»Ihr könnt euch gar nicht vorstellen, was da alles dazu gehört, das wir verwalten müssen. Beispielsweise die Reichsbahn, der ganze Automobil- und Schiffbau, die INTERFLUG, der Kraftverkehr, die Verkehrsbetriebe, die Deutrans oder die MITROPA. Unter unserer Regie stehen sogar ein Verlag, der Transpress Verlag in Berlin, der viele Bücher und Zeitschriften zum Verkehr herausgibt, die Hochschule für Verkehrswesen ›Friedrich List‹ und das Verkehrsmuseum in Dresden.«

»Hihi, die ganze DDR ist doch ein einziges Museum«, höhnte ein Zuhörer. Und ein anderer disqualifizierte sich mit dem Zwischenruf: »Wozu benötigen wir Hochschule und Wissenschaft? Ein Auto braucht vier Räder und eine Straße ordentlichen Asphalt – basta!«

Diesel ließ sich nicht provozieren.

»Glaubt ihr denn, ihr würdet hier in der Landwirtschaft ohne Wissenschaft und Forschung auskommen? Oder wer hat Ende der 50er Jahre den Bau des Rostocker Überseehafens konzipiert oder sich den Generalverkehrsplan für Dresden ausgedacht? Wer hat die Prognosen für das Container-Transport-System entwickelt, und wer tüftelt gerade an Mikrorechnersteuerungen im Verkehrswesen herum? Das sind die gleichen tüchtigen Wissenschaftler aus der Dresdener Verkehrshochschule, die Anfang der 60er Jahre auch die Zahlbox für den schaffnerlosen Omnibus- und Straßenbahnverkehr in der DDR erfunden haben.«

Die Anwesenden im Saal staunten mit offenen Mündern. Diesel wunderte sich auch über die Überzeugungskraft seiner Argumente und gab gleich noch einen drauf.

»Also, auf die Wissenschaftler lasse ich nichts kommen. Die machen erst Tierversuche, bevor sie's in der Praxis ausprobieren. Ohne sie stünde die DDR nicht da, wo sie heute steht. Das sieht man schon an unserem teuren Genossen Günter Mittag, der heute im SED-Politbüro unsere gesamte Wirtschaft lenkt. Der war mal einfacher Eisenbahner, studierte und provozierte zum Doktor an der Verkehrshochschule. Darauf darf Dresden noch in 100 Jahren stolz sein.«

Einmal in seinem Element – der Statistik –, erinnerte sich Diesel an die Fakten, Fakten, Fakten, die man ihm im letzten Parteilehrjahr eingetrichtert hatte und bombardierte damit sein Auditorium.

»Unser Verkehrswesen erwirtschaftet mit den Leistungen in der Personenbeförderung und im Gütertransport gute fünf Prozent des Nationaleinkommens. Wurden im Gründungsjahr der DDR rund 185 Millionen Tonnen Güter transportiert, sind es heute, knappe 40 Jahre später, etwa 966 Millionen Tonnen. Die Zahl der beförderten Personen stieg im gleichen Zeitraum auf das Doppelte. Im Verkehrswesen arbeiten fast zehn Prozent aller Werktätigen. Allein die Deutsche Reichsbahn ist, wie man in der BRD sagen würde, der größte Arbeitgeber in der DDR. Für diese 636 000 Arbeiter und Angestellten trage auch ich persönlich eine gehörige Portion Verantwortung, kann also mit Fug und Recht behaupten: Alle Räder stehen still, wenn mein starker Arm es will.«

Ein paar Bauern pfiffen und klatschten sich auf die Oberschenkel, was Diesel als Begeisterung verstand und im Redeschwall neuen Auftrieb gab.

»Deshalb kann man die Leistungen unserer Werktätigen im Verkehrswesen nicht hoch genug würdigen. Und deshalb feiern wir auch an jedem ersten oder zweiten Juni den Tag des Eisenbahners und der Werktätigen des Verkehrswesens. Partei und Regierung zeichnen dann die Besten von ihnen nicht nur mit dem Ehrentitel ›Aktivist‹ oder ›Kollektiv der sozialistischen Arbeit‹ aus, sondern auch mit der ›Medaille für hervorragende Leistungen im Verkehrswesen der Deutschen Demokratischen Republik‹ oder der ›Medaille für treue Dienste bei der Deutschen Reichsbahn‹. Selbstverständlich sind diese Abzeichen gemäß der Verordnung über das Tragen der Ehrenzeichen zu staatlichen Auszeichnungen vom 19. April 1978 nach dem ›Karl-Marx-Orden‹ und ›Banner der Arbeit‹ auf der linken oberen Brustseite beginnend von innen nach außen zu tragen ...«

»Bleib beim Thema!« – »Komm zur Sache!« ertönten im Saal ein paar garstige Zwischenrufe. Heinz Diesel stockte, kratzte sich am Hinterkopf und begann nach kurzem Überlegen von neuem.

»Genossen Bauern, ihr macht es mir wirklich nicht leicht. Aber leicht war auch unser wirtschaftlicher Aufstieg in der DDR nie. Denkt doch bloß mal an die Stunde Null, an unseren Neubeginn nach 1945. Nach dem Zweiten Weltkrieg war der größte Teil der Verkehrsanlagen und Transportmittel auf unserem Territorium zerstört. Trotz-

Ein Bauer hat drei Söhne von 18, 14 und 6 Jahren. Eines Tages kommt der älteste Sohn zum Bauern und sagt: »Vater, ich bin jetzt schon 18 Jahre alt und möchte gerne ein Auto.« Der Bauer sagte: »Tut mir leid, aber wir müssen zuerst einen neuen Traktor kaufen.«
Am anderen Tag kommt der mittlere Sohn zu ihm und sagt: »Vater ich bin jetzt schon 14 Jahre alt und möchte gerne ein Mofa.« Doch auch bei ihm bleibt der Bauer hart: »Wir müssen zuerst einen neuen Traktor kaufen.«
Am dritten Tag kommt der jüngste und sagt: »Vater, ich bin jetzt schon 6 Jahre alt, ich möchte gerne ein Fahrrad haben.« Da wiederholt der Vater dasselbe: »Wir müssen zuerst einen neuen Traktor kaufen. Vorher gibt's nichts.«
Ein wenig später läuft der Kleinste am Hühnerstall vorbei und sieht, daß der Hahn auf dem Huhn sitzt. Der Junge läuft zum Hahn, gibt ihm einen Tritt und schreit: »Du kannst auch warten, bis wir einen neuen Traktor haben!«

dem mußten Bevölkerung, Industrie und Landwirtschaft mit Gütern versorgt werden. Und das bei einem Fahrzeugbestand, bei dem 70 Prozent in den Händen von Produktions- und Handelsbetrieben und 30 Prozent in den Händen privater Fuhrunternehmer lagen. Oder das Straßennetz: Mehr als ein Fünftel der Fahrbahnfläche mußte repariert oder erneuert werden – insgesamt über 100 Millionen Quadratmeter. Gar nicht zu reden von den 5600 Straßenbrücken. Über 1000 dieser Bauwerke, darunter sämtliche großen Flußübergänge – das sind fast 20 Prozent – waren völlig zerstört. Oder das Schienennetz der Reichsbahn ...«

»... das die Russen uns geklaut haben«, unterbrach ihn ein Bauer, der sich mit langgestreckten Beinen in die erste Reihe geflätzt hatte.

Diesel bekam vor Wut einen roten Kopf ob dieser ungenierten Provokation. Die Herzen und Hirne unserer Menschen zu erreichen, ist auch nach fast 40 Jahren Sozialismus nicht so einfach, dachte er sich und versuchte sachlich und rhetorisch geschickt zu bleiben.

»Ja, ich weiß, das zweite Gleis, das fehlte uns tatsächlich, und das tat weh. Aber, so darf ich euch erinnern, wer hat denn warum diesen Wahnsinnskrieg angezettelt? Wer hat seine Feuerwalze bis zur Wolga rollen lassen? War es nicht die deutsche Wehrmacht, die bei ihrem Rückzug aus der Sowjetunion verbrannte Erde hinterlassen und die Eisenbahnschienen dort völlig zerstört hatte? Ich habe es damals als Kind selbst im Kino in der Wochenschau gesehen, wie sie bei ihrer Frontbegradigung in Kiew oder Minsk mit Schienenreißern die Gleisanlagen verwüstet haben. Dann wurde die Front so lange begradigt, bis Hitler im Führerbunker vor lauter Menschlichkeit seine Eva Braun ehelichte. Wundert es da noch jemanden, daß die Alliierten in Jalta und Potsdam auch die Reparationsleistungen für das besiegte Deutschland festlegten und die Sowjetunion in ihrer Besatzungszone unter anderem das zweite Gleis demontierte?«

Im Saal herrschte betretenes Schweigen. Siegessicher blickte der Redner um sich. Er wollte gern zu seiner Erfolgsbilanz zurückkehren und gleichzeitig die Genossenschaftsbauern als Verbündete der Arbeiterklasse nicht verprellen.

»Liebe Genossen Bauern«, setzte Diesel versöhnlich fort, »angesichts unserer schwierigen Ausgangslage sind die Ergebnisse, die wir im Verkehrswesen der DDR bis heute erzielten, um so höher zu bewerten. Auch ihr hier kommt in den persönlichen Genuß der Vorzüge und Errungenschaften des Sozialismus. Allein bis 1970 haben wir unser kommunales Straßennetz mit 3577 Kilometern aus- und neugebaut, wobei vor allem die ländlichen Gebiete an den großen Verkehrsstrom angeschlossen wurden. Das waren insgesamt 1640 Gemeinden, darunter auch euer schönes Dorf Trinwillershagen. Überhaupt kann sich unser Verkehrsnetz in der Welt sehen lassen: Die DDR verfügt heute über 14 000 Kilometer Eisenbahnstrecken, über 13 000 Kilometer Staatsstraßen, also Autobahnen und Fernverkehrsstraßen, über 34 000 Kilometer Bezirksstraßen, das sind Landstraßen erster und zweiter Ordnung, sowie über 2300 Kilometer Binnenwasserstraßen.

Ja, das haben wir genau gezählt, bei uns walten Ordnung und Übersicht. Schließlich haben wir auch unsere Fernverkehrsstraßen penibel durchnumeriert. Dabei konnten wir auf die Arbeit fortschrittlicher Ingenieure und Verwaltungsangestellter aus der Weimarer Republik zurückgreifen, die sich im Zuge der zunehmenden Automobilisierung und dem damit verbundenen Neu- und Ausbau mehrerer Fernstraßen eine einheitliche Numerierung der Fernstraßen in Deutschland ausgedacht hatten. Bereits im Januar 1932 wurde das System der Reichsstraßen eingeführt, indem diese mit einem R und einer Nummer gekennzeichnet wurden. Seit 1934 gibt es die kleinen gelben Schilder mit der Straßennummer, wie sie heute noch üblich sind. Die einstelligen Nummern wurden an Straßen vergeben, die ganz Deutschland durchquerten und die gewissermaßen ein Gitternetz bildeten. Die Nummer 1 verlief in Ost-West-Richtung, die 2 bis 4 in Nord-Süd- und die 5 bis 10 wieder in Ost-West-Richtung. Die zwei- und dreistelligen Nummern wurden in der Regel systematisch, entgegen dem Uhrzeigersinn, von Süd nach Nord und weiter von West nach Ost vergeben. Das ist im Prinzip bis heute so geblieben. Nur ein paar Nummern fehlen inzwischen. Sie sind weiße Flecke auf jedem Autoatlas, weil Hitler damals auch Straßen Num-

Für hervorragende Leistungen
bei der Erhöhung
der Verkehrssicherheit
wird

Hansgeorg Stengel
als

VORBILDLICHER
KRAFTFAHRER

ausgezeichnet.

Leiter der
Verkehrspolizei

Berlin
am 30.7.1987

StVO 77

Nachweis
über die Teilnahme
an Schulungen zur
neuen
Straßenverkehrs-Ordnung

ausgegeben
von:

Stempel des VSA,
AG Sicherheit

Gesellschaft für Sport und Technik
Kreisvorstand der
Humboldt-Uni
1017 Berlin
Singerstraße

mern verpaßte, die in den ehemaligen Ostgebieten, sprich in Schlesien, Pommern und Ostpreußen, oder in den annektierten Gebieten Österreichs, Frankreichs, Luxemburgs oder Belgien lagen. Diese Straßen – und damit die Nummern – sind also futsch.

Anders dagegen in der BRD. Die haben sich dort, zugegebenermaßen, durchaus Mühe mit ihren Autobahnen und Straßen gegeben. Allerdings haben sie nicht wie wir das alte R für Reichsstraße durch ein F für Fernstraße, sondern durch ein B für Bundesstraße ersetzt. Doch das macht nix. Wenn eines nicht fernen Tages der Sozialismus auch in Westdeutschland an die Tür klopft, brauchen wir das B nur durch unser F zu ersetzen. Die Nummern könnten fast alle bleiben. Beispielsweise führt dann unsere F 1 nicht nur von Kietz bis Morsleben, sondern weiter über Helmstedt bis Aachen. Unsere vielbefahrene F 96 von Zittau bis Saßnitz bliebe von allem unberührt.«

Ein paar Bäuerlein wackelten bedenklich mit den Köpfen, andere nickten und nickten ein. Heinz Diesel empfand dies als herzliche Zustimmung.

»Gewiß, wir haben allen Grund, optimistisch in die Zukunft zu blicken. Nimmt doch die DDR schon seit Mitte der 60er Jahre in der Dichte des Verkehrsnetzes nach Belgien den zweiten Platz in der Welt ein. Aber die Belgier werden wir auch noch überholen ohne einzuholen.«

Ein leises Gelächter waberte durch die Reihen der Zuschauer. Die hinten sitzenden Kampfemanzen vom DFD holten ihr Strick- und Häkelzeug raus, ein paar junge Burschen im FDJ-Blauhemd begannen Karten zu spielen, ließen einen Flachmann kreisen und lachten mitunter lauthals.

»Ja, da ist wirklich Freude und Begeisterung angebracht. Aus einem traurigen Arsch kommt kein fröhlicher Furz«, betonte Diesel. »Es geht unaufhaltsam aufwärts mit unserem Verkehrswesen, es entwickelt sich fabelhaft. Das sieht man schon beim weiteren planmäßigen Aufbau der sozialistischen Stadtzentren. So wurden etwa auf dem Pirnaischen Platz in Dresden oder auf dem Ostplatz in Leipzig die ersten verkehrsabhängigen Lichtsignalanlagen der Republik installiert. Wir haben breite, mehrspurige Magistralen angelegt, beispielsweise unterm Berliner Alexanderplatz einen zukunftsweisenden Autotunnel, wo es drunter und drüber geht. Und wir haben in Dresden, Wismar und Neubrandenburg moderne Hochstraßen errichtet. Ebenso in Halle, wo allerdings die Autofahrer durch das Denkmal einer in die Höhe gereckten Arbeiterfaust ständig daran erinnert werden, daß sie hier nicht wie in Wildwest auf einem amerikanischen Highway rasen dürfen.

Aber unsere tollen Verkehrsplaner haben aber noch ganz andere Visionen. Nach ein paar Fünfjahrplänen wird in den Großstädten der Lkw- und Pkw-Verkehr fast vollständig auf unterirdischen Straßen fließen. Anstelle der heutigen Straßenbahnen und Busse gleiten riesige bequeme Luftkissenfahrzeuge geräuschlos durch die Städte, wobei natürlich der öffentliche Nahverkehr für alle kostenlos sein wird. Wer es eilig hat, darf sich eins der zahlreichen Lufttaxis nehmen, die auf jedem Wolkenkratzer starten und landen können. Hubschrauber, Ringflügler, ›fliegende Diskusse‹ und viele andere Spezialflugzeuge der verschiedensten Arten und Größen werden zu selbstverständlichen Verkehrsmitteln des Massenbedarfs.

Oder unser Großflughafen Berlin-Schönefeld: Der wird schon bald zu einem mächtigen internationalen Drehkreuz ausgebaut. Zum Parkplatz vor dem Flughafengebäude führt schnurstracks ein Zubringer von der Autobahn, auf mehreren Etagen direkt unter der Empfangshalle sind die Umsteigebahnhöfe für Eisenbahn, S- und U-Bahn untergebracht. Übrigens wird es dann so gut wie keine Privatautos mehr geben. Wer unbedingt eins braucht, ruft in einer Dispatcherzentrale an, und innerhalb weniger Minuten wird ihm ein Fahrzeug zur Verfügung gestellt. Man muß dann nicht mehr kuppeln, schalten und lenken, sondern stellt einfach den Autopiloten an. Benzin brauchen diese Autos auch nicht mehr, denn warum sollte nur der Atomeisbrecher ›Lenin‹ mit Kernenergie betrieben werden.«

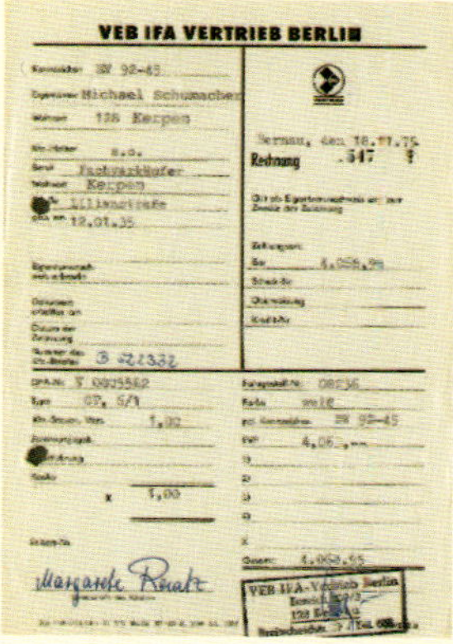
VEB IFA VERTRIEB BERLIN

Michael Schumacher

Rechnung

»Utopische Romane können wir selber lesen«, unterbrach ein aufgeweckter Bauer Diesels erstaunlichen Redefluß. »Sag lieber was dazu, wie ihr heute den erbärmlichen Zustand der Straßen im Land verbessern wollt!«

»Natürlich, da habt ihr recht. Es gibt kein Problem, das wir nicht ignorieren könnten«, ließ sich Diesel nicht aus dem Konzept bringen. »In Westdeutschland ist aufgrund der imperialistischen Politik des Individualverkehrs und der daraus entstandenen hohen Verkehrsdichte eine prekäre Situation entstanden. Zumal das dortige Straßennetz noch zu 90 Prozent aus dem Mittelalter stammt und nur die Straßendecken erneuert worden sind. Die einstigen Reichs- und heutigen Bundesstraßen führen in Schlangenlinien in jedes Dorf, umkreisen jedes Gehöft, haben unübersichtliche, falsch überhöhte Kurven und sind mit gefährlichen Kreuzungen, schienengleichen Bahnübergängen oder anderen Todesfallen nur so gespickt. Aber anstatt im Interesse des Volkes die Verkehrssituation zu verbessern, stecken die Bonner Ultras das Geld lieber in die Aufrüstung …«

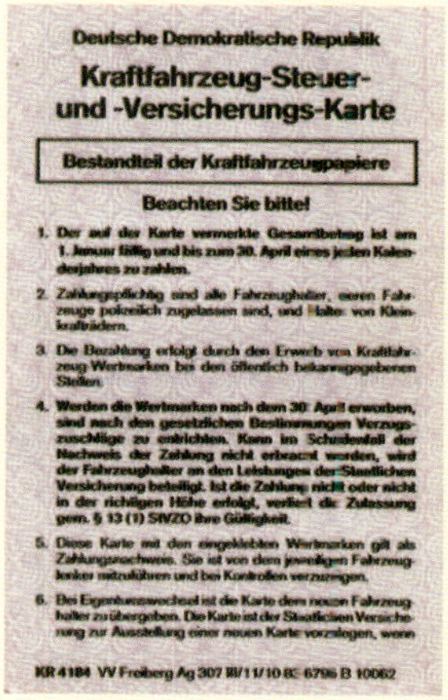
Deutsche Demokratische Republik

Kraftfahrzeug-Steuer- und -Versicherungs-Karte

Bestandteil der Kraftfahrzeugpapiere

Beachten Sie bitte!

1. Der auf der Karte vermerkte Gesamtbetrag ist am 1. Januar fällig und bis zum 30. April eines jeden Kalenderjahres zu zahlen.
2. Zahlungspflichtig sind alle Fahrzeughalter, deren Fahrzeuge polizeilich zugelassen sind, und Halter von Kleinkrafträdern.
3. Die Bezahlung erfolgt durch den Erwerb von Kraftfahrzeug-Wertmarken bei den öffentlich bekanntgegebenen Stellen.
4. Werden die Wertmarken nach dem 30. April erworben, sind nach den gesetzlichen Bestimmungen Verzugszuschläge zu entrichten. Kann im Schadensfall der Nachweis der Zahlung nicht erbracht werden, wird der Fahrzeughalter an den Leistungen der Staatlichen Versicherung beteiligt. Ist die Zahlung nicht oder nicht in der richtigen Höhe erfolgt, verliert die Zulassung gem. § 13 (1) StVZO ihre Gültigkeit.
5. Diese Karte mit den eingeklebten Wertmarken gilt als Zahlungsnachweis. Sie ist von dem jeweiligen Fahrzeuglenker mitzuführen und bei Kontrollen vorzuzeigen.
6. Bei Eigentumswechsel ist die Karte dem neuen Fahrzeughalter zu übergeben. Die Karte ist der Staatlichen Versicherung zur Ausstellung einer neuen Karte vorzulegen, wenn

KR 4184 VV Freiberg Ag 307 III/11/10 85 6796 B 10062

»Entschuldigung«, warf nun der LPG-Vorsitzende ein, »die Frage zielte nicht auf die Zustände im Westen, sondern auf die Straßen hier bei uns in der DDR. Zum Beispiel die Landstraße durch unser Dorf – die ist mit Schlaglöchern übersät. Oder die Autobahn. Wenn man darauf fährt, holpert und poltert und ruckelte es. Die Betonplatten sind voller Risse, zwischen den Platten riesige tiefe Spalten …«

Langsam verfluchte Diesel jene schwache Minute, in der er den Agitationsauftrag seines Chefs angenommen hatte.

»Ich kann euch nur zustimmen«, erklärte er volkstümlich, »diese Scheiß-Nazis! Erst bauen sie die Autobahn, und dann machen sie vierzig Jahre lang nichts dran. Aber auch dieses schlimme Erbe einer vorangegangenen Gesellschaftsordnung werden wir im Vorwärts-

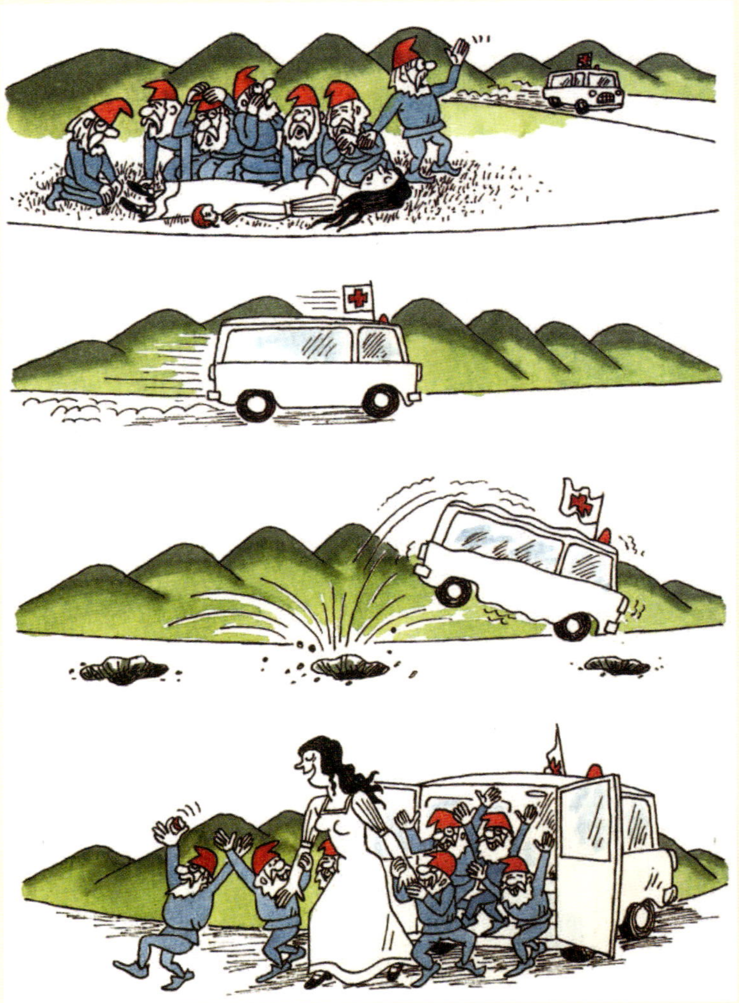

schreiten überwinden. Beispielsweise haben wir dafür in unserem Ministerium extra ein Entwurfs- und Ingenieurbüro des Straßenwesens gegründet. Das geht natürlich nicht alles von heute auf morgen. Doch ich will nichts schönreden und kann euch hier in diesem auserwählten Kreis streng vertraulich sagen, worüber mich jüngst der Genosse Gerhard Schürer, Kandidat des Politbüros und Vorsitzender der Staatlichen Plankommission, informierte.«

Diesel bemerkte, wie die Zuhörer im Saal plötzlich ihre Hälse reckten. Ihm entging auch nicht, wie in der hintersten Reihe ein junger Mann in grauer Popelinebundjacke und mit geblümtem Dederonbeutel, der wohl nicht aus dem Dorf stammte, emsig in ein Notizheft schrieb. Diesel mußte also vorsichtig sein, aufpassen, was er sagte, wollte er sich nicht um Kopf und Kragen reden. Daher berief er sich sicherheitshalber auf die oberste Autorität.

»Nun, unsere Staats- und Parteiführung macht keinen Hehl daraus, daß das Erreichte noch nicht das Erreichbare ist. So wurde in letzter Zeit der Ausbau der Infrastruktur, darunter das Straßenwesen, leider etwas vernachlässigt. Der Verschleißgrad des Autobahn- und Straßennetzes ist hoch, im Verkehrswesen ist er von 1975 bis 1988 sogar von 48,4 auf 52,1 Prozent geklettert. Aber wir lassen uns den Optimismus nicht nehmen. Und wenn ihr ein bißchen Geduld aufbringt, können eure Traktoren und Mähdrescher schon übermorgen über spiegelglatte Asphaltstraßen aufs Feld fahren.«

Plötzlich waren die Bauern wieder alle hellwach und heuchelten heimtückisches Interesse. »Sehr interessant«, rief einer voller Begeisterung. »Aber gibt es vorher für unseren E 086, den Schwadmäher, eine neue Kurbelwelle?«

»Klar doch, darauf könnt ihr euch verlassen«, sprach Diesel im Brustton tiefster Überzeugung. »Die Arbeiter im Weimarer Mähdrescherwerk produzieren bald ausreichend Ersatzteile. Sie entwickeln auch neue leistungsstarke Maschinen. Erst vor ein paar Wochen habe ich einen Prototyp bei der Testfahrt gesehen. Das Schneidwerk hat solch ein Tempo und solch eine Kraft – ratz, fatz war das Getreide auf dem Feld abgeerntet. Sogar ein paar Fasane gerieten in die Maschine. Mann, wie da die Federn durch die Luft flogen!«

»Junge, Junge ...«, stutzten die Bauern.

»Aber hallo«, bekräftigte der Referent. »Was so alles passiert. Einmal sind auch ein paar Hasen in den Mähdrescher gehoppelt. Eins, zwei, drei, zack, zack, schon waren sie in Stücke zerkleinert. Auch Hunde laufen manchmal rein.«

»Pferde auch?« fragten ängstlich die Bauern. »Laufen etwa auch Pferde rein, lieber Genosse?«

»Auch Pferde«, sagte Diesel. »Das geht ganz einfach.«

»Diese Halunken, daß ihnen die Pest an den Hals fahre«, nuschelte einer. »Was die sich nicht alles ausdenken! Viehzeug zerstückeln ... Und das, Genosse, entwickelt sich also?«

»Ich sag's doch«, antwortete Diesel freudig-erregt, »es entwickelt sich, Genossen Bauern. Und deshalb meine ich, sozusagen als Resümee meines Vortrags, solltet ihr künftig etwas mehr Verständnis aufbringen bei Problemen in unserem Verkehrswesen.«

»Wofür bitte?« fragten die Bauern.

»Na zum Beispiel, daß ihr unser Ministerium nicht mehr ständig mit Eingaben belästigt«, sagte Diesel.

Die Bauern lächelten grimmig und gingen auseinander.

Diesel trank mit dem LPG-Vorsitzenden und dem Bürgermeister im Kulturhaus noch ein Bier. Er war sich nicht völlig sicher, ob seine historische Mission Erfolg haben würde. Denn Agitation ist manchmal reine Glückssache.

Trabant 601

Weltniveau mit Hängebauchschwein und Engpässen

Als er um die Ecke in die Angerstraße bog, beschleunigte er nochmals seine Schritte. Aber es nützte ihm wenig. Er konnte das akademische Viertel nicht mehr einhalten, verspätete sich gnadenlos. Also mußte er die erste Runde übernehmen. Denn die Sitten waren streng beim Zwickauer Konstrukteursstammtisch, zu dem sich die alten Kollegen seit Jahren einmal im Monat trafen.

Hans Rüttel öffnete schwungsvoll die Tür und betrat den Gastraum des »Bürgerbräustübels«. Wohlige Wärme schlug ihm entgegen. Trotz des dicken Tabakqualms erkannte er sofort seine alten Kumpels und Kollegen, haute zweien, dreien vertrauensvoll auf die Schultern und klopfte auf die Tischplatte. Noch während er sich setzte, bimmelte er mit der kleinen Glocke, die am Stammtisch-Schild befestigt war, und orderte die Getränke.

»Finde ich prima«, beschied ihm Klaus-Dieter Witziger, den alle nur KD nannten, »daß du freiwillig deinen Obolus entrichtest.«

»Ehrensache«, gab Rüttel zurück, »so selbstverständlich wie die Solimarken beim FDGB-Beitrag.« Er schaute sich in der Runde um und stellte fest, daß das Kollektiv nicht vollzählig war. Lang und Bonitz fehlten, die langjährigen Chefs von der Konstruktionsabteilung bzw. vom CAD-Karosseriebau-Prototypsystem im VEB Sachsenring.

»Der Doktor und der Professor haben sich entschuldigt«, klärte ihn Otto Helbig auf, seines Zeichens einer der größten Experten in Sachen Automobilgeschichte. »Die beiden sind als Wanderprediger wieder mal auf Vortragsreise. Aber schau mal zwei Tische weiter, wer da fröhlich zecht!«

Hans Rüttel drehte sich um und traute seinen Augen nicht. An dem großen runden Nachbartisch labten sich mehrere Herren am Wernesgrüner Bier. Alle ungefähr im gleichen Alter wie die eigene Truppe am Stammtisch, graues schütteres Haar, kleines Bäuchlein. Doch er erkannte sie auf Anhieb: Jürgen Croy, der Weltklassetorhüter, Alois Glaubitz, die Verteidigerlegende, Ludwig Blank, Schykowski, Bräutigam, Lippmann und Pilz. Bis vor ein paar Jahren hatte es keinen Sonnabend gegeben, an dem er nicht im Georgi-Dimitroff-Stadion gewesen war, um ja kein Oberligapunktspiel zu verpassen.

»Schön, die eigene Werksmannschaft mal wieder in Aktion zu sehen«, meinte Rüttel und hob das Bierglas. »Auch wenn die wenigsten von ihnen unseren kleinen Trabi, sondern Wartburg oder Lada fuhren – Prost!«

»Die Jungs von Motor waren schon klasse«, bestätigte Karl Graf, den die Kollegen wegen seines Faibles für Zweitakter nur »Motor-Graf« titulierten.

Warum wurde der Trabi erfunden?
Das lag an der Planwirtschaft: Man hatte zu viele Nummernschilder produziert und brauchte eine Aufhängevorrichtung.

Wann wurden die ersten Trabis gebaut?
Genau zu der Zeit, als König Joram in Israel regierte: So steht es schon in der Bibel (2. Könige 11,11): »Und die Trabanten standen um den König herum.«

Ein Trabi steht am Straßenrand mit geöffneter Motorhaube, unter der Qualm aufsteigt. Beugt sich ein Lkw-Fahrer aus seinem Führerhaus und meint: »Darf denn der Kleine schon rauchen?«

Der Trabant ist zwar in verschiedenen Farben lieferbar, nicht aber in schwarz.
Frage: Warum nicht?
Antwort: Um jede Verwechslung mit einem Brikett zu vermeiden.

Was ist ein Trabi auf einem Berg?
Ein Wunder.

»Aber als sie 1950 DDR-Fußballmeister wurden, hießen sie noch ZSG Horch Zwickau«, warf Jürgen Hennig ein, der schon bei seinen Basteleien am Vergaser in der Versuchswerkstatt so krümelkakkerisch veranlagt gewesen war. »Absolute Spitze, wie unser Horch damals ...«

»... den sie dann schnell in Sachsenring P 240 umgetauft hatten«, verbesserte ihn Helbig, der auf das Stichwort nur gewartet hatte. »Eigentlich die schönste Versuchung, seit es Autos gibt. Nur Fliegen ist schöner. Ein Sechszylinder-Luxusliner, 80 PS, 140 Sachen Spitze, Ganzstahlkarosserie mit Heckflossen, Einzelradaufhängung ...«

»... sowie Längsfederstäbe und Öldruck-Stoßdämpfer«, ergänzte hurtig Rüttel, der als Federungsspezialist sein Licht nicht untern Scheffel stellen wollte.

Die Herren waren längst wieder in ihrem Element und schwelgten in Erinnerungen.

»Vor allem konnte man sich da noch bei der Innenausstattung austoben«, fuhr KD Witziger fort. »Wer drin saß, fragte sich stets: Fährst du noch oder wohnst du schon? Zwei durchgehende Sitzbänke für sechs Personen, die vordere als Schlafgelegenheit zum Umkippen, getrennte Heizluftzufuhr für Fahrer und Beifahrer, hinten herausklappbare Armlehne, Schreibbord ... Nur ein Waschbecken im Wagen vermißte Ministerpräsident Otto Grotewohl seinerzeit.«

»Aber sonst waren unsere Spitzenfunktionäre von dem Auto sehr angetan«, wußte Motor-Graf zu berichten. »Walter Ulbricht hatte ja die Entwicklung des Schlittens selbst angeregt und ließ im Januar 1954 den Ministerrat beschließen, ein ›Automobil in bester Horch-Tradition‹ zu bauen. Bis zum 1. Juli sollten zwei Versuchsfahrzeuge fertig sein, doch die Experten vom ZK zogen diesen Termin um zwei Tage vor, um ihren Chef zum Geburtstag damit zu beglücken. Dummerweise verunglückte die erste Karre bei Einfahrversuchen. Wir haben Tag und Nacht geackert, um den zweiten Wagen fertigzustellen und den Spitzbart zu befriedigen.«

»Und wurden sie nicht mehr los, die Geister, die wir riefen«, mischte sich Gernot Schmidt in die Unterhaltung, den alle wegen seines seltenen Namens seit seinem Studium an der Ingenieurschule in Mittweida Getriebe-Schmidt riefen. »Jeden Sonderwunsch haben wir denen erfüllt. Allein zehn Wagen für die Stasi mit undurchsichtigen Gardinen an den Rückfenstern und eingebauter Ukw-Funk-Sprechanlage. Oder zwei Parade-Cabrios für die NVA und Verteidigungsminister Willi Stoph. Die da oben in Berlin dachten, wir produzieren den Sachsenring am Fließband. Für 1956 hatten sie 6000 dieser Autos geplant, ein Jahr später sollten wir sogar 9000 herstellen. Diese Träumer im Kreml – wie ein kleiner Negerjunge, der von einer Schneeballschlacht phantasiert. In den fünf, sechs Jahren rollten insgesamt noch nicht einmal 1400 Exemplare durch unser Werktor, alles im wesentlichen Handarbeit, dafür aber solide und unverwüstlich ...«

»... und mit 27000 Mark sauteuer«, fiel ihm Otto in Wort, »nur etwas für die gehobeneren Ansprüche der Bonzen wie Wilhelm Piecks Tochter oder für die Verdienten Künstler des Volkes ...«

»... wie die von dir vergötterte Bärbel Wachholz, wo du so eifersüchtig warst, als sie Armin Kämpf, diesen Schlagerheini, geheiratet hatte«, verteidigte sich Getriebe-Schmidt.

Bevor der interne Streit weiter auflodern konnte, summte Rüttel eine alte Schlagermelodie, und Hennig sang leise mit: »Da-aaa-mals, damals war alles so schön, doch wir waren viel zu juuung ...« Die Fußball-Oldstars vom Nachbartisch fühlten sich gleich angesprochen. Der alte Glaubitz hob sein Bierglas – die Ingenieure prosteten ihm zu. »Auf eure unvergeßlichen Pokalsiege!«

Doch bevor die Schwärmerei über die beiden grandiosen 3:0-Siege gegen Chemie Zeitz und Hansa Rostock in die Tiefe des Raumes gehen konnte, griff Witziger das alte Gesprächsthema wieder auf. »Ich verstehe nicht, warum ihr euch heute noch darüber in den Haaren liegt. Damals, in den 50ern, habt ihr doch auch Einsicht in die Notwendigkeit gezeigt, nicht nur als Horch und Audi vereinigt wurden. 2500 Arbeitsstunden für einen P 240 Sachsenring gegen 180 Arbeitstunden für einen P 50 Trabant, mal ganz abgesehen von Stahlblech gegen Kunststoff – keine Frage, daß da die Wahl auf die Pappe fiel.«

Nun fühlte sich Kuku, Kurt Kurze, der Karosserie-Experte und bislang stillste in der Runde, in seiner Ehre gekränkt. »Was heißt hier Pappe!« Er schlug mit der Faust auf den Tisch, daß die Biergläser wackelten. »Wir hatten nie mit Papier oder Pappe experimentiert. Sicher, anfangs gab es ein paar Versuche mit Lumpen, also mit Textilabfällen unter Beimischung von Kunstharz aus der heimischen Rohbraunkohleveredlung. Aber das hat sich nicht bewährt, weil jeder Textilstoff andere Eigenschaften entwickelt. Somit mußten wir bei den Freunden weiter auf Suche gehen ...«

»... wie die Partei vorschrieb«, redete Helbig dazwischen und ließ sich auch nicht beirren, als die anderen am Stammtisch die Augen verdrehten, »mit dem Beschluß des Ministerrats vom Januar 1954. Danach durften wir, um dem Mangel an Autos aus volkseigener Produktion abzuhelfen, eins mit folgenden Eckdaten entwickeln: Kleinwagen mit zwei Haupt- und zwei Nebensitzen; Gewicht maximal 600 Kilo, Benzinverbrauch 5,5 Liter auf 100 Kilometer, Jahresproduktion 12000 Stück, Preis 4000 Mark, keine Blechkarosserie, Entwicklungszeit 18 Monate ...«

»Und genau deshalb kamen wir auf die kurzfaserige Baumwolle aus der Sowjetunion, die wir einfach mit Kunstharz vermischten«, fuhr Kuku wieder fort. »Begonnen haben wir in einer ehemaligen Textilfabrik neben dem alten Audi-Werk. Zuerst stellten wir ein Baumwoll-Vlies her, das in mehreren Lagen übereinander gelegt und mit Phenolharz-Granulat versetzt wurde. Danach wurden die herzustellende Teil ausgeschnitten und mit Trennpapier in eine Presse

Ein Mercedes und ein Trabi stehen im Stau nebeneinander. Da sieht der Mercedesfahrer, daß der Trabifahrer eine Pizza ißt, die er aus der Mikrowelle im Kofferraum holt. Der Mercedesfahrer läßt sich am gleichen Tag auch eine Mikrowelle in den Kofferraum einbauen.
Nächster Tag, gleicher Stau, die selben beiden Fahrer. Der im Trabi holt eine Thüringer Rostbratwurst vom Grill im Handschuhfach und verspeist sie genüßlich. Der Mercedesfahrer in die Werkstatt – Grill ins Handschuhfach.
Nächster Tag, gleicher Stau, die selben beiden Fahrer. Die Scheiben vom Trabi sind beschlagen. Der Mercedesfahrer kann nichts erkennen, geht an den Trabi und will fragen, was der noch so alles im Auto hat. Er klopft ans Fenster und es schallt eine Stimme aus dem Innenraum des Trabis: »Moooooment! Ich bade noch schnell zu Ende!«

Was ist der Unterschied zwischen einem Manta- und einem Trabifahrer?
Beim Trabifahrer lacht man übers Auto!

Was wollten die Konstrukteure des Trabis mit ihrer Schöpfung beweisen?
Humor.

Wie viele Personen brauchte man, um einen Trabi herzustellen?
Zwei. Der eine falzt, der andere klebt.

gelegt. Diese Pressen wurden mit 240 Grad heißem Dampf beheizt, dabei wurde das Harz flüssig und durchtränkte die Matte. Das abschließende Abkühlen ließ das Harz hart werden und fixierte die Form. Also von wegen Trabantkarosserien aus Pappe – das Trägermaterial ist Baumwolle, mittels Harz zu Duroplast veredelt. Das Zeug hat hervorragende Eigenschaften: billig und leicht und korrodiert nicht. Es ist strapazierfähig, geräuschdämmend, elastisch und bewährt sich sowohl in Hitze als auch in Kälte. Das haben wir bei Probefahrten in Ägypten, China, am Mittelmeer und am nördlichen Polarkreis gründlich getestet.«

»Ja, ja, wir waren einfach genial«, seufzte Getriebe-Schmidt, »mit Parteiauftrag an die Weltspitze. Dem Ingeniör ist nichts zu schwör.«

»Weiß Gott – Vorsprung durch Technik«, bestätigte Motor-Graf, »als wir zum Versuch auf das Holzgerippe der F 8-Karosserie die ersten Plasteteile schraubten, spielten die Jungs in Wolfsburg und Stuttgart noch mit Förmchen im Sandkasten. Und die lebten immer noch hinterm Mond, nachdem wir 1955 mit dem P 70 das weltweit erste Serienfahrzeug mit Kunststoffkarosserie gebaut hatten. Also ein richtiges Auto, schon eine Luxus-Limousine im Vergleich zu solchen Spielerein wie die Goggo- und Fuldamobils, Isettas und Messerschmitt-Kabinenroller im Westen.«

»Ein dreifaches Hoch auf unseren guten alten Trabant« schlug Witziger vor und erhob das neugefüllte Bierglas.

Doch Helbig winkte mit dem pädagogischen Zeigefinger. »Bleib doch bitte historisch exakt«, dozierte er, »kein Mensch nannte das Auto damals schon so. Der Name ›Trabant‹ kam erst viel später ...«

»... und du warst der Erfinder«, witzelte Witziger.

»Unsinn«, entgegnete Helbig. »Als wir am 7. November 1957 – exakt zum 40. Jahrestag der Großen Sozialistischen Oktoberrevolution – mit dem P 70-Nachfolger in die Vorserienproduktion gingen, hieß die Karre ganz einfach P 50. Das ›P‹ stand nicht für Plaste, sondern für Personenkraftwagen, und die ›50‹ für 500 Kubikzentimeter Hubraum. Für die Außenbeplankung wurden zwar Duroplastteile verwendet, doch er besaß nun eine selbsttragende Rohkarosserie aus Stahlblech. Aber weil das Kind trotzdem einen schönen Namen haben sollte, hatten Betriebs-, Partei- und Gewerkschaftsleitung ein Preisausschreiben initiiert. Da seit dem 4. Oktober 1957 erstmals ein Sputnik um die Erde kreiste, lag es nahe, diese epochenmachende Leistung der Sowjetunion zu würdigen. Sputnik heißt Gefährte, Begleiter, und ein treuer Kamerad sollte auch unser neues Auto sein – wie dieser niedliche Erdtrabant. Also entschied sich die Mehrheit der Belegschaft für den Namen ›Trabant‹.«

»Danke für den Aufklärungsunterricht«, sagte Kurt Kurze schnippisch. »Aber im Unterschied zu den Sowjets, die nach den Sputniks neue Raumschiffe wie Wostok, Woschod oder Sojus entwickelten, lief vom Sachsenring-Fließband jahrzehntelang unverändert der Zweitakter-Trabi.«

Kuko hätte sich die Worte lieber verkneifen sollen. Denn sofort fegte ein Sturm der Entrüstung über den blankpolierten Stammtisch. »Alzheimer«, »Nestbeschmutzer«, »Arbeiterverräter« und »Wendehals« waren noch die harmloseren Verbalinjurien, mit denen der Herr Ingenieur von seine Altkollegen bedacht wurde. Vor allem Motor-Graf konnte sich gar nicht wieder beruhigen.

»Der luftgekühlte 500-Kubik-Motor war eine echte Innovation. Und der P 60 hatte dann schon 600 Kubik, außerdem vollsynchronisiertes Viergang-Getriebe, Lichthupe und ...«

» ... machte weiterhin töff-töff«, lästerte Kurt Kurze, der sich noch nicht geschlagen geben wollte.

»Und den P 100, den wir schon 1960/61 als Prototyp entwickel hatten, den hast du wohl erfolgreich verdrängt?« konterte Karl Graf, noch immer sichtlich erbost. »Ganzstahlkarosse, Dreizylinder-Zweitaktmotor mit 47 PS, Scheibenbremsen vorn, moderne Trapezform. Mit diesem Mittelklassewagen lagen wir auch im Weltmaßstab auf der Höhe der Zeit. Ähnlich die Kollegen aus Eisenach, die fast zur gleichen Zeit das Konzept des Mittelmotors gewählt hatten ...«

»... aber genauso wie wir von den Alleskönnern und Besserwissern im SED-Politbüro gestoppt wurden«, entgegnete Kuku widerborstig.

»Klar, die wenigsten Beulen am Helm eines Genossen stammen vom Klassenfeind«, mischte sch nun Getriebe-Schmidt wieder ein. »Trotzdem machten wir weiter, ließen uns den Ehrgeiz als Automobilbauer nicht so leicht nehmen. Motto: Wir tun was! Wir gehörten sogar zu den ersten in der Welt, die beim Modell P 603 mit dem Wankel-Motor experimentierten. Schon lange, bevor wir im Februar 1965 von NSU aus Neckarsulm offiziell die Lizenz bekamen, hatten wir daran gefeilt. Die Jungs rissen sich wirklich den Arsch auf, kriegten aber beim besten Willen die Rattermarken nicht weg. Der Drehkolben schabte in die Zylinderfläche Unebenheiten, die Dichtung hielt nicht dicht, die Verbrennung hechelte. Ausgerechnet da, wo uns Ulbricht grünes Licht gegeben hatte, machten wir schlapp. Ein schwacher Trost, daß es den Westdeutschen, Amis oder Franzosen ebenso ging. Nur die Japaner bei Mazda werkelten bienenfleißig weiter an dem Kreiskolbenmotor.«

Helbig, das wandelnde Lexikon, nahm den zugespielten Ball an: »An der Spitze stehen ist noch zu weit hinten, sagten wir uns damals und hatten den Rest der Welt gnadenlos abgehängt. Wenn so ein Prototyp-UFO mit 180 Sachen zwischen Zwickau und Dresden über die Autobahn düste, kamen selbst Porschepiloten ins Grübeln. Mit dem P 603 hatten wir international einen technologischen Vorsprung von zwei, drei Jahren. Unsere Vollheck-Karosserie mit Fließheck in der zweiten Hälfte der 60er Jahre war die Krone der Schöpfung. Peter Hartz, Ferdinand Piech, Bernd Pischetsrieder und Jose Ignacio Lopez de Arriortua oder wie die Vorstandsherren in Wolfsburg heißen, rannten damals noch mit einer Kindertrommel um den Weihnachts-

Aus der Trabi-Lackpalette (Werksbezeichnungen)

aeroblau
alaskagrau
azurblau
baligelb
bananengelb
biberbraun
blaugrau
brillantkoralle
cliffgrün
cognac
creme
damastgrün
delphingrau
gletscherblau
granadarot
heliotop
hellrot
krapprot
kristallblau
lichtblau
lichtelfenbein
lidoblau
lindgrün
marmorweiß
meergrün
neptunblau
nilgrün
olivgrün-matt
papyrusweiß
pastellblau
pastellgrau
persischorange
polarweiß
rohrgelb
rosenbeige
silbergrau
silbergrau-hell
sonnenbeige
taigagrün
taubenblau
torgaweiß
tundrabeige
venetiarot

baum und ergötzten sich an ihrem Vorkriegs-Käfer. Erst 1974 verhalf ihnen Star-Stylist Giorgio Giugiaro zum VW-Golf mit Fließheck. Und bei American Motors dauerte es sogar noch ein paar Monate länger, bis sie den vom Autodesigner Aldo Gucci entworfenen Hornet mit Hatchback vorstellen konnten.«

»Weiß Gott, damals spielten wir in der ersten Liga«, dröhnte KD Witziger, »ach was – wir hätten Europa- und Weltpokal verdient! Fast so, wie die DDR-Nationalmannschaft 74 in Hamburg zur WM die Bundis weggeputzt hatte ...«

Wie auf Kommando drehten sich die Köpfe am Nachbartisch um, die Altstars von der Betriebssportgemeinschaft hoben freundlich ihre Biergläser.

»Ein Hoch auf Sachsenring Zwickau!«

Nun war Witziger nicht mehr zu halten. »Wißt ihr noch«, hob er an, »1975, Pokalendspiel gegen Dynamo Dresden im Berliner Stadion der Weltjugend. 1:1 nach regulärer Spielzeit, ein Hin und Her beim Elfmeterschießen, schließlich packt sich Croy das Leder und knallt es Boden eiskalt in den Kasten. Und dann wiederholt der Junge sein Husarenstück gegen Florenz im Halbfinale des Europacups. Der war in der Form seines Lebens. Bei Mönchengladbach oder Bayern München hätten sie Croy seinerzeit mit Kußhand genommen.«

»Wie wahrscheinlich auch die Leute aus unserer Konstruktionsabteilung bei BMW, VW oder Audi Karriere gemacht hätten, wenn sie gewollt oder gedurft hätten«, warf Hans Rüttel lakonisch ein, um seine Kollegen vom glatten Fußballrasen wieder auf die holprige Autostraße zu führen.

»Hätte der Hund nicht geschissen ...«, grätschte nun Gernot Schmidt in die Debatte, »hätte Politbüro-Zampano Günter Mittag das Schicksal des P 603 nicht mit einem Federstrich besiegelt und gesagt, der Trabant reicht aus für die Versorgung unserer Werktätigen. Aber wir hätten uns nach der geplatzten Aktion auch nicht an das Hängebauchschwein gewagt, den P 760, von dem wir alle dachten, das sei der große Wurf.«

»Mensch, hör auf, vom Hängebauchschwein zu reden«, ereiferte sich sofort Faktenhuber Helbig. »Für den betriebsinternen Spitznamen könnte man dir heute glatt noch ein Parteiverfahren anhängen. Aber das RGW-Auto war eine feine Sache, weil in der ČSSR wie bei uns Geld und Mittel knapp waren und sie ihren Skoda technisch ausgereizt hatten. Da schien uns der Staatsvertrag mit denen, als ob 1. Mai und 7. Oktober auf einen Tag fallen. Eine Kombi-Limousine, mit Scheibenbremsen, Einzelradaufhängung und Skoda-Motor mit 50 PS und 1100 Kubik, geplante Stückzahl im Jahr 360 000, Produktionsbeginn 1973. Dazu noch eine moderne windschnittige Karosserie, die in beiden Ländern unterschiedlich gestaltet werden sollte. Das war doch was! Schon Anfang 1970 kutschierten vier Prototypen durch die Taiga. In Zwickau, aber auch in Eisenach und Mlada Boleslaw haben sie geackert wie die Wühlmäuse.«

»Aber nur in Berlin am Marx-Engels-Platz besaß einer die große Übersicht«, konstatierte Kuko trocken. »Das muß man sich vorstellen: Da steht ein Bierfaß zum Anstich, und dann meint Big Boss Honecker – natürlich auf Geheiß seines Einflüsterers Mittag – zu seinem Ministerpräsidenten, dessen Vorlage wäre noch nicht entscheidungsreif. Herbert Ullmann, unser Betriebsdirektor, wollte diesen Koitus Interruptus unter Fremdeinwirkung nicht hinnehmen und sprang an die Decke. Aber genützt hat es nichts. Die haben faktisch das Regierungsabkommen mit der ČSSR gekündigt und das Projekt auf den Sankt-Nimmerleins-Tag verschoben.«

»Damit der Frust von damals nicht wieder hochkommt, hilft nur ein Blauer Würger«, besänftigte Karl Graf seine alten Kollegen und bestellte beim Wirt des »Bürgerbräustübels« gleich eine ganze Runde vom Wodka aus Berlin-Kaulsdorf. »Auf den verblichenen P 603!« betonte Motor-Graf und erhob das Glas.

Es blieb nicht bei dem einen. Denn auch auf den P 610 – immerhin mit Viertaktmotor – oder den P 601 WE 2 mußte angestoßen werden. Alles vergebliche Versuche, einen Trabi-Nachfolger auf die Straße zu stellen.

Als die kollektive Trauer das Jammertal erreicht hatte, war es Hans Rüttel, der seine Freunde wieder aufmuntern wollte. »Hört auf zu weinen, wir können doch auch wunderbare Erfolge vorweisen. Oder war der Trabant 601 nicht weltweit das erste und einzige Großserienfahrzeug seiner Art? Und da ich als Federungsspezialist etwas davon verstehe – haben wir nicht 1988 statt der Querblattfedern hinten Schraubenfedern eingebaut?«

»Jawoll, hick, das haben wir«, bestätigte KD Witziger, »die Modellpflege stand für uns immer auf der Tagesordnung ...«

Sofort wollte jeder in der Runde seinen Senf dazu geben. Die Rede war von Schalldämmatten im Fahrgast- und Kofferraum, von Abgaskrümmerheizung und Gummistoßhörnern an der Stoßstange. Einer schwärmte vom neuen Tachometer mit Tageskilometerzählwerk, ein anderer ergötzte sich an der hinteren schraubengefederten Abschleppöse, ein dritter lobte den Entfall der Reserveradhülle, der vierte würdigte die Kupplungsscheibe mit asbestfreiem Belag. Die Lobpreisungen dauerten drei Runden Bier und Klaren.

Längst waren die einstigen Fußballstars an den Stammtisch der Autokonstrukteure gerückt, um Freud und Leid und Bier zu teilen. Irgendwann verdrehte Getriebe-Schmidt die Augen, legte seinen Kopf auf die Tischplatte und stöhnte »und trotzdem spielen wir heute nur in der zweiten oder dritten Liga!«

Alois Glaubitz, der beinharte Mann mit den meisten Oberligaeinsätzen, tätschelte Schmidt zärtlich. »Schau mal«, erklärte er vorsichtig, »der FSV Zwickau, eure alte Betriebsmannschaft, stellt sich auch neuen sportlichen Herausforderungen, und die heißen nun Oberliga-Süd. Das nennt man Aufschwung Ost. Erinnerungen versperren nur die historische Perspektive.«

Melanie Schulze fährt zum ersten Mal mit dem Fahrlehrer durch Dippoldiswalde. Da bemerkt sie am Straßenrand zwei Arbeiter, die einen Telefonmast besteigen. Verärgert raunzt sie den Fahrlehrer an: »Ist doch lächerlich! Sooo schlecht fahre ich nun auch wieder nicht!«

Ein getunter Trabi, mit Waschbenzin betankt, überfährt ein Huhn. Das Huhn hinterher ganz verwundert: »War das ein Gockel!«

Woran erkennt man den Sport-Trabi? An den Turnschuhen auf der Heckablage.

John Stave
Das verschwundene Pferd

Kein Zweifel: Max war tot. Der Kutscher Egon Pape stellte das fest! Er horchte an Max 'rum, aber der gab kein Lebenszeichen mehr von sich.

»Es tut mir so schrecklich leid«, sagte Trabantfahrer Puschek. »Ich bin in Wirklichkeit ungeheuer tierlieb. Ich habe Hunde, Katzen und Goldhamster zu Hause. Ich muß einen Moment nicht aufgepaßt haben. Es tut mir ganz schrecklich leid, tut es mir!«

Kutscher Pape, der leise nach Bier roch, war die Sache auch äußerst unangenehm. Er hatte Max über sieben Jahre durch die Straßen Berlins gelenkt. Was heißt: er? Meist hatte Max sich selbst kutschiert. Jedenfalls immer, wenn es nach Hause in den Stall ging. Der achtzehnjährige Hengst kannte jeden Stock und jeden Stein.

Natürlich hatte sich sofort eine Menschenmenge gebildet. Wann sah man schon mal ein Pferd? Und dies war zu allem Überfluß auch noch tot!

Die Menge stand begreiflicherweise auf der Seite des toten Pferdes. Es sah so friedlich aus, wie es da lag.

»Ist es wirklich tot?« fragte eine blasse Dame beklommen.

»Jaja«, antwortete der Kutscher Pape. »Nichts mehr zu machen.«

»Was wird eigenlich aus so einem toten Pferd gemacht?« fragte der Junge Pionier Oskar Pfitzner seinen ebenfalls anwesenden Vater.

»Ich weiß auch nicht«, sagte der. »Es kommt wohl in die Abdeckerei. Aus der Haut machen sie Leder oder SML, wie das heißt, und aus dem Rest wird Seife gemacht. Oder Leim, so was. Aber eigentlich weiß ich es auch nicht.«

»Der Kutscher wird der Schuldige sein«, vermutete ein älterer Mann mit einer Fliege. »Er ist sicherlich besoffen. Kutscher sind immer besoffen!«

»Schuld trägt allein der Trabantfahrer«, erklärte eine bärtige Studententype. »Er kam von links. Das Pferd hatte Vorfahrt!«

Trabantfahrer Puschek war blaß geworden. Er zitterte sogar ein bißchen. Klar, daß er das Pferd ersetzen mußte. Aber nun hatte er den Wagen erst drei Wochen. Im Rückfenster prangte ein riesengroßes »A«. Vorn rechts war die Tür eingedrückt, und der Kotflügel war auch mächtig in Mitleidenschaft gezogen worden.

»Es ist überhaupt komisch und eigenartig«, sagte ein Herr, der mit seinen Autoschlüsseln klapperte, »daß Pferde heutzutage noch im Straßenverkehr zugelassen werden. Ein Anachronismus ist das!«

Max lag da, als träumte er. Als träumte er von saftigen Wiesen (die er nie gesehen hatte) oder von Pferderennen (an denen er nie teilgenommen hatte). Die großen graublauen Pferdeaugen sahen ins Leere.

»Müssen Kutscher eigentlich einen Führerschein machen?« wollte eine dickliche junge Dame von ihrem semmelblonden Macker wissen. Aber der zuckte nur die Achseln.

»Es heißt ›Fahrerlaubnis‹« sagte Oskar Pfitzner, der Junge Pionier.

Er dachte an den gewaltigen Verkehrsgarten seines Pionierpalastes. Leider gab es keine Pferde in diesem Garten, nicht mal welche aus Blech oder Plaste, weil Pferde keine Perspektive haben.

»Der Kutscher soll eingepennt sein«, sagte eine junge Frau mit einem Kind auf dem Arm. »Das arme Pferd.«

»Plapp-papp-papp-papp-plapp«, machte das Kind auf dem Arm der jungen Frau.

Kutscher Egon Pape zündete sich eine Zigarette an. Er hustete ein wenig und sprach: »Max kannte alle Verkehrszeichen. An einem Stopschild blieb er automatisch stehen!«

»Ein Wunderpferd«, stellte eine alte Oma fest.

Kutscher Pape fuhr fort: »Auf dem Heimweg hielten wir immer kurz am Pilsator-Eck, um eine Limonade zu trinken.«

»Hohoho«, lachte die Menge.

»Um eine Limonade zu trinken«, wiederholte der Kutscher. »Eines Tages stellte die Vau Pe dort ein Halteverbotsschild auf. Und ob Sie's glauben oder nicht, meine Damen und Herren. Max blieb nicht mehr stehen!«

»Kutscherlatein«, sagte der Herr mit den Autoschlüsseln.

»Jedenfalls hatte das Pferd Vorfahrt«, bekräftigte der Student seine Meinung und kratzte sich den Bart.

»Es war ein Wunderpferd«, sagte die alte Oma.

»Wenn es so genau Bescheid wußte«, ließ sich der Herr mit den Autoschlüsseln vernehmen, »hätte es das ›A‹ auf der Scheibe des Trabis bemerken müssen und sich nicht die Vorfahrt erzwingen dürfen!«

Das leuchtete ein, zumal das Schild auch von vorn gut zu erkennen war. Von ferne hörte man die Sirene des Verkehrspolizeiautos. Max lag friedlich am Boden. Trabantfahrer Puschek sah einen Silberstreif am Horizont, und der bärtige Student war bereit, sein ganzes Gewicht in die Waagschale des toten Pferdes zu werfen.

»Plapp-papp-papp-papp-plapp«, machte das Kind auf dem Arm der jungen Frau. Die Verkehrspolizei begann mit ihren komplizierten Ermittlungen.

Am anderen Tag stand in der Morgenpresse zu lesen: »Wegen Nichtbeachtens der Vorfahrt kam es in den gestrigen Nachmittagsstunden an der Rigaer Ecke Liebigstraße zu einem Zusammenstoß zwischen einem Trabant und einem Pferdefuhrwerk. Am Trabant entstand leichter Plasteschaden.«

1977

Rivalen am Steuer

Aus dem Tagebuch eines Motorsportenthusiasten

18. September 1949

Heute hat mich Papa mit zum Schleizer Dreieckrennen genommen. Es ist nun schon das dritte Mal, daß ich dabei bin. Im Juli waren wir an der Ostsee zum Stralsunder Bäderrennen, wo richtige Rennautos um die Wette rasten. Und wir waren bereits vor einem Jahr in Schleiz, als das erste Rennen in der Ostzone überhaupt gestartet wurde. Es war zwar nur ein »Vergleichsrennen«, aber mit allem Drum und Dran: Polizei, Sanitäter, Krankenwagen, 60 Motorräder und eine Menge Zuschauer, fast so viele wie heute, wo man 160000 gezählt hat. Papa meinte, daß solche Großveranstaltungen durch die Potsdamer Beschlüsse gar nicht zugelassen wären, daß die Besatzungsmacht keine Veranstaltungsgenehmigung erteilt und der Schleizer Bürgermeister das auf seine eigene Kappe genommen hätte. Aber er sagte auch, daß in ein paar Tagen unsere Sowjetische Besatzungszone ein richtiger Staat wäre, und dann bräuchten wir die Alliierten sowieso nicht mehr um Erlaubnis zu fragen.

1. Oktober 1951

Gestern und vorgestern waren Papa und ich in Hohenstein-Ernstthal zum Ersten Internationalen Sachsenring-Rennen nach dem Krieg, der DDR-Meisterschaftsendlauf. Da war an der 8,7 Kilometer langen Strecke ganz schön was los, nicht nur wegen der 300000 Leute. Die Helfer hatten aus 15 Eisenbahnwaggons 1500 Strohballen ausgelegt, sechs Fußgängerbrücken verbanden Innen- und Außenraum. Die Holztribüne am Ziel war 240 Meter lang und bot 14000 Zuschauern Platz. Ein Reporter schilderte den Rennverlauf, was man über 56 Groß- und weitere 35 Lautsprecher hören konnte. Außerdem hatte die SED-Kreisleitung 800 Agitatoren zur politischen Aufklärungsarbeit eingesetzt. Doch die haben nicht gemeckert, weil ich kein Pionierhemd und blaues Halstuch trug. Und dann ein Krach, wie laut die Motoren heulten! Papa hat mir genau erklärt, wer in welchem Rennflitzer sitzt: Hans Stuck in seinem Zwei-Liter-AFM-Wagen, der auch die schnellste Trainingszeit fuhr, daneben Paul Greifzu, der im vergangenen Jahr Europameister Stuck schlug, Toni Ulmen, der Sieger von 1950, oder Alfred Brudes im Awtowelo-Wagen aus Eisenach, mit dem er 1949 Meister wurde.

10. Mai 1952

Papa kam ganz traurig von der Arbeit nach Hause. Er hatte aus den Radionachrichten erfahren, daß Paul Greifzu, der ganz in der Nähe von uns in Suhl geboren ist, bei einer Trainingsfahrt für das Dessauer Wagen- und Motorradrennen tödlich verunglückt ist. Das ist wirklich schade. Denn Paul Greifzu gehörte zu den besten deutschen Rennfahrern. Ich kann mich noch genau daran erinnern, wie unsere ganze Familie im vergangenen Jahr am 1. Juli vor dem Radio saß. Da übertrugen sie eine Reportage vom ersten Nachkriegsautorennen auf der Avus in der Westberliner Frontstadt. Die schnellsten Rennflitzer Europas standen am Start, Ferrari, AFM, Veritas. Paul saß in einem AWE-Eigenbau: Sechszylinder-Viertakt-Reihenmotoren mit 130 PS und 235 Sachen Höchstgeschwindigkeit, bei dessen Montage ihm die Eisenacher Automobilbauer geholfen hatten. Und er vollbrachte die Sensation und wurde Sieger! Der Regierende Bürgermeister Ernst Reuter, der erst kürzlich rumgebrüllt hat, daß die ganze Welt auf diese Stadt schauen soll, war stinksauer, als er Paul Greifzu aus der DDR den Siegerkranz überreichen mußte.

Papa erklärte mir, daß es von nun an bei uns regelmäßig ein »Paul-Greifzu-Gedächtnis-Pokal-Rennen« geben wird. Und er versprach mir, daß wir an dem Grab an der Unglücksstelle Blumen ablegen werden, wenn wir auf der Autobahn zwischen Dessau und Köckern unterwegs sind.

DIE WELTBESTE RENNMANNSCHAFT 1938

1. April 1954

Es ist kein Aprilscherz: Manfred von Brauchitsch ist in die DDR übergesiedelt. Stand in der Zeitung, und die lügt nicht. Er ist nicht nur ein berühmter Rennfahrer, sondern auch ein echter Friedenskämpfer. Nur weil er sich als Präsident des westdeutschen Komitees zur Vorbereitung der Weltfestspiele der Jugend und Studenten in Berlin und Bukarest und als Präsident des Komitees für Einheit und Freiheit im deutschen Sport engagierte, hatten ihn die Bonner Kapitalisten wegen »Vorbereitung zum Hochverrat« verhaftet und ins Gefängnis gesteckt. Adenauer und die Bonner Spalter spinnen sowieso. Vater hat mir erzählt, daß die westdeutsche Sportführung vor anderthalb Jahren in Oberwesel beschlossen hat, den Sportverkehr mit der DDR abzubrechen. Deshalb ist der gemeinsame friedliche Wettkampf der Motorsportler Ost- und Westdeutschlands auch ein Schlag gegen die Verräter und Spalter der Nation. Und jeder Handschlag beim Aufbau des Sozialismus ist ein Schlag gegen die Kriegstreiber in Washington und Bonn.

Das weiß auch Manfred von Brauchitsch. Dabei stammt der Mann gar nicht aus der Arbeiterklasse oder kommunistischen Partei, sondern aus einer reaktionären preußischen Adels- und Offiziersfamilie. Doch er haßte den Militarismus und wurde lieber Autorennfahrer. Er gehörte zum Mercedes-Benz-Rennstall und stand zwischen

1929 und 1939 nicht weniger als 45mal auf dem Siegertreppchen. Seine Rivalen am Steuer waren Rennfahrer-Legenden wie Tazio Nuvolari und Achille Varzi, er kämpfte gegen Rudolf Caracciola, Bernd Rosemeyer oder Hermann Lang um Meter und Sekunden. Man bezeichnete ihn zwar als »Herren-Fahrer«, aber er war der Liebling der Zuschauer an den Rennstrecken, weil er stets einen eigenen, wenig materialschonenden Stil fuhr. Für ihn gab es ohne Kampf keinen Sieg. Und mutig war er! Sagte einfach: »Ja, man muß im Rennwagen seinen kleinen Arsch feste zusammenkneifen.« Außerdem ist er der Erfinder des berühmten »Silberpfeils«. Weil sein Rennwagen W 25 nach der neuen 750-kg-Formel beim Eifelrennen 1934 auf dem Nürburgring noch ein Kilo zu schwer war, ließ er einfach den weißen Lack von der Aluminiumkarosserie abschleifen.

Vater erzählte, daß Manfred von Brauchitsch in der Nähe vom Schleizer Dreieck, in Gräfenwarth, wohnt. Er vermutet, daß der Mann bei uns Karriere macht, wenn beispielsweise ein Motorsportverband oder eine Gesellschaft zur Förderung des olympischen Gedankens gegründet wird. Aber gelogen ist, was vom Klassenfeind verbreitet wird, daß er der heimliche Verehrer von Lotte Ulbricht sei. In Wahrheit sind sie nur eng befreundet, die Familien treffen sich oft und schreiben sich nette Briefe. Auf jeden Fall ist Manfred von Brauchitsch für mich ein Vorbild, fast so wie Pawel Kortschagin.

10. Dezember 1955

Vor einer Woche sind wir in den Thüringer Wald gefahren, zur ersten Rallye Wartburg. Da ging es für die Teilnehmer über Stock und Stein, über normale Straßen und über Wald- und Feldwege. Toll fand ich, daß die sechs Nullserienwagen des neuen 311er Wartburg diesen ersten Härtetest mit sechs Goldmedaillen, Klassensieg und Sieg in der Mannschaftsgesamtwertung glänzend bestanden. Vermutlich wird sich die Wartburg-Werksequipe künftig auch bei den großen internationalen Rallyes gut schlagen. Auch wenn manche behaupten, »Rallye ist Formel-1 durch den Wald«, finde ich das überhaupt nicht langweilig. Hier ist nicht wie bei einem Rundstreckenrennen derjenige Sieger, der nach einer bestimmten Fahrzeit oder Anzahl von Runden als erster die Ziellinie überquert. Denn eine Rallye findet auf abgesperrten Straßen mit verschiedenen Wertungsprüfungen statt. Die Autos starten einzeln im Minutenabstand auf die Strecke, der Gegner ist die Uhr. Die dort gefahrenen Zeiten werden addiert und ergeben das Klassement. Gewinner ist der Teilnehmer mit der geringsten Fahrtdauer. Dabei ist auch der Beifahrer wichtig. Er erstellt im Training gemäß den Ansagen des Piloten einen genauen Aufschrieb, der jede Kurve, Kuppe und Gefahrenstelle, jede Brücke, jede Änderung der Straßenoberfläche und jede Bodenwelle erfaßt. Auch die Abstände zwischen Kurven, Bremspunkten, Geschwindigkeiten und Einlenkpunkten sagt der Sozius aus seinem »Gebetbuch« vor.

Bernauer Schleife – ick war dabei

Früher schon, als kleener Bube
ick stets hin zur Avus hetzte.
Mir hielt nischt mehr in der Stube,
wenn't och später etwas setzte.
Jetzt als Mann in voller Reife
dacht ick, Mensch det is'n Ei!
Autorennen – Bernauer Schleife?
Ich muß hin, ich bin dabei!

Autos, Räder, Menschenmenge,
Mann, wat war det een Jewühl.
Uff den Wegen een Jedränge,
alle hatten bloß een Ziel.
Keener wollte et verpennen -
Vater, Mutter, Kind und Jreis.
War et doch det erste Rennen
hier in unserm schönen Kreis.

9 Uhr, Start. Die Flagge senkt sich,
Motorräder knallen los.
Hals um Hals von uns varenkt sich,
Spannung war bei Kleen und Jroß.
Und dann erst die jroßen Wagen -
Mensch mir blieb die Spucke weg.
Eh' ick staunend konnt' wat sagen,
war'n se schon bei Schwanebeck.

So jing det nu Stund um Stunde
und die Sonne schien so heiß,
brummend machten die de Runde,
brummend stand ooch ick im Schweiß.
Ooch mein Magen knurrte heiter,
doch wie wurde ick da froh.
Sah ick doch een Stückchen weiter
jut versorgend – die HO.

In der Menge froher Buntheit
flitzten »Sanis« hin und her;
den sie dienten der Jesundheit
und det is' manchmal recht schwer.
Zelte waren uffjeschlagen,
wie een kleenet Krankenhaus,
Jottseidank – trotz Krankenwagen
kiekten bloß die Ärzte raus.

Alles jing drum jut vonstatten,
unser Kreis hat sich bewährt.
Und die wirklich nischt von hatten,
war'n die Meckrer – unerhört!
Und is später wieder Rennen
mach ick mir von Muttern frei!
Ick will immer sagen können:
Bernauer Schleife – ick war dabei!

(Aus: Neuer Tag/Heimatzeitung für den Kreis Bernau vom 20.8.1957)

15. September 1957

Erst spät in der Nacht sind Vater und ich von Berlin nach Hause gekommen. Nach zweijähriger Pause gab es wieder ein großes gesamtdeutsches Rennen auf der Bernauer Schleife. Neben bekannten westdeutschen Fahrern haben DDR-Meister und Meister des Sports im fairen Wettstreit ein Bekenntnis für die Einheit und Freiheit im gesamtdeutschen Sport ablegen. Die Rennstrecke war mit DDR-Fahnen und Weltjugendfahnen ausgeschmückt.

Schon das offizielle Training der Motorräder, Dreiradfahrzeuge und Rennwagen war klasse. Wie die Rennmotoren ihr Lied sangen! Es wurde gestartet in den Klassen A bis 125 Kubik Ausweis, Klasse A bis 250 Kubik Ausweis und Lizenz als Meisterschaftslauf, Klasse Cs, Dreiradfahrzeuge bis 500 Kubik Ausweis und Rennwagen Formel III bis 500 Kubik ohne Kompressor. Zum offiziellen Start am Sonntag waren 115 Fahrzeuge zugelassen, die sich hierzu im Training qualifiziert hatten. Der Kampf ging über 12 Runden gleich 60 Kilometer.

Da ich nicht mehr Schüler bin, mußte ich wie alle Erwachsenen drei Mark für die Eintrittskarte bezahlen, Kinder und Rentner mit Ausweis nur eine Mark. Auch sonst war alles prima organisiert: HO und Konsum mußten ein Standgeld von zwei Mark pro Quadratmeter zahlen, weil die Streckenreinigung der Autobahnverwaltung 750 Mark kostete. Vom Turm konnten die Zeitnehmer, Presse und der Rundfunk Start, Strecke und Ziel genau verfolgen. Vor dem Startplatz war eine 700 Meter lange Warmlaufstrecke eingerichtet, das Fahrerlager hatte funktionierende Wasser- und Toilettenanlagen sowie ein Aggregat zur Lichtversorgung. Auch die Quartierfrage war geregelt, die Fahrer, Betreuer und Fahrzeuge wurden in der nahegelegenen Jugendhochschule der FDJ untergebracht.

Pfingsten 1958

Ich hätte vorher nicht gedacht, daß Motorradgeländefahren solchen Spaß machen kann. Aber ein paar zehntausend Motorradbegeisterte belehrten mich eines besseren. Und natürlich die Fahrer, die auf ihren Geländemaschinen wahre Kunststücke zeigten. Und zwar im mecklenburgischen Teterow, wo es um den silbernen Bergring Wanderpokal und um den Goldenen Helm ging.

Europas schönste Grasrennbahn ist 1877 Meter lange und stellt mit bis zu 22-Prozent-Steigungen, gewaltigen Sprungschanzen und schwierigen Kurven höchste Ansprüche an Mut und Können der Fahrer. Der Kurs ist ein hügliges Gelände gebettet, mit festem Untergrund und einer Grasnarbe, die auf etwa fünf Zentimeter zurückgeschnitten wird. Die Bahn ist durchschnittlich 12 bis 18 Meter breit und führt vom Startberg in einer mittleren Steigung in einer langgezogenen Rechtskurve über den Hügel zur leicht abfallenden Senke in die schwach überhöhte Nordkurve. Hier und aus dem Krähenhorst steigt die Bahn um 8 bis 15 Prozent an, etwa 250 Meter in einer leichten Schlängelkurve bis zum höchsten Punkt der Bahn. Dann mündet eine leichte Rechtskurve in die steil abfallende Gerade von 200 Metern und über einen kleinen Hügel in die ansteigende Südkurve, die über einen Hügel im Brechpunkt dieser Kurve nach links zum Ziel steil abfällt.

Erstaunlich, daß viele Zuschauer schon Tage vor dem Rennen anreisen, hier zelten und sich die Zeit bis zum Start mit Essen, Trinken und Musik vertreiben. Hoffentlich kommen in Zukunft nicht noch mehr Rowdys und Halbstarke. Manche von denen reden auch komischerweise von Motocross oder Enduro, wo es hier doch um ein Geländerennen geht.

30. Juni 1959

Wieder sind wir nachts erst spät nach Hause gekommen. Wir waren in Neubrandenburg zum Speedwayrennen. Das ist ein seltsamer Motorradsport. Auf einer Sandbahn in einem kleinen Stadion flitzen die Fahrer im Kreis rum, müssen aber den Lenker ihrer Maschine immer nach rechts drehen, wenn sie links um die Kurve fahren. Außerdem tragen sie einen stählernen Schuh, der ihren linken Fuß schützt. Die Läufe wurden noch mit der Flagge gestartet, aber man plant für die nächsten Jahren eine elektromagnetische Startanlage. Jedenfalls donnerten 19 Fahrer aus Polen, Westdeutschland und der DDR über die neue Speedway-Bahn im Günther-Harder-Stadion. Immer wieder überraschten die polnischen Rennfahrer mit ihren Blitzstarts und sicherten sich jedesmal erste Plätze in den 20 Rennen. Aber die Sportsfreunde von den Motorsportclubs aus Stralsund, Güstrow, Meißen, Rostock waren nicht schlecht, zum Beispiel Jochen Dinse, Alfred Dannmeyer, Josef Hofmeister, die Brüder Zierk sowie Arthur Flemming, der »Rote Teufel« genannt.

4. August 1960

In diesem Jahr ist sportlich unheimlich viel los in der DDR. Erst vor kurzem war ich beim ersten Motorradrennen auf dem Frohburger Dreieck. Wunderbar, wie die Jawa- und Simson-Serienmaschinen über den fünf Kilometer langen Kurs bretterten. Am aufregendsten die attraktiven Kurven – die Jugendkurve und der Graue Wolf mitten in der Stadt. Und gestern hatte es mich wieder zum Sachsenring gezogen. Ausnahmsweise mal kein Motorsport, sondern die Straßenweltmeisterschaft der Rad-Amateure. Unserem zweimaligen Weltmeister Täve Schur gelang ein Husarenstück. Er selbst verzichtete auf seinen dritten Sieg und ließ seinen Freund Bernhard Eckstein im Alleingang davonziehen, schirmte ihn aber gegen den Mitfavoriten Willy Vandenberghe aus Belgien ab und spurtete dann noch auf den zweiten Platz. Die DDR ist einfach Weltklasse!

7. Oktober 1966

Heute ist Feiertag, und ich komme endlich mal wieder dazu, in mein Tagebuch zu schreiben. Bei aller Begeisterung weiß ich zur Zeit nicht, ob ich Motorrad- oder Autorennen mehr liebe. Zur Zeit neige ich eher zum Motorrad.

Das liegt sicher an der MZ aus Zschopau und an den Six-Days. Zu dieser Sechstagefahrt treffen sich jährlich die berühmtesten Motocrossfahrer mit den stärksten Motorrädern aus allen Ländern. Sechs Tage lang kämpfen die Mannschaften auf einer Strecke von 1500 Kilometern um die Trophy, den Siegespreis des Internationalen Motorradsport-Verbands, und um eine kostbare silberne Vase, die ein berühmter Künstler vor mehr als zweihundert Jahren für den König von England geschmiedet hat. Das Rennkollektiv aus Zschopau hatte in den Vorjahren meist gewonnen gegen westdeutsche BMW, japanische HONDA, JAWA aus der ČSSR oder AUGUSTA aus Italien. Dieses Jahr war es wieder spannend: Am ersten Renntag versagte keine unserer Maschinen, keiner unserer Fahrer holte einen Strafpunkt. Das gleiche am zweiten, dritten, vierten und fünften Tag. Die Italiener schieden aus, die Westdeutschen kassierten massig Strafpunkte. Die DDR-Jungen fuhren, als wäre der knietiefe Morast das glatte Band einer Autobahn. Und so brachten die Helden der Six Days Peter Uhlig, Hans Weber, Werner Salevsky, Horst Lohr, Karlheinz Wagner und Klaus Teuchert Trophy und Silberne Vase wieder nach Hause. Die MZ ist das beste Motorrad der Welt, wir sind die größte DDR!

Ein bißchen anders dagegen die Autorennen. Da ist irgendwie der Dampf raus, zumindest mangelt es an ein paar Kubik und PS. Das liegt am Reglement, das in der Formel III 1000 Kubik festschreibt. Und wenn man da kein gutes Material unterm Rennhintern hat, nützen die brillantesten Fahrkünste in der Formel Junior wenig. Dennoch kämpften unsere Fahrer am Schleizer Dreieck im Lauf um den »Pokal der Freundschaft« vorbildlich. Eine interne Meisterschaft der sozialistischen Länder. Darunter Peter Findeisen, Willi Lehmann in seinem SEG-Wartburg und vor allem Heinz Melkus in seiner berühmten »Silberzigarre« mit der Startnummer 61. Dennoch gewann ein Pole in einem RAK-Ford mit über eine Minute Vorsprung.

12. Juli 1971

Seit über zwanzig Jahren bin ich nun schon auf Motorsportveranstaltungen. Ich habe kaum etwas ausgelassen. Um zum Rennen zu fahren, habe ich sogar extra Urlaubstage genommen oder mich krankschreiben lassen. Das Größte ist es, wenn man ins Fahrerlager reinkommt. Ich sauge alles auf wie ein Schwamm, die Gerüche der Gummi, das Rizinus, der Rennsprit. Dann dieser satte Klang der Maschinen, ihr Röhren. Und schließlich diese große Gemeinschaft der Motorsportverrückten. Das ist schon beeindruckend, wenn man die Masse am »Heiteren Blick« am Sachsenring und dann solche Leute wie Agostini, Braun, Bartusch, Hailwood, Melkus, Küther fahren sieht.

Beispielsweise 1963 der WM-Lauf. Die MZ-Leute hatten für die 250er Klasse den englischen Superstar und MV-Werksfahrer Mike Hailwood verpflichtet. Er gewann souverän das 350er und 500er Rennen auf den MV-Werksmaschinen. Und dann siegte »Mike the Bike« auch noch auf der MZ-RE 250! Oder 1961, als in der 125er Klasse MZ-Werksfahrer Ernst Degner vor 200000 Zuschauern der japanischen Übermacht den Auspuff zeigte. Schade eigentlich, daß Degner dann in den Westen abhaute und wichtige Konstruktionsunterlagen an Suzuki übergab. Oder vor fünf Jahren: In der Schlußrunde führten Agostini und Hailwood, fielen aber durch Sturz bzw. Defekt aus, und der Rennleiter winkte den Tschechen Stastny irrtümlich als Sieger ab, obwohl der noch eine Runde fahren mußte.

Und verrückt auch das gestrige Rennen, wieder der »Große Preis der DDR« und zugleich WM-Lauf. Dieter Braun aus der BRD fuhr auf seiner 250er Yamaha als erster über den Zielstrich. Das Publikum tobte, die Parteifunktionäre auch – aber vor Wut. Man unterstellte dem westdeutschen Sieger, er habe eine weiße Linie überfahren und verlangte seine Disqualifizierung. Doch der Rennleiter ließ sich nicht beirren. Bei der Siegerehrung erklang das Deutschlandlied nur im Start-Ziel-Bereich, alle anderen Lautsprecher wurden ausgeschaltet, doch Tausende an der Strecke sangen mit und bewarfen die eingetroffenen Polizisten mit Tomaten.

PS: Kurioserweise habe ich kürzlich von meinem Großonkel Rolf eine bunte Ansichtskarte aus Köln bekommen. Ihm geht es gut, er ist verheiratet und hat einen zweieinhalbjährigen Sohn Michael.

14. November 1981

Na bitte, es geht wieder aufwärts! Obwohl der Motorsport des ADMV als nichtolympische Disziplin vom DTSB-Chef Manfred Ewald kaum noch gefördert wird, lassen sich die Fans nicht beirren. So gibt es unheimlich vielen Tourenwagen-Rennen, und bei den Spezialtourenwagen räumt meist Peter Mücke aus Berlin die Siegerpreise ab. Vor allem der Rallye-Sport hat kräftig Auftrieb erhalten. Ich schaffe es gar nicht mehr, überall dabeizusein. Etwa bei der Spitzenfestrallye im vogtländischen Plauen, bei der Leipziger Messe-Rallye, der Pneumant-Rallye in Berlin, der Schweriner Seen-Rallye oder der Wismut-Rallye in Karl-Marx-Stadt.

Seit vier Jahren gibt es außerdem das Naumburger Bergrennen als DDR-Meisterschaftslauf in allen Auto- und Motorradklassen sowie K-Wagenrennen, die überall auf der Welt in Mode kommen. Ich glaube, im Westen sagt man Go-Kart dazu.

Auch bei den Formel-Rennwagen ist wieder Bewegung ins Spiel gekommen. Es gibt nun die Formel Easter, wo Fahrer aus den sozialistischen Ländern um den »Pokal für Frieden und Freundschaft« kämpfen, sozusagen eine osteuropäische Meisterschaft. Laut Reglement dürfen für den Bau der einsitzigen Rennwagen mit 1300-Kubik-Motor nur Teile aus der RGW-Produktion verwendet werden. Verständlich, daß da vor allem Lada-Motoren zum Einsatz kommen und Getriebe von Saporoshez, Skoda, und Dacia verwendet werden sowie das Getriebegehäuse vom Wartburg 311. Logisch auch, daß die Sowjets mit ihren Estonia 15M den Vogel abschießen. Aber die Tschechen mit ihren Skoda MTX sind ebenfalls nicht zu unterschätzen. Beachtlich auch, was die Tüftler in der DDR auf die Beine stellen. Zum Beispiel für die Formel Junior, auch B 8 genannt, der auf 600 Kubik aufgeblasene Trabant-Motor, der mit seinen 45 PS 160 Sachen bringt. In dieser Klasse macht übrigens eine Frau von sich reden: Helga Heinrich-Steudel, die in den Vorjahren schon mit ihrer 125er MZ den Männern auf der Dresdener Autobahnspinne, dem Sachsenring oder dem Schleizer Dreieck das Hinterrad zeigte.

Absolute Spitze unter den Eigenbauten ist jedoch der MT 77. Das Chassis aus dem Hause Melkus in Dresden und die Karosserie vom Leipziger Rennfahrer Hartmut Thaßler. Grundaufbau und Motor haben sie vom Lada 1300 genommen, aber die Steuerung, Kanäle und Brennraumform geändert sowie die Ventile vergrößert. In diesem Wagen fährt Ulli Melkus von Sieg zu Sieg, der somit nicht nur als Bastler, sondern auch als Rennfahrer immer mehr in die Fußstapfen seines Vaters Heinz tritt. Nicht der Rede wert sind die Siegerpreise, die er einheimst: Werkzeugkästen, Teppichvorleger, Koffer oder einen Sessel.

Aber wahrscheinlich reicht das schon, um die Neider auf den Plan zu rufen. So hatte man bereits im vergangenen Jahr Ulli Melkus vorgeworfen, in Schleiz am Kraftstoff manipuliert zu haben. Er hätte Propan und Butan in den Kraftstoff gegeben, um einen Leistungsvorteil zu erhalten. Ohne Beweise für diese technisch absurde Behauptung wurde er für ein Jahr vom Sport suspendiert. Und dieses Jahr haben sie ihm wieder eine Disziplinarstrafe verpaßt. Der Grund: unerlaubte Kontaktaufnahme mit Jochen Mass, dem Profifahrer aus der BRD, während des Rennens in Most in der CSSR. In Wirklichkeit stand das Team von Joest-Porsche im Fahrerlager schräg gegenüber von den drei NARVA-Team-MT77-1-Rennwagen, und Jochen Mass mußte auf dem Weg zur Boxengasse an ihnen vorbei. Er schritt auf das erste Fahrzeug von Ulli Melkus zu und wurde sofort von einer Fotografenmeute umringt. Aber Ulli Melkus verhielt sich weisungsgemäß, und erst nach Zustimmung des DDR-Delegationsleiters durfte Mass eine Sitzprobe in dem Wagen machen. Das war alles, Mass hat also nicht den DDR-Rennwagen geadelt. Blöderweise ließ sich nur Ulli Melkus' Ehefrau von Mass ein Autogramm auf die Haut schreiben.

PS: Auch ich hatte kürzlich wieder Westkontakt. Mein Großonkel Rolf schreibt, daß es ihm gut geht. Er hat nun einen zweiten Sohn,

Ralf, und in der Nähe von Köln, in Kerpen, eine Kartbahn gepachtet. Dort flitzt schon der größere Sohn Michael mit seinen Freunden Heinz-Harald und Nick um die Wette. Wenn der Großonkel so wohlhabend ist, könnte er mir ja wenigstens über Genex einen VW-Golf zukommen lassen.

13. August 1987

In der Zeitschrift »Straßenverkehr« oder »Illustrierter Motorsport« habe ich gelesen, daß sich die Motorsportverbände der sozialistischen Länder geeinigt haben, künftig für die Formel Easter den Hubraum auf 1600 Kubik zu erhöhen. Heinz und Ulli Melkus sollen schon in ihrer Werkstatt an einem neuen Rennwagen-Eigenbau ML 89 arbeiten. Aber ich bin nicht deshalb zu ihnen nach Dresden gefahren. Auch nicht, um in ihrer privaten Fahrschule noch ein paar Fahrstunden zu nehmen. Schließlich besitze ich seit 30 Jahren eine Fahrerlaubnis und finde es nur am Rande merkwürdig, daß die nun in der DDR wieder »Führerschein« heißt. Ich dachte bislang, das mit dem Führer hätte sich bei uns für immer erledigt.

Vielmehr hoffte ich – der schon bei unzähligen Rennen dabei war, im Fahrerlager aus- und einging und auch schon mit Heinz, Ulli und Johanna Melkus ein paar Worte gewechselt hatte –, daß sie mir bei einem ganz persönlichen Anliegen helfen könnten. Und zwar wollte ich mir den Traum meiner Träume erfüllen und einen Melkus RS 1000 zulegen. Den Porsche und Ferrari made in GDR, auch »Flunder« oder »Flachmann« genannt, nur in Einzelstücken hergestellt in der Manufaktur Melkus. Ein flaches windschnittiges Coupé, in der Grundversion mit 70 PS und 170 Stundenkilometern Spitze dank eines auf Wartburg basierenden Dreizylinder mit angeflanschtem Fünfganggetriebe. Die beiden Flügeltüren öffnen sich nur nach oben, das Heckteil ist komplett hochklappbar. Der Minikofferraum unter der rasanten Frontpartie stört mich absolut nicht, und das Geld für den edlen Wagen, knapp 30000 Mark, hätte ich schon irgendwie zusammengekratzt.

Als ich meinen bescheidenen Wunsch schüchtern vorgetragen hatte, konnte Heinz Melkus nur müde lachen. Erstens würden sie die Wagen schon seit sieben Jahren nicht mehr bauen. Und zweitens: Wenn es mir gelänge, eins der 101 Exemplare auf dem Gebrauchtwagenmarkt zu erstehen, dann müßte ich auch ADMV-Mitglied sein und eine Rennlizenz besitzen. Da ich für letzteres wirklich zu alt bin, begnügte ich mich damit, mit dem Chef und seinen Söhnen Ulli und Peter gemütlich ein Radeberger Pils zu trinken. Zwischen unseren Füßen krabbelte Enkel Ronny und schob Spielzeugautos hin und her. Unwillkürlich mußte ich an meine beiden Großcousins Michael und Ralf im Westen denken. Was mag aus diesen nur geworden sein?

HH

Autotest – eine Klassenfrage

Die Kraft der zwei Kerzen

Fahrbericht zum Trabant 601
aus: »Sozialistischer Straßenverkehr«, Nr. 6/1987
Von Bastian Lieberknecht

Es gibt Dinge auf dieser Welt, die kann man nicht mehr verbessern. Weil sie perfekt sind. Der Trabant 601 vom VEB Sachsenring Zwickau, made in GDR, gehört zweifellos dazu. Wenn es anders wäre, würde er nicht seit 1964 fast unverändert auf den Straßen der DDR und der Bruderländer sowie als begehrter Exportartikel im NSW tuckern. Er rollt und rollt und rollt. Einmalig, unverwechselbar – schon allein durch das graublaue Abgaswölkchen, das stets hinter ihm schwebt.

Aber dank des Fleißes und des unbändigen Neuererdrangs der sächsischen Automobilbauer geschieht das Undenkbare stets aufs neue. Wie sich unsere führende Partei die geniale Losung »Kontinuität durch Erneuerung« auf ihre Fahnen geschrieben hat, so werden im Rhythmus der Taktstraße, frei von ausbeuterischem Akkord, gleichsam angetrieben von einem unsichtbaren Herzschrittmacher, ständig neue Ideen geboren. Gut ist uns nicht gut genug, es kann nämlich noch besser gemacht werden. Und so finden die Neuerervorschläge aus dem sozialistischen Wettbewerb ständig Eingang in das Spitzenprodukt Trabant 601.

Ein guter Grund also für unsere Fachzeitschrift, den erprobten Pkw wieder einmal planmäßig unter die Lupe zu nehmen und auf Tank und Getriebe zu prüfen. Bereits nach 14monatigen Verhandlungen gelang es unserer Redaktion, vom Kooperationspartner VEB IFA-Vertrieb ein Testfahrzeug zu ergattern und einem Härtetest zu unterziehen. Stolz können wir das Ergebnis vorwegnehmen: Der Trabant hält, was er verspricht.

Entsprechend den Hinweisen des Herstellerbetriebes hatten wir uns natürlich vor Fahrtantritt in einem kurzen Lehrgang mit der populärwissenschaftlich geschriebenen Betriebsanleitung vertraut gemacht. Ebenso berücksichtigten wir die programmatischen Hinweise zur Inbetriebnahme des Fahrzeugs.

Da für die Fahrsicherheit die Bereifung ausschlaggebend ist, zählten wir zuerst die Räder nach und stellten befriedigt fest, daß zum Abbau der Überplanbestände in den Kofferraum eines jeden Wagens ein zusätzliches Rad deponiert wurde. Zum einen wird dadurch das Gleichgewicht des Fahrzeugs gewahrt, weil es sich sonst durch das Motorgewicht zu stark nach vorn neigen würde. Zum anderen hat man für den Fall der Fälle gleich ein Reserverad zur Hand, wenn ein Reifen einen Platten hat. Da muß man den Pneu nicht mühselig abziehen und mit kleinen Gummistückchen bekleben, sondern kann gleich

What time is it, if an elephant sit on your Trabi?
It's time for an new Trabi.

Bei einem Wertvergleich belegte der Trabi einen hervorragenden zweiten Platz; erster wurde eine Waschmaschine.

Der Trabant wird jetzt mit zwei Auspuffrohren ausgeliefert.
Warum?
Wenn er kaputt geht, kommen hinten zwei Stangen rein, und man kann ihn noch als Schubkarre benutzen!

Womit kann man die Beschleunigung eines Trabis messen?
Mit dem Kalender!

Ein anderer Name für Trabi-Fahrer?
Teilchenbeschleuniger.

Trabis Kosenamen und Synonyme

Arbeiter-und-Bauern-Volvo
Asphaltblase
Beziehungskiste
DDR-Porsche
Donnerbüchse
Duroplast-Mustang
Fluchtkoffer
Geh-Hilfe
Grüner Kampfzwerg
Kleiner Stinker
Kugelporsche
Kuschelmonster
Mercedes-Krenz
Nuckelpinne
Ost-Käfer
Papiertiger
Papp-Gun
Pappkamerad
Pappschachtel
Plastebomber
Plasteporsche
Rennpappe
Sachsenporsche
Sächsischer Flüchtlingskoffer
Tetra-Papp
Trabillac
Trabasaki
Überdachte Zündkerze
Umstandskasten
Umsturzversuch

das fertige Rad draufschrauben. Das kommt freilich äußerst selten vor, und außerdem fühlen sich die mobilisierten DDR-Bürger eher dem Lenkrad als dem Ersatzrad verwandt.

Nach den Reifen prüften wir die Beleuchtungs- und Signaleinrichtung sowie den natürlich nach links schwenkenden Scheibenwischer und guckten uns die Vorräte im Kraftstoffbehälter und in der Scheibenwaschanlage an. Als letztes spielten wir probehalber mit der vorhandenen Lenkung und den Bremsen, denn es ist ja mit Geredeausfahren und Gasgeben allein nicht getan.

Bevor wir aber starteten, genehmigten wir uns einen neugierigen Blick unter die Motorhaube. Auffällig zuerst das ausgeklügelte System von Rohrleitungen, das es jedem Fahrer mit entsprechender ingenieurtechnischer Ausbildung ermöglicht, die Heizleistung proportional zur Geschwindigkeit zu gestalten. Wie ein Jaguar auf dem Sprung starrt uns das kraftstrotzende quereingebauten Zwei-Zylinder-Reihentriebwerk an. Donnerwetter – der 26-PS-Motor ist festgeschraubt, seine Leistungsfähigkeit also untrennbar mit dem Wagen verbunden. Die Antriebsquelle bedarf keiner Wasser- oder sonstigen künstlichen Kühlung, sondern lediglich der natürlichen Luftkühlung beim Fahren. Dadurch wird die Anspruchslosigkeit des Zweitakt-Otto-Motors bezüglich der Wartung noch erhöht. – Wie bei einander zugeneigten Menschen: Die leben auch von Luft und Liebe. Zwei Zündkerzen im Zweiertakt.

Wenn der Wagen zu langsam gefahren wird, kann dem Motor allerdings nicht genügend kalte Frischluft zugeführt werden und er droht zu überhitzen, wie es uns bei unserer Testfahrt an der Steilen Wand von Meerane erging. Abhilfe schafft da ein serienmäßig eingebautes Kühlluftgebläse, das mit Keilriemen von der Kurbelwelle angetrieben wird. Völlig normal dabei ist, daß Keilriemen nur eine geringe Lebenserwartung haben. Beim ersten Mal waren wir darauf leider nicht vorbereitet und hatten keinen Ersatz dabei. Doch die Dederonstrumpfhose der mit uns fahrenden Protokollantin war ein gleichwertiger Ersatz. Beim zweiten Mal waren wir besser darauf eingestellt, außerdem professionell geübt und schafften den Keilriemenwechsel in der Weltrekordzeit von 3 Minuten und 4 Sekunden.

Das ist typisch für den Trabant: Fast alle Reparaturen, die aufgrund der ausgezeichneten Qualitätsarbeit »Meine Hand für mein Produkt« eigentlich im Prinzip gar nicht anfallen, kann der Laie aus Freude an der Sache selbst erledigen: vom Wechseln der Zylinderkopfdichtung über den Austausch eines Kotflügels bis zur optimalen Zündeinstellung. Die durchschaubare Technik – unsere sowjetischen Freunde nennen das Glasnost – ist doppelt gewollt. Erstens kann sich der polytechnisch hervorragend gebildete DDR-Bürger am Trabi jederzeit praktisch austoben. Und zweitens kann das Prinzip der langfristig und planmäßig zu vergebenden Werkstattermine beibehalten und auf die obligatorisch einmalige Garantiedurchsicht (Inspektion) im Perspektivplanzeitraum begrenzt werden.

Aber wir verweilen noch einen Moment unter der Kühlerhaube und bewundern den riesigen Energie-Vorratsbehälter, der hier ebenfalls ausreichend Platz findet. Man muß somit nicht wie bei anderen Autos umständlich um den Wagen herum nach hinten laufen und den Tankverschluß öffnen. Vielmehr genügt ein Griff unters Armaturenbrett, man zerrt am Bowdenzug, die Motorhaube wird hochgeklappt, und schon kann der 26-Liter-Behälter vollgetankt werden. Selbstverständlich nicht mit reinem Sprit, sondern dem entsprechenden Benzin-Ölgemisch von 1:33. Dieser Mix bietet außerdem den Vorteil, daß beim Trabant der Motorölwechsel entfällt. Von volkswirtschaftlicher Bedeutung ist nicht zuletzt, daß der Trabant keine Benzinpumpe mit sämtlichen Nachfolgeaggregaten benötigt. Da der Tank oberhalb des Motors sitzt, erledigt das die Schwerkraft: Der Kraftstoff tröpfelt wie von Zauberhand von oben nach unten.

Einfach und genial auch die Tankanzeige. Sie erfolgt nicht umständlich über irgendwelche nervösmachenden blinkenden Lichter irgendwo im Cockpit, sondern kann direkt vor Ort abgelesen werden – mit Hilfe eines Digitalmeßstabes aus Plaste, an dessen Display die noch vorhandenen Liter zu erkennen sind. Sollte ein Kraftfahrer dies jedoch versehentlich unterlassen haben und während der Fahrt am Stottern des Autos merken, daß das Benzin zur Neige geht, kann er immer noch die Benzinreserve aktivieren. Dazu muß er sich nur tief unter das Armaturenbrett auf der Beifahrerseite beugen und den Benzinhahn von senkrechter auf die waagerechte Reserve-Stellung drehen. Vor allem im Stadtverkehr oder während der Autobahnfahrten bei Höchstgeschwindigkeit erfordert das vom Piloten eine gehörige Portion Geschick und Reaktionsfähigkeit.

Wer mit der Kraftstoffreserve gänzlich auf Nummer sicher gehen will, sollte wenigstens auf einen 5-Liter-Reservekanister nicht verzichten. Ansonsten hat der Trabant-Kofferraum Platz für ein Dutzend 20-Liter-Kanister, was bei den Einkaufsfahrten übers weite Land nicht unerheblich ist.

Der Fahrgastinnenraum des Trabant bietet einen Komfort, wie man ihn bei anderen Wagen dieser Klasse vergeblich sucht. Vier ausgewachsene Personen finden darin bequem Platz – gezüchtet nach dem Standardmaß von 1,50 Meter Größe und einem Durchschnittsgewicht von 45 Kilo. Üppige Kopf- und Beinfreiheit sind kaum noch der Rede wert, dafür um so mehr die leicht nach vorn und hinten beweglichen Vordersitze. Sie ersparen auch Sitzhöhen- oder gar Lenkradverstellung, weil man im Sozialismus aufrecht sitzt. Die Rückenlehnen sind der Körperform angepaßt, die Sitzflächen wurden bewußt hart gepolstert, damit man beim Fahren nicht einschläft.

Wo andere Fahrzeuge eine verwirrende Instrumententafel besitzen, besticht der Trabant durch ein schlichtes und übersichtliches Armaturenbrett. In dessen Zentrum das Tachometer, wobei nicht nur dessen angenehme mattgraue und völlig blendfreie Beleuchtung überzeugt, sondern auch die Genauigkeit der Anzeige mit einer Toleranz

Der Trabant in den Weltsprachen

französisch:
Carton de blamage

lateinisch:
Trabantus plasticus

chinesisch:
Sau Eng

russisch:
Ruksak

englisch:
Playmobile

spanisch:
Carro carrera

indisch:
Trabaghandi

Drabis Däschnigg-Dabelle

Modor:
Luftgegielder Zweezilinder-Zweedaggder mit Drehscheibereinlaßschdeuerung und Golbenzrickholfäder

Hupraum:
595 Gubiggzentimäder

Värdischdung:
7,6 : 1

Leisdung:
brudoale 26 PS (ohne Duhning)

Fahrleisdung:
Die Geschwindischgeid des Wachens in der Ebene ist eine ungeheure. Sie gonnde in der DäDäErr noch nischd erforschd wärdn, da hier eine höhere Geschwindschgeid als 100km/h nisch erlaubd is.

Max. Drähmomend:
54 Nm bei 3000 U/min

Zindunk:
Molotov-Abreißzindung mit vogromden Zindfungen

Vendile:
hadder geene (außer anne Räder)

Noggenwelle:
hadder och geene

Zahnriem:
hadder ersd räschd geen

Zindgerzen:
Isolador 225

Värgoser:
hadder, sogar verschiedne SordeN

Benzienbumbe:
brauch der nisch, de Briehe leift glei in Vergaser

Anlasser:
nu glor, hadder

Graftiebertrogunk:
Frondandrieb un vollsingronisierdes 4-Gang- Gedriebe mit Freiloaf im 4. Gang

von sieben bis elf Stundenkilometern. Die Zulieferer vom VEB Meßgerätewerk Beierfeld haben also das Weltniveau gleichfalls erreicht.

Zwischen der Klingel und dem Handschuhfach für das mitgelieferte umfangreiche Werkzeugsortiment wurde eine mustergültige Lösung für den Aschenbecher gefunden. Er wird einfach aus der Halterung herausgezogen bzw. von unten herausgedrückt. Nach dem Motto »Abwechslung statt Monotonie im Cockpit!« ließen die Trabi-Techniker ihrer Innovationsfreude freien Lauf und installierten für den Beifahrer rechts einen Rasierspiegel. Zum Ausgleich wurde in die linke Sonnenblende auch ein Spiegel eingebaut. Denn im Zuge fortschreitender Gleichberechtigung setzen sich immer mehr KraftfahrerInnen hinter das runde Lenkrad, die auch während der Fahrt ihre Bedürfnisse befriedigen wollen, wozu u.a. das Schminken gehört. Nebenbei können an der Kontaktstelle des entfernten Zigarettenanzünders auch andere elektrisch betriebene Kleingeräte angeschlossen werden.

Und da Zwickauer Erfindergeist keine Grenzen kennt, kann der Trabant-Fahrer mit seinen Füßen nunmehr drei Pedalen bedienen. Deren Funktionen reichen über Kuppeln, Bremsen oder Gas geben hinaus, indem sie auch der Links-, Rechts- und Geradeausfahrt dienen. Sehr sinnvoll auch die elegante Handbremse, die ein Durchdrehen der Antriebsräder beim Blitzstart verhindert. Manche Ehefrauen haben es mit angezogener Handbremse bis zu einer Durchschnittsgeschwindigkeit von 32 Stundenkilometern gebracht.

Der große Spaß am Trabant beginnt aber erst richtig, wenn der Tiger im Tank losgelassen wird. Der satte Motorsound läßt jedes Autofahrerherz höher schlagen. Beim Übergang vom jaulenden »töff, töff« zum ohrenbetäubenden bulligen »jimm, jimm« drückt es den Fahrer in seinen Sitz, der Trabant beschleunigt von 0 auf 100 innerhalb atemberaubender 374 Sekunden. Die blitzartige Kraftübertragung erfolgt über eine Tellerfederkupplung auf das vollsynchronisierte Vierganggetriebe mit Freilauf im vierten Gang. Die Stockschaltung an der Lenksäule ist kinderleicht zu bedienen.

Das elastische Trabant-Triebwerk ist allein wegen seiner Urwüchsigkeit ein Quell heller Freude. Es gibt einem das gute Gefühl, ganz nah dran zu sein an der Maschine, die einen fortträgt, wenn man sie nur kameradschaftlich behandelt. Ein Renner, der nur schwer zu bremsen ist. Männer aus Stahl fahren Autos aus Pappe!

Der 601 ist wirklich eine kleine Rakete. Den Gashebel nur antippen – schon flitzt er fort! Die 100 Stundenkilometer schafft er bergab spielend mit Halbgas. Gibt man Vollgas, kann er immer noch einige Sachen zulegen, bis der Motor seine füllungsbedingte Drehzahlgrenze erreicht hat. Ebenso sein tadelloses Verhalten am Berg, und geradezu phantastisch die Straßenlage dieses kleinen Wagens! Der Trabant ist ein Kurvenkünstler par exellence. Er verkraftet Dank präziser Lenkreaktionen und seiner Progressivfederung Kurvengeschwindigkeiten, bei denen bei Großraumlimousinen schon die Hinterachse nach außen wandert.

Das alles ist nur möglich, weil der Trabant sich auch von außen als Kind seiner Zeit gibt – geplättet, stromlinienförmig und windschnittig. Manche meinen, der Trabant besäße den Luftwiderstand einer nach vorne geöffneten Halbkugel. Doch das ist nur die halbe Wahrheit. Denn die Karosserie ist echt klassisch – sie hat die Form eines Siegerpodestes.

Und *wer* dort auf dem obersten Treppchen steht, daran lassen historischer Materialismus und Optimismus keinen Zweifel. Unser Trabant stellt das entscheidende Stück Fortschritt im internationalen Automobilbau dar – deshalb mitunter die etwas längeren Wartezeiten bis zu seiner Auslieferung. Als technisch ausgereifter Pkw wird er sich auch in Zukunft bewähren. Er ist Fleisch vom Fleische unserer Republik: wendig, schnell, ausdauernd und robust.

Im Osten nichts Neues

Fahrbericht zum Trabant 601
aus: »Motor-Killt« des Hamburger Hüpfer-Verlages, Nr. 9/1987
Von Giselher Hetzer (zeitweiliger Korrespondent in der ostzonalen »DDR«)

Es ist schon ein gewagtes Unterfangen, über Fortschritt und sogenannten »Automobilbau« in der sogenannten »DDR« zu schreiben. Doch unser beliebtes Verbrauchermagazin hat keine Kosten gescheut, um etwas Licht in die Dunkelheit jenseits des Eisernen Vorhangs zu bringen, was uns nach aufwendiger Recherche und listigem Bemühen unseres Informanten Wolfram Bierhahn sowie seiner spendablen Freunde bei der Ständigen Vertretung der Bundesrepublik, also schräg gegenüber in der Ostberliner Hannoverschen Straße, gelungen ist. Über die sowjetzonale Handelsgesellschaft GENEX vermochten wir ein Auto namens »Trabant« käuflich zu erwerben. Für Westgeld, versteht sich. Es handelt sich um das Modell 601 S de luxe, eine Sonderanfertigung, also etwas, was der Zonenendverbraucher und Durchschnittsostler niemals zu Gesicht bekommt.

Wir haben es auseinander- und wieder zusammenbauen lassen und einer 5000 Kilometer langen Testfahrt unterzogen. Das Verwunderliche: Es sieht nicht aus wie ein Auto, es riecht nicht wie ein Auto, es klingt nicht wie ein Auto – ist aber trotzdem ein Auto. Mit Motor, vier Rädern, Lenkrad und einer Plastikhülle drum herum. Noch erstaunlicher ist der Herstellungsort Zwickau bei Chemnitz (1953 von der SED in »Karl-Marx-Stadt« zwangsumbenannt). Hier am Rande des Erzgebirges schnitzt man seit Jahrhunderten sonst nur Jahresendflügelfiguren und bläst Glaskugeln als Weihnachtsbaumschmuck. Doch vermutlich war es seinerzeit dem russischen KGB und seinen Handlangern von der Stasi gelungen, in den einst in Sachsen ansässigen Automobilfirmen Horch und Audi Industriespionage zu betreiben und wichtige Konstruktionsunterlagen zu stehlen, mit deren Hilfe dann der Trabant zusammengeklebt wurde.

Drabis Däschnigg-Dabelle

Fahrwerg:
Frondantrieb (vorne räschts), Eenzelradoffhengung vorn, hinnen und for`s Ersatzroad, Eegelenghinnerachse in Gummifedern, Seilzuglärgung mit audomadscher Spurverbreiterung nach 10 000 km, hidraulsche Drommelbremse vorn und manchmal och hinnen

Garusserie:
viersitzsche Limusine mit zwee Tiern, Stahlblechgarosse, phosphadierd mit Plaste-Beblangung, Bodengrubbe 2mm-Blesch, Liechesitze nach Lösen von 4 Schraum schnell betriebsbereid.

Dacho:
wird dursch Windrad am Wagenbug angedriebn, daher bei Gechenwind oder berschab leischde Fahlmessung möglisch.

Scheibenwaschanlage:
Wasserbisdole lieschd im Handschuhfach

Heizung:
falls ä Beheizung des Wachens nodwendsch wird, z.B. im Winder, isses zweggmäsch, een Schbiridusgocher zu erwärbn. Där Gocher bassd genau auf die Middelgonsole.

Schburweide:
vorn: 1206 mm, hinnen: 1255 mm

Roadschdond:
2020 mm

Beschleunschung:
Geschenwindabhängsch

Geräusche:
machder manschmal, haldensch ober in Grenzen: Fahrgeräusche innen ca. 125dB und außen ca. 138dB, bei ausgeschaldetem Modor hörd mer nischd mehr

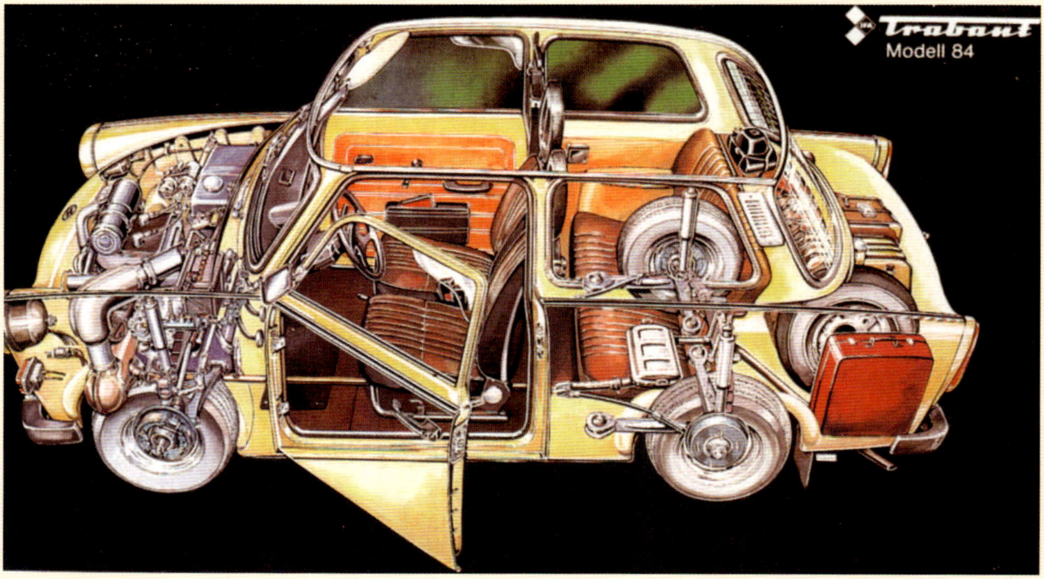

Auf alle Fälle ist der Kleinwagen mit einem ungenierten Namensschwindel verbunden. Laut Ulbrichts Befehl hätte die Karre zu Ehren des großen Bruders Sowjetunion und deren ballistischer Erstschlagsrakete eigentlich »Sputnik« heißen sollen. Doch nach einem Streik der Zwickauer Erbauer wählte man lieber die deutsche Entsprechung »Trabant«, was Bewacher oder Komplize bedeutet. Aber das Wort stammt aus dem Tschechischen und heißt soviel wie »Fürstendiener«. Also eine befremdliche Namensgebung für den Arbeiter-und-Bauern-Staat, der den gemeinnützigen Adel leider längst enteignet hat. Aber vielleicht fühlen sich die SED-Bonzen wie neue Fürsten, denen ihre leibeigenen Genossen dienen müssen? Zumindest fährt derjenige fürstlich, der nach qualvollen Jahren Wartezeit auf seine zusammengesparten Lebensmittelmarken einen Trabant zugeteilt bekommt.

Vor dem Einsteigen ergötzen wir uns an dem eigenwilligen Äußeren des Trabant. Die Frontpartie erinnerte ein bißchen an Edgar Wallace und dessen »Frosch mit der Maske«. Insgesamt wirkt der Trabi in der Tat extravagant – im nüchternen Vergleich zu westlichen Aerodynamik-Modellen. Wer im Straßenverkehr um jeden Preis auffallen, sich vom Pöbel abheben will – und welcher Bundesbürger möchte das nicht? – sollte diese wohlproportionierte Limousine besteigen. Der 601er zählt zur Auto-Aristokratie, ohne daß der Besitzer gleich in die Welt herausschreiben muß: »Hey, guckt euch meinen Kontoauszug an!« Das Styling verspricht einen hohen Wiedererkennungswert. Die kantige Karosserie widersetzt sich jedem Test im Windkanal, die Seitenwindabweichung wird wohl nur noch von einer in den Nordwestorkan geworfenen Styroporplatte übertroffen.

Das Innovativste an dem Auto offenbarte sich mit einem unerwartet dunklen Geräusch bei einem Faustschlag auf die Karosse: Das Ding ist zwar auf einem Stahlblechgerippe aufgebaut, seine Außenhaut aber besteht aus Duroplast. Laut Eigenwerbung ein »Werkstoff der Zukunft«, der so widerstandsfähig sein soll, daß auf der Karosse sogar ein ausgewachsener Elefant herumtrampeln kann, ohne daß eine bleibende Verformung erfolgt. Schade nur, daß wir zur Überprüfung gerade keinen Elefanten zur Hand hatten.

Die Farbpalette der handelsüblichen Trabi-Lacke spiegelt die östliche Mangelwirtschaft drastisch wider: Man kann wählen zwischen papyrusweiß und pastellgrau, was aber nach einem Winter völlig egal ist. Die uns zur Verfügung stehende GENEX-Luxusausführung des 601 hatte die exquisite Farbe gletscherblau und assoziierte eine direkte Verbindung zur Heizleistung des Wagens. Bedauerlicherweise konnte sich einst der DDR-Volksdichter Bertolt Brecht nicht gegen die Obrigkeit durchsetzen, als er für die Trabi-Farbgebung den demokratischen Vorschlag machte: »Mir ist jede Farbe recht – Hauptsache grau!«

Verwundert waren wir, als wir nach Öffnen der Heckklappe keinen Motor vorfanden. Dort lag nur eine karierte Decke vom VEB Textilkombinat Cottbus, gedacht als Unterlage beim Ausführen von Reparaturen unterwegs. Sollte dieser DDR-Pkw wirklich einen geheimnisumwitterten unsichtbaren Antrieb haben? Ein banaler Trugschluß. Denn im Trabant befindet sich das Aggregat nicht wie im artverwandten VW-Käfer hinten, sondern vorn. Beim Kofferraum ist es genau umgekehrt.

Die Armseligkeit, die wir dann unter der Plastikkühlerhaube erblickten, trieb uns die Mitleidstränen in die Augen. Ein Gigant von Motorblock, dem nur ein Fahrradhilfsmotor ebenbürtig ist. Ein beispielloser Anachronismus: der urzeitliche Zweizylinder-Zweitakter in rüttelfreudiger Twin-Bauweise. Den Schmierstoff erhält das Motörchen mit jeder Tankfüllung neu und verbrennt ihn gleich mit. Staatsdoping durch rigide Drosselung peitscht die Leistung auf brutale 26 PS. Freilich ist alles so herzzerreißend simpel gebaut, daß jeder daran herumschrauben und lernen kann, wie ein Auto funktioniert. Sogar Knirpse im Kindergartenalter bekommen Kerzenschlüssel und Schraubenzieher in die Hand gedrückt und werden so auf ihren künftigen Beruf als NVA-Panzersoldat getrimmt.

Endlich quetschten wir uns ins Cockpit, das in Fahrtrichtung installiert wurde. Es war gewöhnungsbedürftig. Wider Erwarten wurde der Motor nicht von außen mit einer Kurbel angeleiert, sondern mit einem Zündschlüssel gestartet. Nur haben die raffinierten Zwickauer Parteisekretäre das Zündschloß kopfüber einbauen lassen. Es funktionierte trotzdem. Ein fieses Anlassergeräusch, der Motor schüttelte sich krächzend, rumorte in seinen Lagern und lief mit einem jaulenden »jimmjimm«. Wie ein Moped, nur mit mehr Schwungmasse.

Ein Ferrari fährt auf der Autobahn mit 160. Plötzlich sieht der Fahrer einen Trabi, der versucht, ihn zu überholen. Er beschleunigt auf 180, doch der Trabi läßt sich nicht abschütteln. Er beschleunigt auf 220, der Trabi fährt noch immer neben ihm.
Der Ferrari-Fahrer hat die Nase voll und beschleunigt auf 280. Verzweifelt blickt er aus dem Fenster und sieht, daß der Trabi noch immer neben ihm fährt. Wutentbrannt öffnet er das Fenster und fragt den Trabi-Fahrer: »Sind Sie wahnsinnig?!«
Darauf dieser: »Nein, aber ich bräuchte einen Hammer, denn ich bekomme den zweiten Gang nicht rein!«

Was ist ein Trabifahrer auf der Autobahn?
Größenwahnsinnig.

Kennen Sie den Unterschied zwischen einem Trabi und einem Düsenjäger?
Den Düsenjäger sieht man, bevor man ihn hört. Den Trabi hört man zuerst.

Der Pannenhelfer zum Trabifahrer: »Klarer Fall. Sie sind zu schnell gefahren und dabei hat der Wind die Zündkerzen ausgeblasen.«

Warum wurde der Trabi mit einer beheizbaren Heckscheibe ausgeliefert?
Damit man beim Schieben nicht so kalte Finger bekam.

Unser Testfahrer dachte, er geht am Stock, als seine rechte Hand beim Suchen nach dem Schaltknüppel ins Leere griff. Nach kurzzeitiger Irritation erblickte er die Krückstockschaltung neben der Lenksäule. Nach Schaltschema im schlauen Wessikopf wurde zum Losfahren das Ding nach rechts unten in den ersten Gang gedrückt. Denkste! Es war zuviel des Guten, d.h. der Rückwärtsgang. Bevor wir den teuren Lada in der Parklücke hinter uns anbumsten, rettete uns eine Notbremsung. Doch schon beim zweiten Versuch klappte es, und der Trabi machte einen gewaltigen Sprung nach vorn. In den zweiten und dritten Gang butterweich hochschalten, vorher freilich ohne Zwischengas immer brav die Kupplung treten – ein Pedalgefühl, als ob man in einen Kuhfladen latscht.

Das Fahrzeug jedenfalls holperte geschwind übers DDR-Kopfsteinpflaster. Unsere Fahrfreude währte allerdings nur 200 Meter. Dann verröchelte der Motor ohne jegliche Vorwarnung, ließ sich durch nichts zur Kooperation überreden. Wir stellten die Karre auf den Kopf, zupften am Keilriemen, pusteten die Zündkerzen durch, schauten sogar im Tank nach, ob Benzin drin ist. Nichts. Kleinlaut wollten wir schon im volkseigenen Herstellerwerk anrufen und gehorsam melden: »Zwickau, wir haben ein Problem.« Da studierte unser Sozius nochmals die handliche Bedienungsanleitung und fand des Rätsels Lösung: den Benzinhahn!

Nun ging das Rennen richtig los. Auf der Autobahn ein Gaudi ohnegleichen, als das Gaspedal aufs Bodenblech gedrückt wurde und der sportliche Entertainer seine Höchstgeschwindigkeit von 84 Stundenkilometern mühelos erreichte. Damit man nicht völlig abhebt, haben die SED-Genossen in die neuen Trabi-Modelle ein rundes Dioden-Display eingebaut, vom Volksmund »Mäusezirkus« genannt. Es zeigt die Öffnung der Drosselklappe und damit den Spritverbrauch an. Die ersten vier Lämpchen sind grün und reichen im vierten Gang für fast 80 Stundenkilometer, dann mahnen schon kleine gelbe Dioden. Wir ließen uns davon nicht irre machen, sagten vielmehr »leuchte mein Stern, leuchte!«, gaben Stoff und verbrauchten statt der angekündigten drei immerhin acht Liter Benzin. Aber es traf ja keine Armen.

Lediglich bei Steigungen zeigte der Trabant seine Neigung zum Kolbenklemmen. Ursache: die Zündung war falsch oder überhaupt nicht eingestellt worden. Ein Unterbrecher zündete zu früh, der andere zu spät, der Kontaktabstand des einen betrug 4 Millimeter, nicht wie vorgeschrieben 0,4. Eine solch hinterlistige Zündeinstellung kann die beste Kurbelwelle ruinieren.

Wie wir praktisch er-fuhren, ist die Straßenlage des Trabant dank seines Fahrwerks, der Räder und Reifen ebenfalls einmalig, ja abenteuerlich. Das Haftungsvermögen der Pneumant-Produkte ist äußerst beschränkt, beim Untersteuern drohen die Reifen von der Felge zu springen. Außerdem unterbindet die extrem schwergängige Lenkung jedes dynamische Kurvenmanöver bereits im Ansatz. Und über die

Bremsen schweigen wir lieber. Nur soviel: Ihr markerschütterndes Quietschen ließ friedliche Passanten, die gerade einen Fuß auf die Straße setzen wollten, fluchtartig Deckung in Luftschutzbunkern suchen.

Da wir bei den roten Preußen stets lange an den roten Ampeln verharren mußten, blieb genügend Muße, sich der spartanischen Innenausstattung zu widmen. Hier ist unprätentiöse Eleganz angesagt. Abgesehen von durchaus praktischen Detaillösungen wie dem kunstledernen Haltegriff an der Beifahrertür, konnten erhebliche Mängel nicht übertüncht werden. Bedauerlich vor allem, daß die fast senkrecht stehende Windschutzscheibe nicht automatisch versenkbar ist. Überhaupt sind die Spareffekte mächtig gewaltig. So verzichtete man an der Beifahrertür auf ein Schloß, was andrerseits kriminelle Aktivitäten eingeschränkt. Ebenso enthielt man sich der Nokkenwelle, Zahnriemen usw. – was hätten sie auch antreiben sollen? Über Bord geworfen wurden auch der DSC-Knopf (Dynamische Stabilität-Control) und die EDC-Taste (Elektronische Dämpfer-Control). Und nicht zuletzt sucht man die Ventile im Zweitakt-Motor vergeblich. Trotzdem spricht man beim Trabant von einem 5-Ventiler: jeweils eins an den vier Reifen und eins am Ersatzrad.

Alles in allem besticht der Trabant 601 in seiner Kümmerlichkeit. Als technisch eher bescheidenes Vehikel versprüht es den unverfälschten Charme aus Zeiten der russischen Oktoberrevolution von 1917. Wer fest an dieses Auto glaubt, muß die Irrlehren der Ostklassiker Marx, Engels, Lenin und Stalin schon als Dogma und Anleitung zum Handeln verinnerlicht haben. Ein trauriges Kapitel in der Geschichte des Automobilbaus. Ein Auslaufmodell, das der Mantel der Geschichte nur gestreift hat. Laßt uns auf Westseite die Mauer zwei Meter höher ziehen, damit nie ein Trabantreifen bundesdeutschen Boden berührt!

Im Klappfix zwischen Bastei und Bad Düben

Mitternachts brannte noch Licht im Wohnzimmer. Wie Lenin im Kreml legte er den Finger auf jeden Posten, ging noch einmal Zeile für Zeile die Checkliste durch. Nein, er hatte nichts vergessen, an alles war gedacht. Sämtliche Gerätschaften und Utensilien waren verstaut. Am nächsten Tag könnten sie beruhigt losfahren in den Sommerurlaub – Werner Sparmann mit seiner Frau und den drei Kindern.

Zufrieden lehnte er sich in seinem Sessel zurück. Nichts geht doch über eine gute und gründliche Planung, sowohl in der Volkswirtschaft als auch in der Familie, dachte er und nahm nochmals sein Merkblatt zur Hand. Für die lange Autofahrt von Gera nach Dranske auf Rügen war er gut gerüstet. Seinem Trabant konnte eigentlich nichts passieren, da er alle Ersatzteile im Kofferraum ordentlich verpackt hatte, wie sie alphabetisch geordnet auf der Liste standen: Abschleppseil, Auspuffgummis, Behelfswindschutzscheibe, Bowdenzüge, Benzinschlauch, Blinkgeber, Bremsbacken, Ersatzrad, Glühbirnen, Hauptbremszylinder, Kabelschuhe, Kanister, Keilriemen, Krümmer, Krümmerdichtungen, Kupplungsautomat, Lichtmaschine, Lötkolben und -zinn, Luftpumpe, Politur, Querlenker vorn, Radbremszylinder, Sanikasten, Scheibenwischer, Schneeketten, Sicherungen, Tankdeckel, Unterlegkeil, Vergaser, Warndreieck, Zündkerzen und Zylinderkopfdichtungen. Auch die Campingsausrüstung schien vollständig zu sein: Kinderzelt, Schlafsäcke, Luftmatratzen, Kocher, Alutöpfe, Plastegeschirr, Wasserkanister und vor allem die »Bombitschka«, die frischgefüllte Zwei-Kilo-Propangasflasche.

Anfahrt und Transport würden diesmal kein Problem sein. Nicht wie vor einigen Jahren, als sie noch kein Auto besaßen, im Betriebsferienheim der Wismut in Binz Urlaub machten und den Schrankkoffer mit den Klamotten für die fünfköpfige Familie Tage vorher per Bahnpost losschicken mußten. Da es für Kinderreiche immer schwierig war, regelmäßig einen FDGB-Ferienscheck zu ergattern, hatten sich Sparmanns nunmehr auf Camping verlegt.

Zur generalstabsmäßigen Vorbereitung gehörte dabei zu Pfingsten der Besuch der Campingausstellung in Berlin-Grünau, wo man sich alles anschauen konnte, was die volkseigenen Betriebe in der Konsumgüterproduktion für Urlaub und Freizeit der DDR-Bürger herstellten, von Zelten über kleine aufblasbare Swimmingpools bis zu Wohnwagen.

Dort hatte auch Werner Sparmann manches mitnehmen können, vor allem Anregung. So für den Dachgepäckträger, die Anhängerkupplung und den Pkw-Anhänger. Nach langer Voranmeldung in der Werkstatt war es ihm gelungen, sich an seinen Trabant eine Anhängerkupplung anschrauben zu lassen. Denn zu transportieren gab es im Land genug, nicht nur beim Datschenbau, sondern auch bei den

Warum gibt es in der DDR so wenige Rolls Royce?
Die sehen mit Anhängerkupplung einfach scheiße aus.

Schulze fährt mit seinem Trabi samt Wohnwagen rasant in eine Tankstelle und hält mit quietschenden Reifen an einer Zapfsäule. »Den Motor bitte abstellen!«, sagt der Tankwart. »Habe ich schon. Was da so bibbert, ist meine Frau!«

Was ist ein Trabi mit einem Bastei-Wohnwagen im Schlepp?
Ein Wunder!

Ein Wartburgfahrer wird von einer Verkehrsstreife gestoppt. »Was ist denn mit Ihren Rücklichtern los?« erkundigt sich eine Polizist. Der Fahrer steigt aus, umrundet seinen Wagen, wird kreidebleich und fällt fassungslos auf die Knie.
»Nun übertreiben sie mal nicht«, lächelt der Polizist, »ich will doch nur wissen, was mit dem Rücklicht ist.«
»Was interessieren mich denn die Rücklichter?!« brüllt da der Fahrer verzweifelt auf. »Wo zum Teufel ist mein Wohnwagen?!«

Warum haben die Volvo 244 DLS jetzt Wohnwagenaußenspiegel? Damit die Fahrer an Ihrem Ellenbogen vorbeigucken können!

Die »Völkerfreudschaft«, das FDGB-Urlauberschiff verunglückt, doch die Rettungsboote reichen nicht. Jeder bekommt eine Schwimmweste und soll springen, aber keiner traut sich. Die Mannschaft ist verzweifelt. Schließlich wird der Kapitän gerufen. Dieser geht zu der Gruppe, die ängstlich an der Reeling steht, und redet mit den Leuten. Danach springt einer nach dem anderen ins Wasser.
Als alle Passagiere von Bord sind, fragt der 1. Offizier den Kapitän, wie er die Leute denn überreden konnte. »Na, ganz einfach«, meint der. »Zu den einen habe ich gesagt, es ist ein Parteiauftrag, und den anderen versprach ich einen Jahresstellplatz für ihre Wohnwagen.«

Zwei Sachsen sitzen vor dem Zelt. Fragt der eine: »Du, was ist eigentlich Camping?«

Einkaufsfahrten durch die Bezirke. Vermutlich war die DDR deshalb das Land mit der größten Zahl von Anhängerkupplungen an Pkws pro Kopf der Bevölkerung. Das Ding erwies sich nicht nur beim Rückwärtsfahren in einer Parklücke als sehr nützlich, vielmehr konnte man damit tatsächlich eine Menge wegziehen. Zum Beispiel den »Klappfix 64«, Sparmanns neueste Errungenschaft und ganzer Stolz.

Da er, anders als beim Auto, keine Anmeldung für einen Wohnwagen oder Zeltanhänger besaß, mußte er ein solches begehrtes Stück über Zeitungsannoncen suchen. Der angebotene »Klappfix« war dann natürlich gebraucht, aber aus erster Hand. Dennoch lag der Verkaufpreis von 2500 Mark, die Werner Sparmann hinblättern mußte, nur 150 Mark unter dem einstigen Neupreis. Sicher, der Wohnzeltanhänger aus dem VEB Fahrzeugwerke Olbernhau war nicht mehr das neueste Modell, dafür unheimlich praktisch.

Sein Konstruktionsprinzip ist denkbar einfach: Auf dem Fahrgestell ist ein Kasten montiert, in dem außer Sitztruhen und Betten auch das vormontierte Gestänge samt Zelthaut untergebracht ist. Der Aufbau läßt sich fix bewerkstelligen – Stützen runter, Deckel auf, das Zelt klappt sich auf, abspannen, Giebelgestänge einhängen und fertig. Die beiden Sitze mit Rückenlehnen werden in die entsprechenden Aussparungen eingeschoben, und in Verbindung mit dem ausgeschwenkten Tisch ergeben sie somit bequeme Ruheplätze. Nachts bietet die Liegefläche, mit Luft- oder Schaumgummimatratzen belegt, Schlafgelegenheit für vier Personen. Also genügend Platz für Werner Sparmann und seine Frau Elfriede, da die Kinder im separaten Zelt schlafen. Die obere Bordplatte dient als Abstellmöglichkeit für die 1000 kleinen Dinge des Campinglebens, an der Unterseite sind Stäbe zum Einhängen von Kleiderbügeln angebracht. Außerdem ist der Stauraum unter der Tischplatte mit einem Sicherheitsschloß versehen und bietet die Möglichkeit, Wertgegenstände unterzubringen.

Natürlich hatte Werner Sparmann es nicht verabsäumt, den Auf- und Abbau des »Klappfix« auf der Wiese hinterm Wohnhaus zu üben. Denn nichts ist schlimmer als ein Ehepaar, das auf dem Campingplatz nach langer Fahrt abgeschlafft angekommen ist, sich dann aber beim Zeltaufbau zu dämlich anstellt und sich lauthals vor den anderen Campingfreunden in die Haare kriegt. Das Sparmannsche Familienkollektiv stellte sich durchaus geschickt an, nur beim Anbau des Vorzeltes galt es, anfängliche Schwierigkeiten zu überwinden. Erst beim fünften Training klappte alles perfekt.

Als im Morgengrauen des nächsten Tages die Sachen auf dem Dachgepäckträger fest verschnürt waren, der »Klappfix« angehängt war und alle in den Trabi einstiegen, war Vater Sparmann noch etwas skeptisch gewesen. Denn so eine Urlaubsfahrt, sagte er sich, ist wie der Härtetest bei der Abschlußübung nach der Grundausbildung in der NVA. Doch während der achtstündigen Anreise lief alles wie am Schnürchen. Tochter Marlies und die Söhne Steffen und Thomas

saßen auf der Rückbank wie die Orgelpfeifen, maulten ab und an, weil sie unplanmäßig pieseln mußten, waren aber zufrieden, als es für sie auf dem Autobahnrastplatz Michendorf im ersten Automatenrestaurant der DDR Brauselimonade und Bockwurst gab.

Es kam auch zu keinen unvorgesehenen unangenehmen Zwischenfällen wie Panne oder Unfall, zumal Werner Sparmann ein vorbildlicher Kraftfahrer war. Selbstverständlich hatte er darauf geachtet, die Bestimmungen der StVZO hinsichtlich Kennzeichen, Bremslicht und Rückstrahler bei Wohnanhängern einzuhalten, ebenso den Paragraphen 48 berücksichtigt, wonach das Gewicht des Wohnanhängers an einem Pkw nur 50 Prozent der Zugwagen-Leermasse zuzüglich 75 Kilo betragen darf. Er hatte vorschriftsmäßig den einachsigen Anhänger so beladen, daß beide Räder gleichmäßig belastet werden und die Beladung kopflastig ist, damit die Zugstange auf den Kugelkopf des Zugfahrzeuges drückt. Und nicht zuletzt hatte er die zulässige Höchstgeschwindigkeit von 80 Stundenkilometern nie überschritten. Sparmanns kamen also zielsicher auf dem Campingplatz in Dranske an. Der Aufbau des »Klappfix« und des Zeltes verlief koordiniert und friedlich, in der KONSUM-Verkaufsstelle gab es sogar noch ein paar Flaschen Bier, die sich das Familienoberhaupt nach dem gemeinsamen Abendbrot genehmigte. Dann schlummerten alle selig auf ihren Luftmatratzen in den ersten richtigen Urlaubstag.

Obwohl die Sonne herrlich schien und die Ostseewellen sanft plätscherten, wollte bei Werner Sparmann keine rechte Stimmung aufkommen. Dabei hatte niemand aus der Familie eine der Camping-Todsünden begangen. Man lief nicht geschniegelt und gestriegelt herum, grüßte alle freundlich und meckerte auch nicht, als der Nachbarhund ans Auto pinkelte. Vielmehr war Werner Sparmann selbst daran schuld, da er nicht auf seinen üblichen Inspektionsrundgang über den Campingplatz verzichtet hatte.

Schon der erste Blick genügt, um festzustellen, daß die Sparmanns mit ihrem Trabi und »Klappfix« zu den minderbemittelten Urlaubern zählten. Abgesehen von ein paar »Campifix« und einigen Campinganhängern vom Ty A 05.012 aus dem VEB Alibau und Metallveredlung Wismar wurde reihum viel Ansehnlicheres vorgezeigt.

Das begann schon bei den Nachfolgeprodukten aus Olbernhau, angefangen beim »Camptourist 5« bis zum »Camptourist 9«. Alles Modelle, die moderner, schöner und imposanter waren. Bei diesen Faltcaravans war nicht nur der Zeltfirst höher, sondern auch die Wohnfläche von Anhänger und Vorzelt größer, von der Ausstattung ganz zu schweigen.

Und dann erst die Wohnwagen, die jedes Jahr mehr Zelte verdrängten! Über die Hälfte davon war Marke Eigenbau, das sah man ihnen an. Darunter manch skurrile Typen, aber alles von den polytechnisch versierten DDR-Bürgern eigenhändig gebaut. Von innen nach außen, zuerst das Gestänge, später die Einbaumöbel, zuletzt die Beplankung.

Über einem eigens dafür konstruierten Ofen wurden die Plexiglas-Fenster in ihre gewölbte Form gebracht.

Die meisten dieser Eigenbauten konnten es mit einem »Friedel« aus Großfahner oder einem »Würdig 301«, Spitzname »Dübener Ei«, aufnehmen, von denen es auf dem Dransker Campingplatz einige Exemplare zu bestaunen gab. Der Wohnwagen wurde seit den 30er Jahren fast unverändert weitergebaut, auch als der Privatbetrieb vom VEB Stahlbau Krippena im Kombinat Leipziger Metallbau übernommen wurde und seitdem als Betriebsteil Campingwohnwagen Bad Düben firmiert. Das »Dübener Ei« war ohne Deichsel drei Meter lang, 1,70 Meter breit und im Innenraum 1,80 Meter hoch. Mit einem Fliegengewicht von 240 Kilo konnte es von jedem Trabi gezogen werden, besaß aber Kleiderschrank, Kommode, Kochplatte und eine 1,90 Meter lange und 1,50 Meter breite bequeme Lagerstätte.

Ähnlich niedlich auch der »Weferlinger LC9-200«, der im anhaltischen Weferlingen von der PGH Heimstolz gebaut wurde, bevor auch in ihr den sozialistischen Produktionsverhältnissen zum Durchbruch verholfen und sie in den Rang eines VEB erhoben wurde. Dort hatten die Kollegen vor Jahren aus der Not eine Tugend gemacht: Im Betrieb, der vor allem Polstergestelle für die DDR-Möbelindustrie herstellte, kam es immer wieder zu Engpässen bei der Bereitstellung von benötigten Materialien. Einfallsreich, aber undiszipliniert – weil nicht im ursprünglichen Plan vorsehen – produzierte man in den unfreiwilligen Produktionspausen Wohnwagen in Leichtbauweise. Dieser Mini-Wohnwagen wog zehn Kilo mehr als das »Ei« aus Düben, war dafür aber noch kürzer und schmaler. Wer nicht länger als 1,80 Meter ist, kann darin aufrecht stehen, und zum Sitzen finden fünf Leute Platz. Erhaben klopften die »Weferlinger«-Camper auf die mehrschichtig lackierte und somit wetterfeste Außenhaut ihres fahrbaren Häuschens. Darunter versteckte sich nämlich ein doppelwandiger Aufbau aus freitragender Holzrahmenkonstruktion, beschichtet mit spezialimprägniertem finnischem Sperrholz.

So winzig und doch so überheblich, dachte sich Werner Sparmann und hätte fast die großen Brüder des Kleinen aus Weferlingen übersehen: den 85 Zentimeter längeren »LC9 – 285«, den »Aller 300« und den »Aller 340«, den Riesen aus dem Hause Heimstolz. Aber Vater Sparmann verkniff es sich, mit den Bewohnern ein unverfängliches Gespräch zu beginnen, um auch den Innenkomfort der Behausungen sehen zu können. Alle drei Typen hätte er mit seinem Trabi sowieso nicht schleppen können, als Zugmaschine brauchte man schon einen Wartburg, Lada oder Skoda.

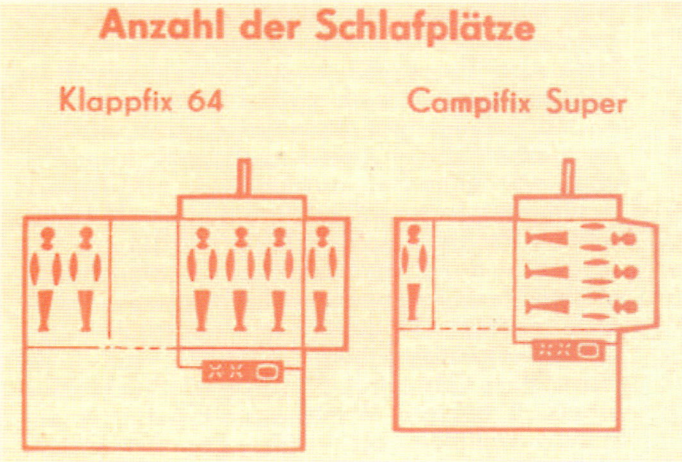

Da käme für ihn lieber ein »QEK« in Frage, allerdings nicht der ausgewachsene »QEK-Aero«, sondern der handliche »QEK-Junior HP 400.83«. Die 6650 Mark für diesen Wohnwagen hätten er und seine Elfriede auch noch zusammengekratzt, aber leider wurden viel zu wenige Exemplare hergestellt. Um so mehr fragte sich Werner Sparmann, welche Beziehungen wohl jene »QEK«-Besitzer hier in Dranske haben, um in den Genuß einer solch rollenden Ferienwohnung zu kommen. Aber vielleicht waren es nur fleißige Werktätige aus dem Qualitäts- und Edelstahlkombinat, die als Erbauer das Gefährt auch testeten? Genauer aus dem Stammwerk, dem Stahl- und Walzwerk »Wilhelm Florin« in Hennigsdorf und aus dem VEB Maxhütte, Zweigbetrieb Schmiedefeld/Neuhaus, wo das Fahrgestell hergestellt bzw. mit dem Aufbau und der Inneneinrichtung komplettiert wurde. Den »QEK« hatte Werner Sparmann erstmals Mitte der 70er Jahre auf der Grünauer Campingschau entdeckt. Er war leicht, formschön und geräumig, bot Platz für zwei Erwachsene und zwei Kinder. Der geschweißte Zentralrohrrahmen, Pendelhalbachsen, Teleskopstoßdämpfer, der selbsttragende Ganzplastaufbau mit großer Dachluke, die festeingebauten Piacryl-Fenster und die vollständige Inneneinrichtung inklusive 6- oder 12-Volt-Beleuchtung, Propangaskocher, Gasflasche und Spülbecken konnten schon beeindrucken. Aber leider war das Ding etwas zu klein für die Sparmanns, zumal Tochter Marlies bald in die Pubertät kommen würde. Außerdem hatte Vater Sparmann schon ausreichend Gespräche mit »QEK«-Campern geführt, um auch die Abstriche am Komfort zu kennen. Beispielsweise der Ärger mit den Druckknöpfen an den Kissen, womit diese auf dem Sperrholzdeckel des Stauraums angedrückt werden. Oder der unsaubere Farbanstrich und die schlampige Tapezierung hinter dem Vorhang der abgeschirmten Garderobe. Oder der primitive graue Bodenanstrich ohne isolierenden Fußbodenbelag. Ganz zu schweigen von der fehlenden Isolierung oder gar Doppelwandigkeit des Wagens. Und zu allem Übel dringt manchmal während der Fahrt Schmutzwasser von den Radkästen durch einen Spalt in die versenkte Bodenwanne des Stehbereichs.

DEUTSCHE DEMOKRATISCHE REPUBLIK

Kfz.-Anhängerbrief

Polizeiliches Kennzeichen des Kfz.-Anhängers

Kfz.-Anhängerbrief Nr. B

Er müßte schon vom Teufel geritten sein, dachte sich Werner Spar-

mann, sollte er sich ein solch unausgereiftes Fabrikat zulegen. Dann lieber gleich richtigen Campingkomfort, beispielsweise einen »Nagetusch«, von dem auf dem Dransker Zeltplatz auch ein paar Exemplare aufgereiht waren. Die »Nagetusch«, die meisten seltsamerweise mit Berliner Kennzeichen, aber auch ein paar Rostocker und Leipziger darunter, standen etwas abseits von den übrigen Caravans, auf einer kleinen Anhöhe des Zeltplatzes. Wie eine Wagenburg, abgeschirmt und erhoben. Die Unterschiede einer Klassengesellschaft – die im Sozialismus ja noch nicht gänzlich aufgehoben sind – verdeutlichend. Verständlich, daß sich Werner Sparmann, trotz seines Diploms als Bergbauingenieur, zu den Prolos hinabgestoßen fühlte. Angesichts der Ganzmetallwohnwagen, die nicht nur äußerlich, sondern auch im Innern Luxusstücke mit hohem Gebrauchswert sind, keimte in ihm leichter Besitz- und Klassenneid auf.

Das besondere Merkmal dieser Wohnwagen von der Dresdener Karosseriefirma R. Nagebusch ist die Leichtmetallbeplankung der Karosserie. Die marmorierte Aluminiumaußenhaut glitzert in der Sonne und ist außergewöhnlich witterungsunempfindlich. Hinzu kommt eine Spezialisolierung, die sommers wie winters für einen günstigen Temperaturausgleich sorgt. Auch im Inneren besticht der »Nagetusch« durch eine Reihe von Raffinessen: Er ist reichlich mit Schaumgummipolstern bestückt, Propangasanlage, Eis-, Kleider- und Wäscheschrank sind serienmäßig eingebaut, der Spiegel ist verstellbar, die Fenster abgedichtet, der Wetterschutz-Eintritt ist ausgespart, und der Mittelgang ist durch eine Kuppel erhöht. Daß solche hochwertigen Konsumgüter ihren Preis haben, wußte auch Werner Sparmann. Schon in den 60er Jahren kosteten die unterschiedlichen »Nagetusch«-Modelle zwischen 8700 und 13500 Mark. Und danach mußten für den Typ »Brillant« 9300, für den »Diamant« 11500, für den »Exqusit« 13000 und für den »Exzellent« sogar 15000 Mark hingeblättert werden.

Astronomische Summen für die Sparmanns, ganz abgesehen davon, daß man als Zugpferd schon einen Wolga, Tatra oder wenigstens Lada benötigte. Seinen Aufstieg in die erste Klasse der Wohnwagen-Camper müßte Vater Sparmann wohl bis zum Ende des erfolgreichen Aufbaus der entwickelten sozialistischen Gesellschaft verschieben. Aber dort – wie auch auf dem Dransker Zeltplatz –, war mittlerweile die Verwandtschaft aus Berlin und Oschatz längst angekommen.

Schwager Ernst-Georg und Günter waren mit ihren Frauen und Kindern eingetroffen, um wie jedes Jahr in der Großfamilie den Sommerurlaub zu genießen. Aber was heißt »eingetroffen«? Sie waren eingeflogen, eingeschwebt. Mit ihrem Citroën und Volvo, und hinten dran Wohnwagen, von denen es hier in Dranske kaum vergleichbare gab.

Ernst-Georg, der Medizinprofessor aus der Berliner Charité, nannten einen »Bastei« sein eigen und sonnte sich unter den neugiereigen Blicken der Campinggemeinde. Das Gefährt entsprach seinen gehobeneren Ansprüchen: Die geschmackvolle farbliche Innengestaltung im gediegenen Braun-Beige, Gasheizung, zweiflammiger Kocher, Kühlschrank, Einbauschränke, unter dem Küchenblock eine Öffnung im Boden, durch die man die Elektroleitung anschließen kann. Dank des kleinen Tisches im Vorderteil braucht man auch nicht immer die Sitzgruppe umzubauen, wenn man morgens frühstücken will, und in der Sonne heizt sich der »Bastei« auch nicht so stark auf. Die Investition für die kleine Eigentumswohnung von 14 000 Mark hatte sich also gelohnt.

Darüber konnte Günter freilich nur müde lächeln. Der kleine Bruder hatte einst die Korbmacherwerkstatt des Vaters geerbt und führte sie seit Jahren mit dem Spielzeuggeschäft im Herzen Sachsens weiter. Er war ein angesehener Mann in Oschatz, zwar parteilos, aber gesellschaftlich aktiv, und gab der Kreiszeitung gerne ein Interview, wenn es darum ging, bei den Volkskammerwahlen die Kandidaten der Nationalen Front zu unterstützen. Rechtschaffen, wie er war, brachte er es als kleiner Gewerbetreibender mit der Korbmacherei zu bescheidenem Wohlstand. Zumindest fuhr er jedes zweite Jahr ein neues Auto. Und seit kurzem diesen »IFA-Intercamp 355«. Das war schon kein Wohnanhänger mehr, sondern eine rollende Villa. Mit allem Drum und Dran: mehrere Wohnbereiche, Küche, Toilette, zwei Sitzgruppen, TV, HiFi-Anlage, Kühl- und Gefrierschrank usw. Süffisant erzählte Günter der verblüfften Verwandtschaft, daß er beim Kauf nicht mit Scheck bezahlt, sondern standesgemäß die 55 000 Mark in bar hingeblättert hatte. Aber sofort beruhigte er Bruder, Schwester und Schwager: Keine Angst, man nage nun nicht am Hungertuch, sondern wolle gleich gemeinsam die paar Sektfalschen Schloß Wackerbarth leeren, die im Kühlschrank lagerten.

Werner Sparmann wollte auch nicht knauserig sein und holte eine Pulle von seinem Wismut-Deputat, den beliebten Bergmann-Fusel, und legte ihn die Tiefkühltruhe. Jedenfalls wurde es nach dem heißen Sommertag ein langer Abend im »Intercamp«. Während des fröhlichen Zechgelages bekam keiner mit, wie ein über die Ostsee kommendes Unwetter über Dranske tobte und Regen und Sturm den Zeltplatz verwüsteten. Erst als Werner Sparmann weit nach Mitternacht den Palast auf Rädern verließ, sah er die Bescherung: Sein »Klappfix« war umgestürzt.

John Stave

Einmal hat jeder Mensch Glück

Die Hände auf dem Rücken verhakelt, ging Herr Beckmann durch die engen Gassen des Städtchens Bemmenberg a. d. Bemme spazieren. Die Sonne schien, das Radio hatte zwanzig Grad Celsius angekündigt, die Vögel sangen alle, und Beckmann war dem Großstadtmief entfleucht und mit der S-Bahn ins naturgeschützte Naherholungsgebiet Bemmental gefahren. Als er den Marktplatz erreichte, gewahrte der Ausflügler an einem Kiosk einen kleinen Menschenauflauf. Neugierig ging Beckmann etwas näher heran, um besser sehen zu können, was es gab. Der Kiosk entpuppte sich als Lotteriebude. »Tombola« stand auf dem Transparent am Schrägdach. Die Bude hatte an der einen Seite ein ziemlich großes Schaufenster, in dem die Sachgewinne ausgestellt waren. Es gab Kofferradios, Fotoapparate, Wolldecken, Waschmaschinen, Stereogeräte, Ananasbüchsen, tragbare Fernseher, Wäschegarnituren und vieles andere. Beckmann sah eine ganze Weile zu. Er war ein Mann in den besten Jahren, genaugenommen fünfzig. Er lebte ein bißchen zurückgezogen, als Einzelgänger. Deshalb auch seine Tour nach Bemmenberg. Es war sein freier Tag. Beckmann hatte Überstunden geschoben, und nun bummelte er sie ab. Eine junge Frau hatte eine Wäschegarnitur gewonnen, und die Herumstehenden forderten scherzhaft eine Anprobe. Beckmann wußte nicht, ob er mitlachen oder unangenehm berührt sein sollte. Er kramte verlegen in den Taschen seines Übergangsmantels und förderte einen Fünfziger zutage.

Der Ausflügler betrachtete die Münze wie einen seltenen Fund. Als typischer älterer Junggeselle neigte Beckmann selbstverständlich ein wenig zum Geiz. Ein Los kostete fünfzig Pfennig, aber genausoviel verlangte die Reichsbahn für die Rückfahrt in die Großstadt. Beckmann drehte die Münze hin und her.

Ein junger Bursche hatte einen Kofferradioapparat gewonnen. Das Gerät wurde sofort ausprobiert und spielte fabelhaft laut.

Beckmann entschloß sich zum Kauf eines Loses. Er hatte nie Glück in der Lotterie gehabt. Seiner Meinung nach war ihm in seinem ganzen Leben das Glück noch nie hold gewesen. Fünf Jahre hatte er »6 aus 49« gespielt, aber nicht ein einziges Mal gewonnen. Im Tele-Lotto höchstens mal eine Zahl richtig. Aber er wußte, daß jeder Mensch zumindest einmal Glück haben würde. Daran glaubte Beckmann fest. Als es schließlich doch zu lange dauerte, war er zu dem Schluß gekommen, kein Geld mehr für die Tipperei auszugeben.

Heute wollte Beckmann ausnahmsweise seinen Vorsatz durchbrechen. Eben weil so ein schöner Tag war, und weil die Vögel alle sangen.

Und Beckmann kaufte ein Los. Er wählte lange, ehe er sich für ein bestimmtes entschied. Dann ging er ein paar Schritte vom Kiosk weg, als sollte niemand die Worte »Dieses Los gewinnt nichts« lesen, als wäre das blamabel für Beckmann.

»Ich habe ja doch nur Pech«, sagte er sich, öffnete das Los umständlich, und zu seiner nicht geringen Überraschung fehlte die erwartete negative Mitteilung.

Beckmanns Herz klopfte ein wenig lauter. Tatsächlich: Eine Gewinn-Nummer! Augenblicklich wurden seine Hände feucht. Seine Knie wurden weich. Beckmann sah Sterne. Es waren eingebildete.

(Richtige Sterne sollte er erst einige Stunden später sehen.) Beckmann wankte und schwankte zum Kiosk zurück.

Der Kioskmensch nahm das Los und haute plötzlich voller Wucht ein paarmal gegen einen Gong. »Hauptgewinn!« schrie der Kioskmensch. »Hauptgewinn!«

Im Nu strömten die Leute von allen Seiten herbei, auch die junge Frau mit der Wäschegarnitur und der junge Bursche mit dem Kofferradioapparat. Beinahe sah es so aus, als strömte ganz Bemmenberg herbei.

Im Mittelpunkt der Menschenansammlung aber stand Beckmann mit hochrotem Kopf. »Hauptgewinn! Hauptgewinn!« schrie der Kioskmensch. Er zerrte Beckmann vor das Schaufenster seiner Bude. »Und dies hier haben Sie gewonnen, mein Herr!« rief der Kioskmensch und deutete auf etwas, das Beckmann bei der flüchtigen Besichtigung der Gegenstände gar nicht als Gewinn betrachtet hatte. Er dachte, es stünde vor dem Schaufenster.

»Sie haben ein Motorrad gewonnen, mein Herr!« schrie der Kioskmensch. »Ich gratuliere Ihnen! Ein herrliches Maschinchen. Eine MZ. 250 Kubikzentimeter Hubraum! Herzlichen Glückwunsch!«

Beckmann war wie benommen. Die Maschine wurde durch die Tür des Kiosks geschoben, und ganz Bemmenberg applaudierte.

»Er soll eine Biege fahren!« forderten die Leute. Aber Beckmann machte keine Anstalten.

»Es ist kein Benzin drin«, sagte der Kioskmensch, »und die Tankstelle hat heute Ruhetag!«

»Ich kann ja gar nicht fahren«, sagte Beckmann schüchtern.

»Dann schenken Sie's eben Ihrem Sohn oder Ihrer Tante«, riet der Kioskmensch. Da lachten die Bemmenberger alle, die Sonne lachte auch, und die Vögel tirilierten, was ja ebenfalls eine Art Lachen ist. Nur einer lachte nicht. Das war Beckmann. »Einmal«, sagte er, »hat doch jeder Mensch Glück. Wieso geht es ausgerechnet immer an mir vorbei?«

Als Beckmann sich partout nicht auf den Feuerstuhl schwingen wollte, erlosch das Interesse der Bemmenberger Bevölkerung schnell, zumal eine Dame gerade eine Wäscheschleuder gewonnen hatte, was mit unzähligen Gongschlägen bekanntgemacht wurde.

Unbemerkt von der Menge, schob Herr Beckmann, der Unglücksrabe, mit den Papieren und der MZ ab. Er kam am Bahnhof vorbei, von dem aus er für fünfzig Pfennig in einer Dreiviertelstunde sein Heim erreicht hätte. Aber Motorräder wurden auf der S-Bahn nicht befördert.

Mindestens sechs andere motorisierte Bürger boten Beckmann Hilfe und Sprit an. Aber ihm war nicht zu helfen.

Die Sonne schien längst nicht mehr, und die Vögel hatten lang aufgehört zu singen, da trabte über die stockdunkle Chaussee ein verdrossen dreinblickender Mensch und schob ein fabrikneues Motorrad halbschräg vor sich her.

Es war eine sternklare Nacht und Neumond. Beckmann war ein bißchen in Schweiß geraten, aber schließlich schaffte er die 25 Kilometer. Er stellte die Mühle unter die Gaslaterne vor dem Hauseingang zu seiner Wohnung.

Es wurde eine unruhige Nacht für den Motorradbesitzer. Er wälzte sich hin und her. Mal schwitzte er fürchterlich, dann wieder wurde er von Frösten geschüttelt. Er träumte von dem Sohn, den er nicht hatte, und er träumte auch von der Tante, die es nicht mehr gab. Im Traum stürzte Beckmann sogar mit der Maschine in einen finsteren Abgrund .... Am nächsten Morgen stand Beckmann wie gerädert auf. Er duschte sich kalt und ging, nachdem er sich abgetrocknet hatte, zum Fenster. Er sah zu der Gaslaterne hinunter, die vor seinem Haus stand, und sein aschgraues Gesicht bekam auf einmal wieder etwas Farbe, die Augen bekamen Glanz, der Körper straffte sich. »Es stimmt also doch«, sprach Beckmann zu sich selbst. »Einmal im Leben hat jeder Mensch Glück!« Das Motorrad hatte jemand geklaut.

1977

„Noch stilvoller
wär's mit
Zündkerzen“

Höhenflüge

Referat des Genossen Bernhard Glaubtreu, Kombinatsbeauftragter des ZK der SED, auf der Aktivtagung des VEB Automobilwerke Eisenach am 3. September 1989

Liebe Genossen, Freunde und Kollegen!

Es ist mit eine besondere Ehre, heute, am Vorabend des 40. Jahrestages der Gründung der DDR, auf dieser Zusammenkunft zu sprechen, wo wir auch die besten Mitarbeiter unseres Automobilwerkes auszeichnen wollen. Zugleich soll das verbunden sein mit einer kleinen historischen Rückschau auf die Erfolgsstory, die mit dem Namen »Wartburg« verbunden ist, und einem Ausblick auf die nächsten 40 Jahre, in denen wir ohne Zweifel die großartigen Erfolge fortsetzen werden.

In Eisenach hörte man, wie man in Japan Autos testet. Sie setzen eine Katze ins Auto, und wenn diese nach drei Tagen tot ist, dann war das Auto dicht.
Dem wollte man in nichts nachstehen, also setzte man eine Katze in einen Wartburg. Wenn die Katze nach drei Tagen noch im Auto war, war das Auto dicht!

Wir ihr wißt, bin ich vor einigen Tagen aus der Hauptstadt zurückgekehrt, wo ich als Gast an der Berliner Bauarbeiterkonferenz teilnehmen durfte. Ich stehe heute noch unter dem überwältigenden Eindruck dieser begeisternden Manifestation des unerschütterlichen Vertrauens zwischen Volk und Partei. Es war für mich – und ich denke, für uns alle – eine besondere Anerkennung, daß Genosse Günter Schabowski, Mitglied des Politbüros und 1. Sekretär der SED-Bezirksleitung Berlin, in seiner richtungsweisenden Rede so ausführlich auf das aktuelle Spitzenprodukt aus unserem VEB einging. Steht doch der neue Wartburg 1.3 für die Leistungsfähigkeit der ganzen Republik. Er verkörpert wissenschaftlich-technisches Weltniveau und dient der weiteren Befriedigung der materiellen und kulturellen Bedürfnisse unserer Menschen, ganz im Sinne der Politik der Hauptaufgabe seit dem VIII. Parteitag. Daran werden wir noch in 50 Jahren unerschütterlich festhalten, weil es dazu keine vernünftige Alternative gibt.

Am IFA-Vertrieb in Berlin-Schöneweide stehen Tausende DDR-Bürger und warten auf ihren Wartburg. Gegen zehn Uhr geht die Tür auf. Ein Abteilungsleiter des IFA-Vertrieb ruft: »Alle Bürger mit US-Dollar zu mir!« Daraufhin melden sich etwa 50 Bürger. Alle erhalten ihren Wartburg. Einige Zeit später das gleiche. Der IFA-Mann: »Alle mit DM zu mir!« Rund 100 Leute erhalten ihren Wartburg. Wieder einige Zeit später, nochmals der IFA-Mann: »Alle Parteisekretäre zu mir!« Es melden sich vielleicht 500 Personen. Zu denen sagt der IFA-Mann: »So, und ihr erklärt jetzt dem Rest, warum die keinen Wartburg kriegen.«

Das bestätigte auch Genosse Schabowski. Basierend auf seiner felsenfesten marxistisch-leninistischen Grundüberzeugung wies er die verleumderische Hetze des Westens entschieden zurück, wonach unser neues Auto als »Mumie mit Herzschrittmacher« diffamiert wird. Vielmehr verkörpere der Wagen die gelungene Kombination unseres seit Jahrzehnten erprobten Technologiestandards mit dem zuverlässigen VW-Viertaktmotor. »Totgesagte leben länger«, spitzte Genosse Schabowski polemisch zu und fragte süffisant in Richtung Rhein und Ruhr: »Oder unterstützt etwa die Bundesregierung mit Steuermitteln nur Konzerne, die Herzschrittmacher produzieren?«

Natürlich ging Genosse Schabowski auch auf Diskussionen ein, die unter Teilen der DDR-Bevölkerung über den Wartburg 1.3 geführt werden, vor allem um den Verkaufspreis, der über 30 000 Mark liegt, was im Durchschnitt mehr als zwei Jahresgehälter eines Facharbeiters sind. Dieser Preis spiegele die Einheit von Wirtschafts- und Sozialpolitik wider. Schließlich zähle ein Luxusauto wie der Viertakt-Wartburg nicht zu den Grundnahrungsmitteln, Mieten oder Waren des täglichen Bedarfs, deren Preise grundsätzlich stabil und niedrig bleiben. Bei anderen Produkten müsse stets, entsprechend der Marxschen Lehre, eine Steigerung des Gebrauchswertes nachgewiesen werden. Gerade das liege beim neuen Wartburg 3.1 auf der Hand, betonte Genosse Schabowski. Als Rechenbeispiel führte er an, daß der alte 2-Takt-Wartburg rund 23 000 Mark gekostet hat, und der 4-Takter nach Adam Ries also 46 000 Mark kosten müßte, man somit eigentlich 16 000 Mark sparen würde. Und mit dem für ihn charakteristischen Arbeiterhumor fügte er hinzu, daß man den Preis eigentlich noch viel höher hätte ansetzen können, da dieser Pkw sogar sechs Räder besitze, wenn man Lenkrad und Ersatzrad mitzähle. Die Imperialisten dürften sich also nicht wundern, wenn sich der Spott der Werktätigen des Sozialismus über sie ergieße.

Außerdem, so wies Genosse Schabowski hin, müßten wir in der DDR besonders in Phasen des verschärften internationalen Klassenkampfes den Fragen der Ökonomie mehr Gewicht verleihen. Auch Sozialisten sollten rechnen können, Kaufkraft- und Gewinnabschöpfung dürfen für uns keine Fremdworte sein, zumal bekannt ist, daß jeder DDR-Bürger, vom Säugling bis zum Rentner, durchschnittlich über rund 9000 Mark Sparguthaben verfügt. Andererseits gehöre es zu den Prinzipien der Preispolitik unserer Partei, auch bei hochwertigen Konsumgütern keine Preistreiberei zuzulassen. Deshalb käme es bei uns nicht in Frage, wie beispielsweise in der Bundesrepublik, einen Neuwagen zum scheinbar relativ niedrigen Preis, angenommen 20 000 DM, zu verkaufen, wo dann aber Ersatzteile wie ein einfacher Scheibenwischergummi fast 200 Mark kosten. Den Werktätigen so schamlos in die Tasche zu greifen, ist für uns keine Lösung.

Liebe Genossen, sozusagen von höchster Stelle sanktioniert, bin ich befugt, ja verpflichtet, euch über den Inhalt eines vertraulichen Vieraugengesprächs zu informieren, das Genosse Schabowski mit mir in einer Tagungspause führte. Und ich bitte euch, daß das unter uns bleibt.

Natürlich ging es um Eisenach, um unser Werk und um den neuen Wartburg. Wie sollte es anders sein? Aber es ging vor allem um ideologische Fragen, die im Zusammenhang stehen mit unserer Kooperation mit dem VW-Konzern aus der BRD. Wir haben nämlich den VW-Viertaktmotor nicht etwa deshalb in unser neues Auto eingebaut, weil wir selbst keinen herstellen können. Das wißt ihr ja aus eigener jahrelanger Berufserfahrung am besten.

Oder was trieb beispielsweise den EMW 340 an, den wir bereits Ende der 40er, Anfang der 50er Jahre bauten? Es war ein 55-PS-Zweilitersechszylinder samt zwei Fallstromvergasern. Ebenso bei den erfolgreichen Typen EMW 342 und 343 und dem Modell 327-2, das es als sportliches Coupé und Kabriolett gab, für die wir ganz nebenbei auch einen sechszylindrigen 65-PS-Motor erprobten. Und wer erinnert sich nicht gern an unser AWE-Rennkollektiv, das Mitte der 50er Jahre bei vielen internationalen Veranstaltungen für Furore sorgte mit dem 1,5 Liter-Boliden, dem schnellsten Auto seiner Klasse. Die Jungs rasten nicht im Zweitakter über die Avus der Frontstadt Westberlin.

Oder in den 60er Jahren, als wir uns mit dem Wankelmotor beschäftigten und unsere Konstrukteure einen Viertakter auf den Prüfstand brachten, der 82 PS leistete. Einige von uns erinnern sich auch an das repräsentative Modell, das wir 1969 auf der Basis des Sachsenring P 240 herstellten: 6-Zylinder-Viertakt-Reihen-Ottomotor, 2.407 Kubik Hubraum, 80 PS, 140 Stundenkilometer Höchstgeschwindigkeit. Leider stellten wir von dem Fahrzeug nur zwei Exemplare für die Ehrenparaden der NVA her. In Serienproduktion hätte das Gefährt der »DDR-Mercedes« werden können.

Nicht zu vergessen das vielversprechende Autoprojekt 610 M, an dem wir im Rahmen des RGW gemeinsam mit den Skoda-Werken in Mlada Boleslaw und Sachsenring Zwickau tüftelten, wo wir ausnahmsweise den tschechoslowakischen Freunden die Motorentwicklung überließen und wo wir Eisenacher die hochmodernen Stufenheck-Sondermodelle fertigen sollten. Diese Aufzählung ist noch lange nicht abgeschlossen, wenn ich an den Prototyp-Wartburg 760 denke, das sogenannte Hängebauchschwein, das wir gemeinsam mit den Zwickauer Trabant-Werkern entwickelten, oder den Wartburg 360 mit selbsttragender Karosserie – da waren überall Viertakter im Spiel. Ebenso andere länderübergreifende Vorhaben wie etwa mit Dacia aus Rumänien und Renault aus Frankreich. Die Entwicklung des Viertaktmotor-Projekts mit Renault war sogar schon so weit gediehen, daß für den neuen Wartburg 1300 die Prospekte zum Andruck bereitlagen.

Selbstverständlich haben wir diese Vorhaben nicht aus Jux und Dollerei nicht bis zum krönenden Abschluß gebracht. Vielmehr ließen wir uns von der Partei- und Staatsführung überzeugen, daß die zu erwartenden Investitionskosten von 7 Milliarden Mark in anderen Volkswirtschaftsbereichen dringender gebraucht werden. Denn die beste Melkmaschine hilft nichts beim Ochsen. Auch bei der DDR-Bevölkerung stieß diese Maßnahme auf ungeteilte Zustimmung, zumal die Zufriedenheit angesichts der Wartezeiten auf die Lieferung eines Neu-Pkw oder in Anbetracht des Sortiments an Ersatzteilen sehr ausgeprägt ist.

Diese Dinge habe ich unter anderem mit Genossen Schabowski erörtert. Und diese Argumente überzeugen sicher jeden von euch, daß wir in Eisenach sehr wohl in der Lage gewesen wären, in unseren neuen Wartburg einen eigenen Viertaktmotor zu schrauben. Damit die letzten Zweifel beseitigt werden: Auf unserem Prüfstand steht derzeit außerdem ein völlig neues Triebwerk, das sofort in Serienproduktion gehen könnte und auf das zum Beispiel Porsche ziemlich scharf ist: ein Sechszylinder-Boxermotor mit siebenfach gelagerter

Kurbelwelle, zwei oben liegenden Nockenwellen pro Zylinderreihe (Kettenantrieb), vier Ventile pro Zylinder, über Tassenstößel mit hydraulischem Spielausgleich betätigt und elektronischer Kraftstoffeinspritzung, 325 PS, Höchstgeschwindigkeit 285 Stundenkilometer.

Es sind also weder technologische noch ökonomische Gründe, weshalb wir für den Wartburg 1.3 auf den Antrieb von Volkswagen zurückgriffen, sondern vorrangig politische. Sie stehen im großen Zusammenhang mit der friedlichen Koexistenz und der Entspannungspolitik in Europa. Dabei hat es sich unsere Partei- und Staatsführung zur Lebensaufgabe gemacht, jene Kräfte im Westen zu unterstützen, die im Gegensatz zum reaktionär-aggressiven Teil der imperialistischen Großbourgeoisie auf ein friedliches Zusammenleben und auf Kooperation orientieren.

Wie ihr bereits aus der ausführlichen Berichterstattung im *ND* und der *Aktuellen Kamera* erfahren habt, weilten in jüngster Zeit sowohl der sozialdemokratische Ministerpräsident des Bundeslandes Niedersachsen als auch Vertreter des VW-Vorstandes und -Aufsichtsrates mehrfach beim Generalsekretär. Doch die Herren schossen im Staatsjagdgebiet Schorfheide mit den Genossen Honecker und Mittag nicht nur manchen Bock oder pichelten auf dem Jagdschloß Hubertusstock manchen Liter Wodka. Sie berichteten auch offenherzig über das traurige Los ihres Unternehmens und die damit verbundenen sozialen Auswirkungen auf die Lebenslage der Werktätigen in der Bundesrepublik. Anfangs etwas verklemmt, fragten sie nach, ob angesichts der dramatischen Absatzkrise die DDR dem VW-Konzern vielleicht etwas unter die Arme greifen könnte. Im Gegenzug würde man über seine Lobbyisten und mittels Parteispenden Einfluß auf die Bundesregierung nehmen, damit diese die DDR endlich voll anerkennt, einschließlich der Staatsbürgerschaftsfrage.

Nach gründlichem Überlegen und Nachrechnen willigte unsere Partei- und Staatsführung in den Deal ein. Vorher drückten wir freilich den Preis für die VW-Motoren, weil wir ihnen nachträglich die Lizenzrechnung präsentierten für unseren Eisenacher Prototypen von 1969 – der mit der glasfaserverstärkten Kunststoff-Karosserie –, dessen Linie sich vier Jahre später rein zufällig beim VW-Passat wiederfand. Genossen, ihr seht also: Wer mit dem Teufel essen will, braucht den längeren Löffel.

Genossen, ihr seid zwar durch das Parteilehrjahr ausreichend dialektisch geschult, aber ich wiederhole es trotzdem gern: Auch wenn die Herren Kapitalisten mit uns Handel treiben, tun sie dies nicht aus plötzlich entdeckter Liebe zum Sozialismus. Freilich möchten sie ihr eigenes Süppchen kochen. Wenn sie mit uns Geschäfte machen wollen und auch wir davon profitieren – warum nicht. Aber damit ist dann auch schon Schluß. Mit dem Sieg der sozialistischen Produktionsverhältnisse und den volkseigenen Betrieben wird es bei uns kein Privateigentum an Produktionsmitteln mehr geben. Der VEB

Automobilwerke Eisenach, vielleicht reprivatisiert in den Händen des Opel-Konzerns oder so – das bleibt der Wunschtraum ewiggestriger Reaktionäre in der BRD. In der DDR wurde ein für allemal die Ausbeutung des Menschen durch den Menschen abgeschafft. Nun ist es bei uns genau umgekehrt. Und auch Wandel durch Handel oder Wandel durch Annäherung kommt für uns nicht in Frage. Jeglicher Unterwanderung, der Konterrevolution auf Filzlatschen, schieben wir einen eisernen Riegel vor. Friedliche Koexistenz bedeutet politische und wirtschaftliche Zusammenarbeit, wo notwendig und möglich. Aber auf ideologischem und moralischem Gebiet kann davon keine Rede sein, wie wir auch kein Kapitel aus der Geschichte des Klassenkampfes vergessen.

Wolfsburg und Wartburg trennen Welten. Als bei uns in Thüringen bereits Autos gebaut wurden, rannten in jener niedersächsischen Gegend noch die Bären durch den Wald und scheuerten sich ihr Fell an den Bäumen. Vergessen wir doch nicht, daß erst ein Grö-

Kommt ein Mann zum IFA-Vertrieb, um einen Wartburg zu bestellen.
»Ich hätte gerne einen Wartburg.«
»Kein Problem!«
»Mit Sechszylinder und Einspritzanlage?«
»Kein Problem!«
»Mit Front- und Heckspoiler?«
»Kein Problem!«
»Tiefer gelegt?«
»Kein Problem!«
»Sportsitze?«
»Kein Problem!«
»Radio mit Verstärker?«
»Kein Problem!«
»Alufelgen und Sportauspuff?«
»Kein Problem!«
»Wann können Sie liefern?«
»Morgen!«
»Wollen Sie mich verarschen?«
»Wer hat denn damit angefangen?«

faz, der »größte Führer aller Zeiten«, in seiner braunen Uniform kommen mußte, damit dieses Werk und die Reißbrettstadt Wolfsburg entstanden. Vermutlich ist Adolf Hitler dort immer noch als Ehrenbürger im Goldenen Buch der Stadt eingetragen.

Anders bei uns in Thüringen, wo nach der Befreiung durch die Sowjetunion radikal mit der faschistischen Vergangenheit gebrochen wurde. Vorher hatten die Nazis die Eisenacher Automobilbautradition für ihre Zwecke mißbraucht. Hitler und sein Reichsstatthalter in Thüringen, Gauleiter Fritz Saukel – vom Volk Sauleiter Gaukel genannt – waren hier ebenfalls Ehrenbürger. Doch wir haben diesen Schandfleck der Geschichte gründlich getilgt.

Unsere Partei setzt in der DDR jene Tradition fort, die August Bebel und Wilhelm Liebknecht 1869 in Eisenach begründeten, wo das erste revolutionäre Parteiprogramm in der Geschichte der deutschen Arbeiterbewegung beschlossen wurde. Deshalb stehen im Goldenen Buch unserer Stadt heute Namen von Persönlichkeiten, die selbst Söhne der arbeitenden Klasse sind, deren Wirken untrennbar mit dem Fortschritt des VEB Automobilwerke Eisenach verbunden ist – wie Walter Ulbricht oder Erich Honecker. Aber wir sind auch weltoffen und werden führenden Repräsentanten kapitalistischer Staaten unsere Pforten öffnen, wenn sie in friedlicher Absicht kommen.

So sind wir gegenwärtig dabei – auch das eine interne Vorabinformation des Genossen Schabowski – uns auf den Besuch eines noch unbekannten US-Senators vorzubereiten. Dieser Mann, Bill Clinton sein Name, reist nicht nur an, um das Geburtshaus von Johann Sebastian Bach zu besuchen oder die Kemenate auf der Wartburg, wo einst Martin Luther das Tintenfaß an die Wand schmiß, sondern um Geschäfte zwischen uns und dem Autokonzern General Motors zu sondieren. Wir sind natürlich daran interessiert, daß GM die Wartburg-Lizenz erwirbt, und deshalb werden wir für Herrn Clinton sogar Luthers Tintenklecks erneuern. Der Propagandatrick hatte schon funktioniert, als Genosse Honecker im Luther-Jahr mit den kleinen Kirchenfürsten der DDR auf der Wartburg zusammentraf.

Diese Feste ist überhaupt Sinnbild für unser Werk und die Fahrzeuge, die täglich über die Fließbänder rollen. Wie einst Walther von der Vogelweide, Heinrich von Ofterdingen und andere Minnesänger um den Titel »Verdienter Liedermacher des Volkes« kämpften, so ringt heute unsere Belegschaft im brüderlichen Wettstreit um den Titel »Kollektiv der sozialistischen Arbeit«.

Das fand bereits vorher seinen Höhepunkt im Jahr 1898, als in der damaligen Fahrzeugfabrik Eisenach AG der erste Wartburg-Motorwagen das Licht der Welt erblickte. Der Motor des offenen, zweisitzigen Kutschwagenaufbaus war ein Zweizylinder, wassergekühlt, 5 PS und mit dem damals beträchtlichen Fahrtempo von 40 Stundenkilometern. Der nächste Meilenstein hier am Ufer der Hörsel hieß »S 12«, benannt nach dem Chefkonstrukteur Willi Seck, eine 2815-Kubik-Vierzylindermaschine mit 20 PS. Bekannt jedoch wurde das Modell und seine zahlreichen berühmten Nachfolger als »Dixi«. Der Name hat übrigens nichts mit dem Tanz zu tun, sondern kommt aus dem Lateinischen und bedeutet etwa »ich habe gesprochen«. Vermutlich wollten die Kapitalisten damals mit dieser Redewendung die Diskussion um die neue Markenbezeichnung Kraft ihrer Wassersuppe abrupt beenden.

Denn das war typisch für jene Gesellschaft und jene Zeit: Auf der einen Seite das technisch Brillante, anfangs zum Beispiel luxuriöse Promenadenwagen, mit unterschiedlicher Sitzpolsterung, ohne oder mit Klappverdeck und diversem Zubehör wie Azetylenlampe, Ballhupe und Schirmbehälter. Auf der anderen Seite die Tatsache, daß die Käufer dieser Autos ausschließlich aus den privilegierten und begüterten Schichten kamen. Vor allem jedoch forcierte man im Profitinteresse die Ausbeutung der Arbeiter. Mit dem Taylerismus und Fordismus wurde dieses System noch verfeinert, wurden die Werktätigen bis zur psychischen und physischen Erschöpfung ausgeplündert.

1945 zogen wir einen Schlußstrich unter dieses unselige Kapitel deutscher Geschichte und nutzten die historische Chance zum Neubeginn. Seitdem bestimmt die Gestaltung der verschiedenen Wartburg-Modelle und der entwickelten sozialistischen Gesellschaft die Geschicke unseres Eisenacher Automobilbaues. Im Juni 1952 übergab die Sowjetunion das Automobilwerk Eisenach in das Volkseigentum der DDR. Mit der Eingliederung in den IFA-Industrieverbandes Fahrzeugbau sowie unter Führung der Arbeiterklasse und ihrer marxistisch-leninistischen Partei erhöhten wir unser Produktionspotential und erzielten einen Effektivitätszuwachs, von dem man vorher nicht zu träumen wagte.

Gewiß, manche hier in Eisenach rümpften damals die Nase, als wir gemäß der klugen Plan- und Modellabstimmung von Zwickau die Pkw-Produktion des F 9 übernahmen. Sie fühlten sich wahrscheinlich als Arbeiteraristokratie, die etwas besseres herstellen können als einen Kleinwagen mit Zweitaktmotor. Doch diese Weichenstellung war zukunftsweisend. Auf Anhieb beherrschte das Werkskollektiv die speziellen Probleme des Zweitaktmotor-Frontantriebautomobils und arbeitete sofort an Verbesserungen. Mehr noch: Auf der weiterentwickelten Baugruppenbasis von Fronttriebwerk und Fahrwerk, aber bei verlängertem Radstand, entstand in kürzester Zeit eine Wartburg-Baureihe mit vielen Karosserie-Varianten. Diese waren vor allem durch die Handschrift des Kollektivs um den Karosseriekonstrukteur Hans Fleischer geprägt, der seinen Beruf von der Pike auf gelernt und bereits 1935 im damaligen BMW-Werk in Eisenach als Maschinenschlosserlehrling begonnen hatte. Schon 1955 hatten wir für das neue Modell Versuche und Fahrerprobung abgeschlossen, und Ende des Jahres liefen die ersten Nullserienfahrzeuge des Mittelklasse-Frontantriebwagens. Das Baumuster trug die laufende Typ-Numerierung 311.

Walter Ulbricht fährt mit seinem Regierungskonvoi von Leipzig nach Berlin auf der Autobahn. Ein englischer Sportwagen mit dem Landeskennzeichen »GB« am Heck rast aus Unkenntnis auf der zweiten Spur ganz fix am Konvoi vorbei. Ulbricht stößt seinen Sekretär im Tschaika an und sagt: »Gugge mal, gugge mal, unsere Genossen von der Griminal-Bolizei, die hamm´s aber heute wieder mal eilig!«

Ein Mann geht in Rostock ins IFA-Büro, wo er sich für ein Auto anmelden kann. Er füllt den Anmeldeschein aus; es soll ein Wartburg sein. Er gibt den Schein ab. Der Bearbeiter sagt zum Schluß: »Sie können dann in etwa 12 Jahren Ihren Wartburg abholen.« Fragt der Mann zurück: »Soll ich dann vormittags oder nachmittags kommen?«

Bis zu diesem Zeitpunkt hatten wir unsere Neuentwicklung nicht an die große Glocke gehängt. Wenn man es genau nimmt, hatten wir sogar unter strengster Geheimhaltung gearbeitet, einen »Schwarzbau« entwickelt. Um aber mit der Produktion des neuen Mittelklassewagens beginnen zu können, mußte irgendwann die offizielle Genehmigung des Ministers eingeholt werden. Aber ihr wißt ja, Genossen – was kann ein Minister in der DDR schon entscheiden? Unvergeßlich also, wie unser Werkleiter persönlich sich damals in einen gerade erst fertiggestellten Prototypen setzte und nach Berlin brauste. Das Aufsehen, das er schon auf der Autobahn erregte, wurde noch übertroffen, als er auf den Hof des ZK-Gebäudes fuhr. Er lud die verantwortlichen führenden Genossen zu einer Probefahrt ein – und überzeugte auf der ganzen Linie. »Nu, mei Gudsder, son scheenes Auto gönnd ihr bauen«, wurde ganz oben entschieden. Somit war der Weg frei für die Serienproduktion des Wartburg 311, dessen Vorstellung auf der Leipziger Frühjahrsmesse 1956 einem Paukenschlag gleichkam.

Die ganze Welt, vor allem der Westen, war verblüfft, denn wir hatten damit vollkommen neue Automobil-Maßstäbe gesetzt: Der zeitlos elegante Wagen plazierte sich mit seinem Motor in der Hubraumskala zwischen Kleinwagen und bisherigem Mittelklassebereich. Vom Hubraumbereich in der Kategorie der Tausender bzw. 1-Liter angesiedelt, stellte er die westlichen Wagen aus der unteren Hubraum-Mittelklasse weit in den Schatten. Dort gelang es ihnen erst Jahre später, unseren fortschrittlichen Frontantrieb nachzuahmen. Der Bedarf an diesem Auto stieg sowohl im eigenen Land als auch in der ganzen Welt rasant an. Bereits Ende der 50er Jahre pflegten wir Exportverbindungen mit 9 sozialistischen und 21 kapitalistischen Ländern in Europa und Übersee.

Vom Glück berauscht, entwickelten wir den Wartburg 311 planmäßig zügig weiter und stockten die Modellreihe mit Standard-Limousine, zweitürigem Kabriolett und Kombi auf durch die Limousine de luxe, das Coupé, eine fünftürige Camping-Limousine sowie einen zweisitzigen Sportwagen. Ja, unser stromlinienförmiger 311er war ein Schlager, ein Hit, wie man heute auch in der DDR sagt. Am laufenden Band verfeinerten wir die Ausstattung und erhöhten die Leistungsfähigkeit, so 1962 mit dem auf 45 PS vergrößerten Motor.

Manchmal freilich – einige Genossen schmunzeln heute im nachhinein darüber – schossen wir in unserem Eifer auch über das Ziel hinaus. Etwa beim Modell 355, eigentlich ein elegantes Coupé. Doch der Genosse Walter Ulbricht hatte völlig recht, als er entschied, daß die sozialistische Menschengemeinschaft kein Auto für Playboys braucht. Unsere Betriebs- und Parteileitung meinte damals zähneknirschend zum ZK der SED: »Wir haben verstanden!« Das heißt, wir nahmen uns die Kritik zu Herzen und verinnerlichten sie als Selbstkritik. Man kann auch Asche aufs Haupt streuen dazu sagen.

Angesichts des riesigen Erfolges des Wartburg 311 mit seiner klassischen und zugleich modernen Form hätten wir das Modell bis heute bauen können. Doch wir ruhten uns auf den Lorbeeren nicht aus. Bereits 1963 hatten wir wieder einen neuen Prototypen entwickelt. Einerseits hielten wir an unserer Grundkonzeption fest, also wieder ein Auto in der als vorteilhaft erkannten unteren Hubraum-Mittelklasse mit optimierten Gebrauchswerteigenschaften und überdurchschnittlichen Komfortmerkmalen. Andererseits setzen wir ein 45-PS-Fronttriebwerkes ein mit einem neuentwickelten Fahrwerk.

Im Herbst 1965 war der neue Wartburg 312 fertig, allerdings nur ein Übergangsmodell. Denn als zweiter Schritt kam eine gänzlich neue Karosserie hinzu, bei der uns die Renault-Betriebsparteiorganisation der Französischen Kommunistischen Partei ein bißchen unterstützte. Da das alte schwungvolle Design nicht mehr in die Zeit paßte, trat an seine Stelle ein gelungener kantiger Entwurf. Und ohne eine einzige Stunde unser Fertigungsprogramm zu unterbrechen, begann planmäßig am 1. Juli 1966 die Serienproduktion des Wartburg 353.

Damit gelang uns wieder der große Wurf. Der Wagen mit Schraubenfederung und Einzelradaufhängung aller vier Räder wurde schnell zum beliebten Klassiker. Ein Höhenflug ohnegleichen.

Unseren Kunden in der DDR war das Auto lieb und teuer, konnten sie sich doch dadurch von der Masse der Trabant-Fahrer abheben, was in unserer klassenlosen Gesellschaft schon etwas heißen will. Aufgrund der zahlreichen subjektiven Kundenwünsche für jedes Fahrzeug, die wir natürlich gern erfüllten, gelang es uns, die Auslieferungszeit – ähnlich wie bei Daimler-Benz im Westen – auf 14 bis 16 zu steigern. Wohlgemerkt, nicht Tage, sondern Jahre! Außerdem warteten die DDR-Bürger gern auf einen Neuwagen, weil sie sich keinen Gebrauchten leisten konnten.

Nicht zuletzt machten unser Werk und der Staatshaushalt mit dem 353er ein echtes Schnäppchen. Schlappe 16 950 Mark mußte der Besitzer für die Standardversion hinblättern, obwohl unsere Produktionskosten lediglich bei 7 522 Mark pro Fahrzeug lagen. Aber um die Preise für Brot und Milch weiter zu subventionieren, mußten pro Karre auch 6 890 Mark als Produktionsabgabe direkt an die Staatskasse abgeführt werden. Im Export allerdings gewährten wir den Bundesbürgern praktische Entwicklungshilfe und boten den Wagen dort ab 5 500 DM an. Aber als Begrüßungsgeld für unsere Rentner bei ihren Westreisen fließt auch dieses Geld indirekt in die DDR zurück.

Insgesamt florierte das Geschäft prächtig. 1974 überschritt unsere Jahresproduktion erstmals die 1-Milliarde-Mark-Grenze. Bereits zwei Jahre vorher rollte der 250 000. Wartburg 353 vom Endmontageband, und heute sind es fast 1,2 Millionen Käufer, die unseren vollendeten Zweitakter fahren. Außerdem haben wir auch die Ersatzteilproduktion nahezu verdoppelt, obwohl das Zeug eigentlich gar nicht gebraucht wird, da der Wagen unkaputtbar ist. Trotzdem stellen sich

Ein DDR-Bürger schreibt an Erich Honecker: »Werter Genosse Staatsratsvorsitzender, wenn ich nicht innerhalb von vier Wochen einen neuen Auspuff für meinen Wartburg bekomme, hänge ich mich auf.« Die Antwort kommt prompt: »Lieber Genosse, hängen Sie sich lieber gleich auf, denn ich kann Ihnen nicht garantieren, daß es in vier Wochen noch einen Strick gibt.«

unsere Menschen gern einen Kotflügel oder eine Zylinderkopfdichtung als dekorativen Schmuck ins Wohnzimmer, um ihr rostiges Hobby stets vor Augen zu haben.

Dabei beruhen unsere Produktionserfolge auf zwei Säulen: Zum einen der unbändige Kampfes- und Arbeitswille unserer 10 000köpfigen Belegschaft. Der Arbeiter an der Taktstraße und der Konstrukteur am Zeichenbrett wissen, daß der Sieg des Sozialismus eng verbunden ist mit der Aufrechterhaltung des Qualitätsprinzips beim Bau unseres Wartburgs. Deshalb organisierten wir den internationalen Leistungsvergleich mit den Automobilbauern der Werke »Malolitrazni« in Moskau und »AZNP Mlada Boleslaw«. Und deshalb stehen wir Eisenacher permanent untereinander im sozialistischen Wettbewerb und haben in Vorbereitung des XII. Parteitages der SED wieder 13 423 Einzelverpflichtungen überreicht. Das war schon immer so. Beispielsweise wurde 1958 die Verpflichtung abgegeben, bis zum V. Parteitag fünf Tage Planvorsprung zu erarbeiten. Dieses Ziel wurde erreicht, unser Werk wurde mit der Wanderfahne des Ministeriums für Maschinenbau ausgezeichnet, wir avancierten zum »Vorbildlichsten sozialistischen Betrieb des Bezirkes Erfurt.« Und heute, ein paar Fünfjahrpläne und Parteitage später, haben wir diesen Planvorsprung auf 73 Tage ausgebaut.

Damit einher ging die stetige Erhöhung der Arbeitsproduktivität sowie die Anwendung der neuesten Errungenschaften von Wissenschaft und Technik. In manchen Jahren konnten wir die Produktion um 21,4 Prozent steigern, was nach Lenin in letzter Instanz entscheidend ist für den Sieg des Sozialismus über den Kapitalismus. Zu dieser zweiten Grundsäule unseres unaufhaltsamen Aufstiegs zählten schon frühzeitig die modernen Transfer- und Fließstraßen für den Motoren- und Getriebebau oder der Fertigungskomplex »Oberflächenbehandlung«, wo wir von der Nitro- zur Kunstharzlackierung übergingen. Und heute versinnbildlichen das die Industrieroboter und Verkettungseinrichtungen aus dem leistungsfähigen eigenen Rationalisierungsmittelbau des AWE.

Doch zurück zu unserem Wartburg 353. Gemäß dem Prinzip »Was der Bauer nicht kennt, das ißt er nicht« klammerten wir uns im weiteren an diesen Pkw als Dauerläufer, verzichteten auf neumodischen Schnickschnack und konzentrierten uns auf die Modellpflege. So kam es recht bald zum Einsatz des 50-PS-Motors 353-1, im Jahr 1975 kennzeichneten wir die zahlreichen Weiterentwicklungen – zum Beispiel Zweikreis-Bremsanlage, Sicherheitslenksäule und H4-Scheinwerfer – mit einem »W« hinter der 353. Zu den beiden Grundmodellen Limousine und Kombi Tourist gesellte sich der Trans, im Westen gern »Pick up« genannt. Die de Luxe-Ausführung besaß immerhin Schiebedach und verchromte Stoßstangen, und 1985 stellten wir nochmals ein großartiges Änderungspaket vor, bei dem das neue Frontmittelteil mit den vier großen, waagerechten Lufteinlässen am auffälligsten war.

Bedauerlicherweise fühlten sich einige Ingenieure und Konstrukteure durch solche fabelhaften kosmetischen Operationen nicht ausgelastet. Außerhalb ihrer offiziellen Arbeitszeit, an zahlreichen Subbotniks, dachten sie sich immer wieder unnötige neue 4-Takt-Motorenkonzepte und Designentwürfe aus. Das gipfelte beispielsweise 1978 im Wartburg 1300 mit einem Renault-Viertakter mit 1,3 Litern Hubraum und 54 PS. Zum Glück ist dort, wo ein Genosse ist, die Partei, und da herrscht Chaos. Leider können wir nicht überall sein, aber damals standen wir an Ort und Stelle und reagierten rasch. Nicht ohne Konsultation mit den Autospezialisten im SED-Politbüro deponierte unsere Werkleitung diese unsinnigen Vorschläge in der Ablage P – wie Papierkorb. Ja, Genossen, solche weitblickenden ZK-Beschlüsse an der Basis durchzusetzen, war nicht immer schön. Das war nicht immer einfach. Aber wir haben es durchgestanden.

Nur in dieser Dialektik, ganz im Sinne der Negation der Negation nach Hegel und Marx, ist es auch zu verstehen, daß das Politbüro und der DDR-Ministerrat den wegweisenden Beschluß zur kurzfristigen Erhöhung der Produktion von Pkws bei voller Sicherung der Ersatzteilfertigung faßten. In diesem Zusammenhang schließlich steht auch unsere solidarische Hilfe gegenüber den Arbeitern im Wolfsburger VW-Werk, die stolz darauf sind, daß ihre Polo-Motoren nun endlich in DDR-Fahrzeuge implantiert werden dürfen.

Abgesehen von diesem Antrieb hat der Wartburg 1.3 äußerlich die gleiche sachliche Eleganz wie das Vorgängermodell, charakterisiert durch die über die ganze Wagenlänge verlaufende, leicht gebogene Knickkante. Vor allem stehen wir aber mit diesem Fahrzeug wieder an der Weltspitze.

Auch weiterhin werden wir bestrebt sein, den Wagen immer mehr zu vervollkommnen und die Stückzahlen in den nächsten Fünfjahrplänen zu erhöhen. Geführt von der Partei der Arbeiterklasse, gehen die Eisenacher Automobilbauer gemeinsam mit den Werktätigen in allen Ländern des sozialistischen Lagers einer frohen und glücklichen Zukunft entgegen. Gemeinsam führen die Arbeiter, Angestellten, Meister, Techniker und Ingenieure den Kampf um maximale Erfolge in der sozialistischen Planwirtschaft. Wir Eisenacher Automobilbauer verstehen unser Handwerk. Unser Werk befindet sich in treuen Händen.

An die guten Traditionen Eisenacher Ingenieurkunst und den »Dixi« erinnernd und gleichzeitig Karl Marx aus seiner »Kritik des Gothaer Programms« zitierend, möchte ich enden: Dixi et salvavi animam meam – ich habe gesprochen und meine Seele gerettet.

NIE WÜRDE ICH SOWAS ÜBER SIE SAGEN, NICHT MAL DENKEN!
BOFINGER

Der Volkspolizist, der es gut mit uns meint

Dienstabenteuer des Wachtmeisters Detlef Pfotenhauer

Abitur ist nicht unbedingt erforderlich. Aber schaden tut es auch nicht, will man mit dem Reifezeugnis in der Tasche seinen Dienst bei der Deutschen Volkspolizei antreten. Für die höheren Offiziersdienstgrade wird es jedoch gern gesehen, vor allem wenn man Karriere im MdI, im Ministerium des Innern, machen will.

Aber das war nie mein Ding. Wachtmeister, bleib bei deinem Leuchtstab und nähre dich redlich, sage ich mir immer. Denn eine ausgesprochene Leuchte war ich in der Schule nicht. Und die Berufsausbildung beim VEB Schwermaschinenbaukombinat TAKRAF zum Facharbeiter als Fräser begeisterte mich auch wenig. Wo ich mich doch viel lieber an der frischen Luft bewege. Also habe ich mich bei der Einberufung gleich als Längerdienender für die Polizei gemeldet. Bereitschaftspolizei, Polizeischule usw. Ich bin also von der Pike auf dabei, nunmehr weit über 30 Jahre.

Irgendwann mußte ich mich entscheiden, welchen Dienstweg ich einschlage. Volkspolizeihelfer war mir zuwenig. ABV, Abschnittsbevollmächtigter, war mir zu langweilig, so tagtäglich mit einer Umhängetasche im Wohngebiet umherschleichen, die Hausbücher kontrollieren und Falschparker aufschreiben. Schutz- oder Transportpolizei interessierten mich weniger, dafür die Kripo um so mehr. Hätte ich mir gut vorstellen können: Kommissar Detlef Pfotenhauer, so wie Jürgen Frohriep beim »Polizeiruf 110« oder vorher Bruno Carstens bei den »Blaulicht«-Fernsehkrimis. Aber die wollten mich nicht. Also ging ich zur Verkehrspolizei.

Meine VP-Inspektion befindet sich im schönen Leipzig-Connewitz, die meiste Zeit stehe ich am Wilhelm-Leuschner-Platz als Verkehrsregler. Und das bei Wind und Wetter. Aber das macht nichts, weil wir ja entsprechend ausgerüstet und bekleidet sind, seit Ende 1952 in der ganzen DDR einheitlich in der eleganten grünen Uniform. Doch wenn man als Weiße Maus die entsprechende Schirmmütze, den Blinkgürtel und die Ärmelschoner anhat, sieht das viel fescher aus. Gern getragen habe ich bis Anfang der 60er Jahren auch den schwarzen Tschako, weil man damit schon von weitem den Bürgern Respekt einflößen konnte.

Zum Glück müssen wir Polizisten uns keinen Kopf machen, was man anziehen soll, denn das regelt die Anzugsordnung. Im Frühjahr beispielsweise lange grüne Hose, grüne Jacke, weiße Mütze, Hemd, Binder und weißes Koppelzeug. Ab 1. Mai: lange Hose, weiße Jacke mit einknöpfbarem grauen Kragen bzw. Hemd und Binder, weiße Mütze, Halbschuhe. Und im Winter logischerweise Winteranzug komplett bzw. nur Jacke und Stiefelhose, Fellkragen, Winterfellmütze, weißes Koppelzeug, Lederstiefel.

**Ich stehe am Fahrdamm
da braust der Verkehr.
Ich trau mich nicht rüber,
nicht hin und nicht her.**

**Der Volkspolizist,
der es gut mit uns meint,
er führt mich hinüber,
er ist unser Freund.**

**Da tuten die Autos,
da klingelt die Bahn.
Spring nicht auf den Wagen
und häng' dich nicht an.**

**Der Volkspolizist,
der es gut mit uns meint,
er führt mich hinüber,
er ist unser Freund.**

**Ich hab mich verlaufen,
die Stadt ist zu groß.
Die Mutti wird warten,
wie find' ich sie bloß?**

**Der Volkspolizist,
der es gut mit uns meint,
er führt mich hinüber,
er ist unser Freund.**

**Und wenn ich mal groß bin,
damit ihr es wißt:
dann werde ich auch
so ein Volkspolizist.**

**Ich helfe den Menschen,
ich bin mit dabei:
ich schütze die Heimat
als Volkspolizei.**

**(Text: Erika Engel
Musik: Hans Naumilkat)**

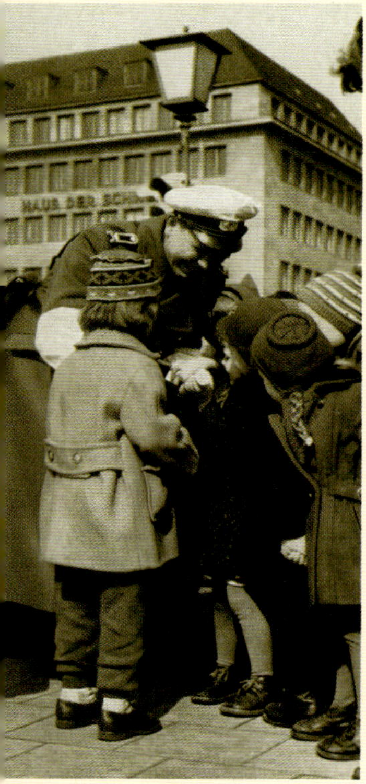

Verkehrskontrolle: Der Verkehrspolizist bemängelt, daß im Trabi kein Tachometer ist. »Brauchen wir nicht«, kommt als Erklärung. »Wir wissen ganz genau, wie schnell wir fahren. Bei 30 Stundenkilometern scheppert der Auspuff, bei 50 klirren die Scheiben, bei 60 wackeln die Türen, und bei 70 klappern uns die Zähne.«

Ein Polizist sitzt am Straßenrand und weint. Ein Passant fragt, warum er so weine.
»Mein Hund ist mir fortgelaufen!«
»Keine Sorge, der findet schon den Weg nach Hause!«
»Ja, der Hund, aber ich doch nicht!«

Am Anfang dachte ich, es sei kinderleicht, sich mitten auf eine Straßenkreuzung zu postieren, in einer Hand den Verkehrsreglerstab, und dann ein bißchen mit den Armen herumfuchteln. Aber Pustekuchen! Wir mußten alles ganz genau bimsen, praktisch und leider auch theoretisch. Als erstes die StVO, die Straßenverkehrsordnung, die haben wir von vorn nach hinten und von hinten nach vorn auswendig gelernt. Dann die Autobahnordnung, die StVZO – die Straßenverkehrs-Zulassungs-Ordnung – oder die Verordnung über die Kraftfahr-Haftpflicht-Versicherung, das VP-Gesetz und dann noch die aktuellen Durchführungsbestimmungen. Das ist eine Menge!

Am einfachsten fielen mir die Paragraphen der StVO mit viel Marxismus-Leninismus drin. Etwa gleich der Beginn, wo es heißt: »Bei der weiteren Gestaltung der entwickelten sozialistischen Gesellschaft und den damit zu schaffenden grundlegenden Voraussetzungen für den allmählichen Übergang zum Kommunismus in der Deutschen Demokratischen Republik ist das Wohl, die Sicherheit und Geborgenheit der Bürger vornehmstes Anliegen. Das erfordert auch eine hohe Ordnung, Sicherheit und Flüssigkeit im Straßenverkehr.« Oder Paragraph 1, Absatz 1: »Verantwortungsbewußtsein und Disziplin sowie Aufmerksamkeit, Vorsicht und gegenseitige Rücksichtnahme sind Grundforderungen für das Verhalten im Straßenverkehr. Jeder Teilnehmer am Straßenverkehr hat sich so zu verhalten, daß Personen oder Sachwerte nicht gefährdet oder geschädigt und Personen nicht mehr als unvermeidbar behindert oder belästigt werden.« Diese Klausel kann man kraft seines Amtes eigentlich immer anwenden, nicht nur gegen Verkehrsrowdies.

Viel komplizierter dagegen Paragraph 13, die Vorfahrtregelungen. Wenn Ampeln mit rot, gelb und grün angeschaltet sind, geht es noch. Auch wenn es Hauptstraßen-, Stop- oder Vorfahrtschilder gibt. Aber bei gleichrangigen Straßen? Das begreifen manche nie. Ich habe es mir auch nur mit Hilfe einer Eselsbrücke gemerkt. Es ist wie beim Politischen in der DDR – nur umgekehrt: Nicht wer von links, sondern wer von rechts kommt, hat Vorfahrt, unabhängig davon, ob die Fahrtrichtung beibehalten wird oder nicht. Begriffsstutzig sind viele auch bei der Dreiseitensperrung, also wenn ich beispielsweise auf dem Leuschner-Platz stehe und den Verkehr mittels Handzeichen und dem schwarz-weißen Signalstab lenke. In diesem Fall nehme ich dann Grundstellung ein und halte den rechten Arm nach vorn. Das bedeutet zusätzliches Halt für alle rechts vom Verkehrsposten ankommenden Fahrzeuge. Die Rechtsabbieger aus den normal gesperrten Verkehrsrichtungen dürfen dabei zwar nach rechts einbiegen, nicht aber die Rechtsabbieger aus der zusätzlich gesperrten Verkehrsrichtung. Alles klar? Mir jedenfalls macht das große Freude. Mit der Trillerpfeife im Mund und dem Taktstock in der Hand dirigiere ich dann ein ganzes Großstadtorchester.

Leipzig ist nämlich Weltstadt. Das hat schon der alte Goethe in seinem Roman über diesen Boxer Faust aus dem Auerbachskeller geschrieben – mein Leipzig lob ich mir, es ist ein Klein-Moskau oder so ähnlich. In unserer Stadt kurven ja Fahrzeuge aus der ganzen Republik herum. Die erkenne ich daran, daß sie nicht wie die aus dem Bezirk Leipzig ein S oder U am Anfang des polizeilichen Kennzeichens haben, sondern vielleicht ein C für Neubrandenburg, N für Gera oder Z für Cottbus. Übrigens, für mich fahren die mit einem D oder P am schlimmsten. Die Potsdamer denken, sie kennen sich aus im Großstadtverkehr, gurken aber herum wie in ihrer Provinz. Das hat mir auch ein Berliner Kollege bestätigt. Wenn die in der Hauptstadt einen einheimischen Verkehrssünder auf frischer Tat ertappen, drohen sie ihm, daß er als Strafe wählen kann zwischen drei Stempeln, also Vermerken auf dem Berechtigungsschein, oder er muß sein Berliner gegen ein Potsdamer Kennzeichen eintauschen.

Etwas Zurückhaltung muß sich unsereiner auferlegen, wenn die mit dem I kommen, die Berliner. Vor allem mit IA auf dem Schild, was nichts mit Eseln zu tun hat, sondern eigentlich römisch Eins A bedeutet und der Nomenklatura aus dem ZK und den Ministerien vorbehalten ist. Dann stehe ich manchmal schon freiwillig stramm. Und Freundlichkeit ist befohlen, wenn Autos mit roten Kennzeichen auftauchen – Diplomatenfahrzeuge. Eingeweihte können sie durch den Nummerncode auseinanderhalten. Beispielsweise ist die 01 selbstverständlich der große Bruder aus der Sowjetunion, 03 sind die Ungarn, 14 Jugoslawien oder 26 Kongo. Die Karren mit CD für *Corps Diplomatique* sind für uns tabu, denen dürfen wir noch nicht mal einen Strafzettel für falsches Parken verpassen. Weitergehende Befugnisse haben wir aber gegenüber Autos mit CY für nichtdiplomatisches Personal oder bei Kennzeichen mit QX, wo Leute aus den Wirtschaftsvertretungen des RGW drinsitzen.

Mit den Ausländern ist das sowieso so eine komplizierte Sache. Kürzlich lief ich mit einem Kollegen auf der Grimmaischen Straße Streife, als einer auf uns zukam und irgend etwas fragte. »Poschaluista, gdje nachoditsja woksal?« Wir guckten verständnislos. Dann kam: »Excuse me, where is the station?« Wir zuckten nur mit den Achseln. Dann sagte er etwas, das klang französisch, und das Anschließende kam uns spanisch vor. Am Ende lächelte er freundlich und ging weiter. »Mensch, Pfotenhauer, haste gemerkt, wie viele Sprachen der spricht?« meinte mein Kollege voller Bewunderung. »Aber genützt hat es ihm nichts«, konnte ich ihn wieder beruhigen.

Solche Sprachschwierigkeiten gibt es mit den Ausländern aus der BRD nicht, von denen besonders während der Frühjahrs- und Herbstmesse viele in ihren dicken Westautos durch Leipzig kutschieren. Diese Herren aus Hamburg oder München geben sich weltmännisch, haben aber offenbar in Leipzig zum ersten Mal in ihrem Leben eine Straßenbahn gesehen. Zumindest haben sie keine Ahnung, wie sie sich angesichts von Straßenbahnen in Mittellage ohne Haltestelleninseln verhalten sollen. Dabei gibt es auch hierfür in unserer StVO klare Hinweise: das Vorschriftszeichen 244 »Haltestelle von

Die Autokennzeichen der DDR

Bezirk	
Berlin	I
Cottbus	Z
Dresden	R, Y
Erfurt	F, L
Frankfurt/Oder	E
Gera	N
Halle	K, V
Karl-Marx-Stadt	T, X
Leipzig	S, U
Magdeburg	H, M
Neubrandenburg	C
Rostock	A
Schwerin	B
Suhl	O

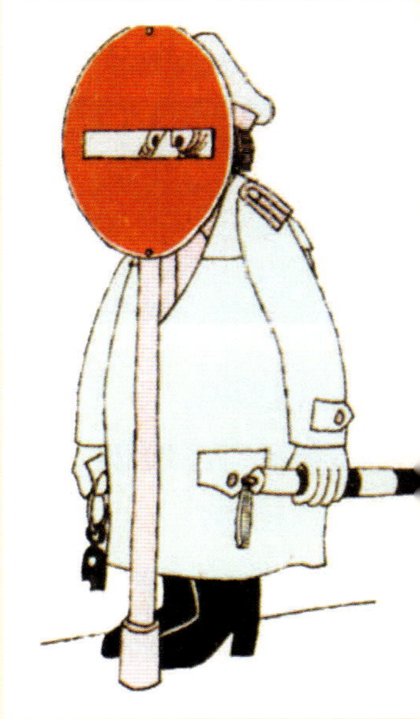

Polizist: »In ihrem Zustand heißt die Devise: Hände weg vom Steuer!«
Betrunkener Autofahrer: »Was? Wenn ich blau bin, soll ich auch noch freihändig fahren?!«

Warum mußten Geheimnisträger in einem Trabant als Dienstwagen fahren?
Da konnte sich der Fahrer mit den Knien die Ohren zuhalten.

Ein Polizist kommt nach Hause, und seine Frau teilt ihm mit, daß ihr Sohn auf die Hilfsschule soll. »Na, wenn er das Zeug dazu hat.«

Ein Polizist steht auf der Straße und hat einen weißen und einen schwarzen Stiefel an.
Kommt eine Funkstreife und hält an. »Genosse!« sagt der Fahrer, »du hast einen weißen und einen schwarzen Stiefel an. Geh nach Hause und kleide dich richtig.«
»Das kann ich nicht«, sagt der Polizist, »da stehen auch bloß ein weißer und ein schwarzer Stiefel rum.«

Allgemeine Verkehrskontrolle in Suhl.
Polizist zur Autofahrerin: »Ihr Profil ist aber ganz schön runter.«
Autofahrerin: »Sie sind auch keine Schönheit!«

Schienenfahrzeugen«, und der Paragraph 19 erklärt eindeutig: »Vor Haltestellen von Schienenfahrzeugen haben Fahrzeugführer ihre Fahrgeschwindigkeit rechtzeitig und allmählich zu vermindern, wenn ein Schienenfahrzeug in die Haltestelle einfährt. Es ist am Ende des Schienenfahrzeugs anzuhalten, sofern beim Weiterfahren Fußgänger auf der Fahrbahn behindert oder gefährdet werden können.« Da die Ausländer aus der BRD ebenfalls die Gesetzlichkeit einhalten müssen, kassieren wir schon mal gerne ab, wenn sie dagegen verstoßen.

Ähnlich an Ampelkreuzungen mit dem extra Grünen Pfeil, der sich bei uns seit 1978 bewährt hat, weil er den Verkehr flüssiger macht, indem bei roter Ampel das Rechtsabbiegen unter Beachtung des fließenden Verkehrs gestattet wird. Allerdings müssen wir Weißen Mäuse hier seltener Verwarnungen aussprechen, weil die DDR-Kraftfahrer selbst erzieherisch wirksam werden und mit eindeutiger Fingersprache den Westpennern ihr Versagen kundtun.

Schön ist es auch nachts in der Nordstraße hinterm Tröndlinring. Da lustwandeln nämlich im Auftrag der Organe erfahrene Verkehrsexpertinnen des Jugendverbandes auf dem Bürgersteig und tun so, als ob sie ortsunkundigen ausländischen Geschäftsleuten den Weg zu den Sehenswürdigkeiten zeigen könnten. Wir aber haben listig transportable Halteverbotsschilder aufgestellt. Stoppt dann trotzdem so ein Bürger aus dem NSW und ist von uns des schweren Verkehrsdelikts überführt, können wir unsere Staatskasse mit Dollars und DM auffüllen.

Solche Freude wird nur noch übertroffen, wenn wir mit dem Streifenwagen zur Verkehrsüberwachung und -kontrolle rausfahren. »Serjoscha, sattle die Hühner, wir reiten in den Kolchos!« ruft dann unser Dienststellenleiter bei solchen Gelegenheiten gern. Die Frage ist für uns lediglich, welchen Funkstreifenwagen wir nehmen dürfen. Der Barkas B 1000 scheidet aus, weil er der Verkehrsunfallbereitschaft

Ein Betrunkener torkelt aus der Kneipe auf den Parkplatz und tastet bei den Autos auf den Dächern herum. Das beobachtet ein Passant und fragt ihn, was er da treibe.
»Hick, ich sssuche meine Aut-to!«
»Guter Mann, so werden Sie ihr Auto nie finden! Dadurch erkennt man weder die Marke noch die Farbe, und das Kennzeichen können Sie so auch nicht lesen!«
»D-Das macht nichtss! D-da mmuß irgendwwoo ein Blaulicht drauf sein!«

Ball der Deutschen Volkspolizei im Palast der Republik. Ein VP-General fordert Margot Honecker zum Tanzen auf. Dabei sagt er ihr: »Genossin Honecker, es wird Zeit, daß diese Polizistenwitze verboten werden!« Darauf Margot: »Aber irgend etwas muß dran sein. Sie sind der erste, der mich bei der Nationalhymne zum Tanzen aufgefordert hat.«

vorbehalten ist. Der Wolga M 24, der hauptsächlich in den Bezirksstädten verwendet wird, ist trotz seiner 95 PS für den Einsatz auf der Autobahn zu langsam. Den neuen Lada 2105 wiederum beansprucht der Chef für wichtige Dienstfahrten oft selbst. Für unsere Zwecke scheiden auch andere VP-Fahrzeuge aus. Etwa der »Robur LO 2002 A« und der »Ural 475« als Mannschaftstransportwagen, der »Garant 30k SK-1«, ein gepanzertes Sonderkraftfahrzeug, oder der »UAZ 469-B«, der ein Führungsfahrzeug der motorisierten Einheiten der Bereitschaftspolizei ist. Wichtig ist, daß alle unsere Fahrzeuge aus DDR-Produktion oder der der sozialistischen Bruderländer stammen, wir somit vom Westen autark sind. Außerdem haben alle Fahrzeuge das gleiche Make-up von olivgrün und weiß, wie unser Wartburg 353 S, mit dem wir meist rausfahren.

Ist aber eigentlich egal, denn in jedem Wagen müssen wir laut Dienstvorschrift die gleiche Grundausstattung mitführen. Unter anderem eine gelbe Rundumleuchte mit Stativ und Batterie, eine Blitzleuchte mit Stativ, zwei Warnlampen, eine rote Anhaltelampe, zwei Verkehrsreglerstäbe, zwei Blinkleuchtgürtel, zwei Verkehrsreglermäntel, einen Kanister mit 20 Litern Benzin, ein Unfallaufnahmekoffer, fünf Absperrkegel, einen Fotoapparat und zwei Signaltaschenlampen. Das ist aber keine Hürde, weil in den großen Wartburg-Kofferraum alles lässig reinpaßt.

Ätzender ist es dagegen, wenn ich als Funkkradfahrer solo unterwegs bin. Wenn ich dann auf der MZ TS 250 F sitze, gehören allein zur Kradkombination die Stiefel, graues Uniformhemd, grüner Binder, weißes Koppelzeug, weiße Ärmelstulpen, Motorradhandschuhe mit weißen Stulpen, die Gestellmütze mit weißem Bezug, der Funkkradfahrerhelm mit Sprechgarnitur und die Kartentasche. Darin verstaut sind Vordrucke für Unfallanzeige, Knöllchen, Vorladung zum Verkehrsunterricht, Anzeigenformulare für Ordnungswidrigkeiten

Übrigens ist der Trabi ein echter Fortschritt im Automobilbau. Bei einem Unfall haben Fußgänger jetzt erstmals die Möglichkeit, zurückzuschlagen ...

Polizist: »Blasen Sie in das Röhrchen!«
Autofahrer: »Geht nicht. Ich habe Asthma.«
Polizist: »Kommen Sie mit zur Blutprobe!«
Autofahrer: »Geht nicht, bin Bluter.«
Polizist: »Dann gehen Sie auf dieser Linie!«
Autofahrer: »Geht nicht, bin betrunken.«

Schulze rast im Wartburg durch Zittau. Ein Polizist hält ihn an: »Haben Sie das Schild mit der Geschwindigkeitsbegrenzung denn nicht gesehen?« Verwundert schüttelt der Fahrer den Kopf: »Was denn? Lesen? Bei dem Tempo?«

sowie Verwarngeldquittungen. Außerdem habe ich die Metalltrillerpfeife am grünen Band, den Reglerstab, den Ordnungsstempel, das Tagebuch, ein VP-Gesetz und für den Fall der Fälle einen Teleskopschlagstock, eine Führungskette und nicht zuletzt meine Dienstpistole Makarow, 9 Millimeter, mit 16 Schuß, am Mann zu tragen.

Derart beladen, geht's dann auf Abenteuertour, wo wir zum Beispiel mit Radar Geschwindigkeitskontrollen durchführen und die Raser aus dem Verkehr ziehen. An das erste Gerät vom Typ »Tempotest« kann ich mich noch gut erinnern, weil wir zu seinem Transport fast einen Möbelwagen brauchten. Später benutzten wir meist das handlichere SRD 77, von UNITRA/ZURAD aus Polen. Aber die DDR ist natürlich auch selbst in der Lage, Geschwindigkeitsmeßgeräte herzustellen. So gibt es einen Apparat, der in umfangreicher Forschungsarbeit am Institut für Hochfrequenztechnik und Elektronenröhren der Technischen Hochschule Dresden entwickelt wurde. Bei dem Ding sind Sende-Empfangs-Gerät und Anzeigegerät räumlich voneinander getrennt, aber durch ein Kabel miteinander verbunden. Die Anzeige erfolgt direkt in km/h und umfaßt einen Bereich von 20 bis 120 km/h. Die zulässige Höchstgeschwindigkeit kann zwischen 30 und 100 km/h beliebig eingestellt werden. Überschreitet ein Fahrzeug diese eingestellte Höchstgeschwindigkeit, so wird eine Anzeige ausgelöst und das Gerät für jede weitere Messung blockiert. Der Meßwert bleibt solange gespeichert, bis er von Hand wieder gelöscht wird. Die Meßzeit beträgt 0,16 Sekunden, der erforderliche Mindestabstand von zwei Fahrzeugen, die getrennt erfaßt werden sollen, 0,3 Sekunden. Und natürlich legen wir großen Wert auf Genauigkeit. Die ist bei dem Meßgerät sogar besser, als sie für Kraftfahrzeugtachometer nach Paragraph 67 der StVZO gefordert wird. Die Toleranz liegt im Bereich von 20 bis 50 km/h bei plus 1,5 km/h und über 50 km/h bei plus/minus 3 Prozent. Das Gerät ist nicht nur technisch anspruchsvoll, sondern auch erzieherisch wirksam. Der von uns der Geschwindigkeitsübertretung überführte Kraftfahrer kann nämlich auf der Anzeige sein real gefahrenes Tempo ablesen.

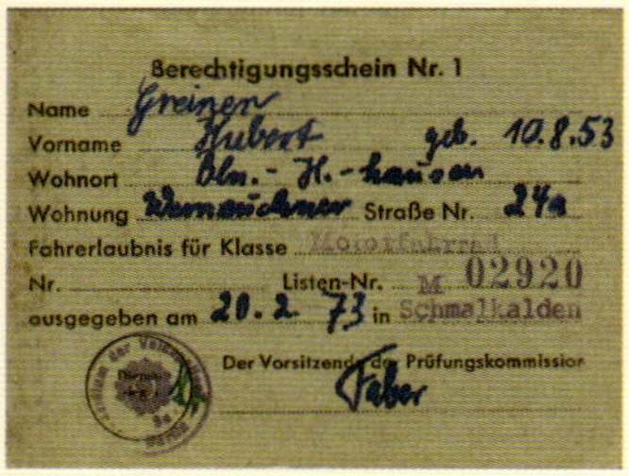
Berechtigungsschein Nr. 1
Name Greiner
Vorname Hubert geb. 10.8.53
Wohnort
Wohnung Straße Nr. 24a
Fahrerlaubnis für Klasse Motorfahrrad
Nr. Listen-Nr. M 02920
ausgegeben am 20.2.73 in Schmalkalden
Der Vorsitzende der Prüfungskommission
Faber

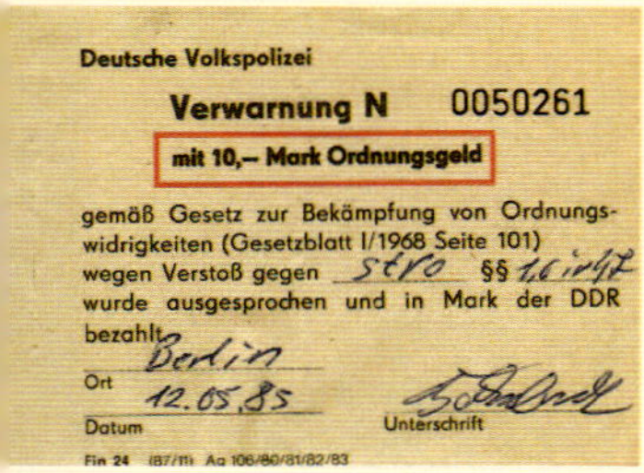
Deutsche Volkspolizei
Verwarnung N 0050261
mit 10,– Mark Ordnungsgeld
gemäß Gesetz zur Bekämpfung von Ordnungswidrigkeiten (Gesetzblatt I/1968 Seite 101) wegen Verstoß gegen StVO §§ wurde ausgesprochen und in Mark der DDR bezahlt.
Berlin
Ort
12.05.85
Datum Unterschrift
Fin 24 (87/II) Ag 106/80/81/82/83

Es geht bei uns also stets demokratisch-gesetzlich zu, wir verfügen über Beweise. Wenn wir einen Raser gestoppt haben, kann er uns keine Willkür vorwerfen. Aber das getrauen sich die wenigsten. Artig, ja, zum Teil begeistert zeigen die Verkehrssünder viel Feingefühl, wenn wir bei Zuwiderhandlungen gegen die Bestimmungen der StVO Maßnahmen anwenden. Dabei haben wir viel Spielraum. Angefangen bei Geldstrafen, deren Höhe wir oft selbst schöpferisch festlegen, bis hin zur Vorladung für die obligatorische Teilnahme an einer Verkehrsteilnehmerschulung, meist an einem schönen Sonntagvormittag.

Beliebt sind auch die Eintragungen, kurz Stempel genannt, im Berechtigungsschein, der stets mit Fahrzeugpapieren und Fahrerlaubnis mitzuführen ist. Je nach Schwere des Vergehens im Straßenverkehr dürfen wir abstempeln. Wenn jemand schon ein, zwei Dinger in seinen Fleppen stehen hat, zeigt uns das nur, daß er ein notorischer Täter ist, und dann sitzt unser Stempel gleich viel lockerer. Nach fünf Stempeln ist erst einmal für eine Weile Schluß, dann wird die Fahrerlaubnis für drei Monate eingezogen. Dazu brauchen wir weder eine großartige Kartei noch neumodische Computer. Und da wir die Menschenrechte respektieren, gibt es bei uns auch keine zentrale Erfassungsstelle, in der kleine Ordnungswidrigkeiten gesammelt werden.

In der DDR jedenfalls strengen sich die meisten Kraftfahrer an, nach Ablauf der Schamfrist ihre Stempel bei uns löschen zu lassen, damit sie wieder ein jungfräuliches Blatt besitzen. Ich habe leider Gerüchte vernommen, daß einige Bürger solche leeren Berechtigungsscheine stapelweise zu Hause hätten. Woher sie diese Dinger haben, ist mir rätselhaft, denn die gibt es eigentlich nur bei den VP-Kreisämtern oder -Inspektionen. Und wir Volkspolizisten sind nicht bestechlich. Auch nicht für Westgeld, wie wir das auf unseren Autobahneinsätzen ständig unter Beweis stellen können.

Entsprechend unseres festen Klassenstandpunktes richten wir dort aus Gründen der Effektivität meist feste Verkehrskontrollpunkte ein. Beispielsweise von Berlin Richtung Leipzig, kurz hinter der Autobahnraststätte Niemegk oder am Hermsdorfer Kreuz. Die meisten DDR-Kraftfahrer kennen den Busch, hinter dem wir uns mit dem Radargerät verschanzt haben, und drosseln rechtzeitig ihre Geschwindigkeit. Anders die Bundesbürger und Westberliner, die im Auto diese Transitstrecke benutzen. Sie gehen der bürgerlichen Propaganda mit dem verlogenen Slogan »Freie Fahrt für freie Bürger!« auf den Leim, nicht wissend, daß sich in diesem Moment zum doppelt freien Lohnarbeiter noch der Sklave der Automobil- und Mineralölkonzerne gesellt. Jedenfalls halten sie sich nicht an die in der DDR gesetzlich vorgeschriebene Höchstgeschwindigkeit von 100 Stundenkilometern auf Autobahnen – und tappen in unsere Radarfalle. Selbstverständlich muß dann so ein undisziplinierter Transitreisender seine Strafe in DM entrichten. Gegen ordentliche Quittung, versteht sich. Doch vermutlich können diese Leute das dann zu Hause wieder von der Steuer absetzen, denn die meisten Bundis streiten mit uns nicht und bleiben ekelhaft freundlich. Wie etwa jener Herr aus Köln in seinem Ford Focus, den wir mit 123 Sachen stoppen mußten. Nachdem ich seine Papiere gründlich studiert und ihn über die Dimension seines Verkehrsvergehens aufgeklärt hatte, sagte ich ihm deutlich und laut: »Herr Soundso, ich verwarne Ihnen!« Und da antwortet der Mann unterwürfig: »Herr Wachtmeister, ich danke Sie!«

Solche Einsicht und Höflichkeit wünschte ich mir manchmal von DDR-Bürgern. Beispielsweise als ich Außendienst in Delitzsch hatte und einen Verkehrsteilnehmer stoppte, der beim Rechtsabbiegen die Fußgängerampel übersehen hatte und bei Rot durchgefahren war. Als er ausgestiegen war, fragte ich ihn belehrend – wie üblich bei

»Ich glaube Ihnen ja, daß Sie den Tacho nur kurz aus dem Auge verloren haben, aber Gesetz ist Gesetz.«

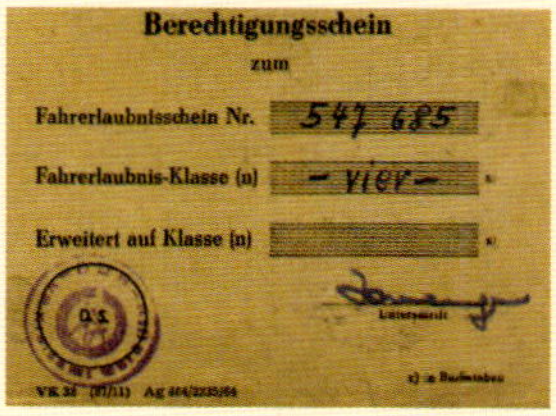

Berechtigungsschein
zum
Fahrerlaubnisschein Nr. 547 685
Fahrerlaubnis-Klasse (n) – vier –
Erweitert auf Klasse (n)
(Unterschrift)

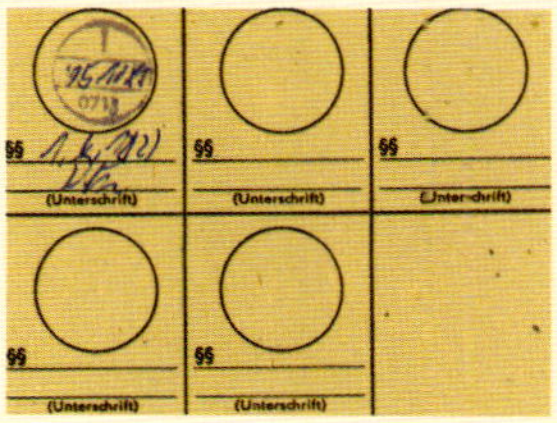

§§ (Unterschrift)
§§ (Unterschrift)
§§ (Unterschrift)
§§ (Unterschrift)
§§ (Unterschrift)

Verkehrssündern: »Was haben wir denn falsch gemacht?« Da antwortete mir doch der Kerl frech: »Den Fehler, den ich begangen habe, weiß ich. Aber Ihr Vergehen würde mich auch sehr interessieren.« Oder vor kurzem bei einer Verkehrssicherheitskontrolle, die wir am Stadtrand von Leipzig durchführten: Der Trabant, den wir stoppten, hatte zwar keine Geschwindigkeitsübertretung begangen, doch er war verkehrssicherheitstechnisch ein Desaster. Vorn hing das Nummernschild mit Berliner Kennzeichen schräg nach unten, es war auf beiden Seiten nur mit einem Draht befestigt. Ich kontrollierte zuerst die Papiere und mußte mit Erstaunen feststellen, daß es sich bei der Fahrzeugführerein um eine berühmte Sängerin und Schauspielerin handelt. Doch ich durfte mich von dieser Persönlichkeit nicht beeindrucken lassen. Vielmehr mußte ich sogar vorbildliches Verhalten im Straßenverkehr von ihr erwarten. Doch leider, das Gegenteil war der Fall. Ich ging um das Auto herum, und mit jedem Schritt steigerte sich mein Entsetzen. Hinten links fehlte der Schmutzfänger, war wahrscheinlich vom verrosteten Radkasten gefallen. Ein Blinklicht funktionierte nicht, eine Bremsleuchte war zerdeppert. Das Schlimmste aber – die Räder! Von Reifenprofil konnte keine Rede mehr sein, die blanke Leinwand schimmerte bereits durch den Gummi.

»Bitte die Zulassung für Ihr Luftkissenfahrzeug!«

Ich baute mich schneidig vor der jungen Frau auf und sprach streng zu ihr: »Sind Sie sich die Verantwortung Ihres Fahrzeugs in Ordnung?« Kokett warf sie ihr langes blondes Haar zurück, schaute mich mitleidheischend an, flüsterte: »Geliebte Weiße Maus, lassen Sie bitte ausnahmsweise Gnade vor Recht ergehen«, und schenkte mir eine Autogrammkarte. Also steckte ich den Mängelbescheid zur Stillegung des Wagens wieder ein, drohte scherzhaft mit dem pädagogischen Zeigefinger und legte zum Abschied die flache Hand an den Mützenrand. Wir Verkehrspolizisten sind schließlich keine Untiere, sondern Freund und Helfer des Menschen.

Das Interessante an meinem Beruf als Verkehrspolizist ist überhaupt, daß er weit übers Kontrollieren und Bestrafen hinausgeht. Mehr und mehr finde ich Gefallen daran, daß ich als erfahrener Genosse nicht nur als Verkehrsregler und -überwacher eingesetzt werde, sondern daß man mich zunehmend als Verkehrserzieher braucht. Aufklärung ist ja im Sozialismus wichtig, nicht nur für den Verkehr. Denn die Diktatur des Proletariats ist vor allem eine Erziehungsdiktatur: Unsere Menschen sollen befähigt werden, die Gesellschaft bewußt mitzugestalten. So habe ich es jedenfalls auf der VP-Fachschule in Ballenstedt im ML-Unterricht – oder war's Polizei-Taktik? – gelernt.

Deshalb beginnen wir mit der Verkehrserziehung schon bei den Kleinen im Kindergarten. Das haben die Erzieherinnen dort im Stundenplan eingeordnet, wo es neben Spazierengehen, Spielen im Freien eben auch Beschäftigung gibt, also wo die Kinder singen, basteln musizieren, Märchen hören und ähnliches. Nicht so wie im Westen, wo die sogenannten antiautoritär erzogenen sogenannten Kids in den sogenannten Kitas spielen müssen, was sie wollen. Es funktioniert jedenfalls prima, wenn ich den Kindern auf ihren Dreirädern und Rollern zeige, wie man sich richtig auf der Straße verhält. Daß man beispielsweise vorm Überqueren der Fahrbahn stehenbleibt, zuerst nach links und dann nach rechts gucken muß. Oder bei einer Verkehrsampel: Bei Rot mußt du stehn, bei Grün darfst du gehn! Die Muttis und Vatis der Kinder sind von meinen Auftritten stets hellauf begeistert, und auch ich freue mich, wenn sie mir zum Abschied das Lied singen vom Volkpolizisten, »der es gut mit uns meint«.

Einen Schritt weiter gehen wir dann in der Schule in der Unter- und Mittelstufe. Wie es einen Schulgarten gibt, existieren in vielen Städten Verkehrsgärten für Kinder. Da sind richtige kleine Straßen mit Verkehrsschildern eingerichtet, und wir können fast echte Verkehrssituationen üben. Die eifrigsten von den Schülern bilden wir dann zu Schülerlotsen aus, von denen nicht wenige, später dann, wenn sie 18 sind, freiwillige Helfer der Volkspolizei werden – so mit Armbinde, Ausweis und Befugnissen. Höhepunkte sind immer der 1. Juni und der 1. Juli, der Internationale Kindertag und der Tag der Volkspolizei. Da unsere VP-Inspektion selbstverständlich auch eine Paten-Schulklasse hat, lassen wir uns in dieser Zeit immer etwas einfallen. Wir fahren dann mit dem Streifenwagen auf den Schulhof, die Kinder dürfen im Auto rumklettern, das Blaulicht und das Signalhorn anstellen oder unsere Mützen und Helme aufsetzen.

Natürlich gebe ich mir immer große Mühe, alles spielerisch und kindgemäß zu erklären. Aber da stehen wir als MdI oder Verkehrspolizei nicht allein auf weiter Flur, sondern Schule, Pionierorganisation und Massenmedien ziehen an einem Strang. Der niedliche »Bummi«-Teddy erklärt das schon den ganz Kleinen, und in der »Frösi« oder »Trommel« sehen die Größeren, was Benno Leichtfuß falsch, aber Verkehrsengel Lotsi und Andi Achtsam im Straßenverkehr richtig machen. Und die Pionierorganisation »Ernst Thälmann« zeichnet die Kinder für vorbildliches Verhalten im Straßenverkehr mit dem Abzeichen »Goldene Eins« aus.

Auch im Kinderfernsehen widmet man dieser Aufgabe große Aufmerksamkeit, von Pittiplatsch, Schnatterinchen über Flax und Krümel bis zum Sandmännchen. Dann ist Adi von »Mach mit, mach's nach, mach's besser!« unser guter Verbündeter. Kein Wunder, war er doch früher mal bei der Kasernierten Volkspolizei. Genauso Eva Branzke mit ihrem Lied »Hugo Leichtsinn«, die von der Sendung des Berliner Rundfunks »7 bis 10 – Sonntagmorgen Spreeathen« so berühmt ist. Und dann die vielen Zeichentrickfilme, wo der kleine Maulwurf, Lolek und Bolek oder Hase und Wolf im Straßenverkehr zu erleben sind. Ebenso werden die Ampelmännchen auf der Leinwand lebendig und helfen den Kindern »Stiefelchen« und »Kompaß-Kalle« sowie dem Hund »Wuff«. Dank des Kinderbuchautors Nils Werner und des Musikers Reinhard Lakomy heißt es da: »Was, ihr

Zwei Dresdener Polizisten sehen einen falsch geparkten Wagen mit dem Nationalitätenkennzeichen GB. Sofort zieht der eine den Strafzettelblock, um den Verkehrssünder ein Knöllchen zu verpassen. »Bist du verrückt«, meint der andere, »den kannst du doch nicht aufschreiben! Du siehst doch, das Auto ist ausm Goenigreisch Bolen.«

»Einen Moment mal«, ruft der Polizist, »diese abenteuerliche Elendsruine, mit der Sie so herumrasen, nennen Sie doch wohl nicht ein Auto?«
»Aber nein, Herr Wachtmeister, wenn es so wäre, hätte ich bestimmt schon längst einen Führerschein gemacht!«

»Sie sind mit mehr als 70 Stundenkilometer durch die Stadt gefahren ...«
»Das kann doch gar nicht sein, Herr Wachtmeister, vielleicht mit 50, eher würde ich sagen 30, möglich sogar 20 oder 10.«
»Genug! Hören Sie auf zu feilschen! 30 Mark wegen falschen Parkens! Zufrieden?!«

Warum gab es in der DDR keine Banküberfälle?
Weil die Täter zehn Jahre auf ein Fluchtauto warten mußten.

Wie bitten Volkspolizisten um politisches Asyl?
Sie gehen in den Intershop und setzen sich ins Regal.

Stoppt ein Polizist einen Autofahrer, der in Schwerin der Einbahnstraße in die verkehrte Richtung fährt. »Wissen Sie eigentlich, wohin Sie fahren?«
»Nein«, bekennt der Autofahrer, »ganz genau weiß ich das nicht. Aber ich scheine ziemlich spät dran zu sein – die anderen kommen ja alle schon wieder zurück.«

habt noch nie gehört, wie man Straßen überquert? Wißt ihr, wer euch helfen kann? Ich, der grüne Ampelmann! Ist mein grünes Licht zu sehn, könnt ihr sicher rübergehn. Seht ihr meinen Freund in Rot, heißt das immer: Gehverbot!« So etwas bildet und prägt.

Die erwachsenen Verkehrsteilnehmer werden vom Fernsehen ebenfalls bedacht. Für sie gibt es seit 1966 »Das Verkehrsmagazin«, eine Ratgebersendung, in der hauptsächlich Themen zur Verkehrssicherheit und zum ordentlichen Verhalten im Straßenverkehr behandelt werden. Außerdem läuft mehrmals in der Woche zwischen den Sendungen der fünfminütige »Verkehrskompaß«, der unter dem Motto »Wissen – Können – Handeln« gleichfalls Beiträge zur Verkehrssicherheit zeigt. Toll finde ich dabei, wie geschulte Kaskadeure, im Westen heißen sie Stuntmen, riskante Gefahren- und Unfallsituationen realistisch darstellen.

»Sie hören jetzt ›Sugar baby love‹; an der Lichtorgel: Hauptwachtmeister Schulze!«

Da ich kein Artist bin, lasse ich solche Sachen lieber sein, wenn ich in Betrieben und Einrichtungen Verkehrsteilnehmerschulungen durchführe. Die Bürger nehmen daran lebhaft teil, zum einen aus eigenem Interesse als Kraftfahrer, zum anderen, weil die Arbeitskollektive solche Veranstaltungen im Wettbewerb um den Titel »Kollektiv der sozialistischen Arbeit« abrechnen können.

Manchmal muß ich aber auch als Verkehrserzieher an Parteiversammlungen bestimmter Institutionen teilnehmen, sozusagen als Gesetzesvertreter und öffentliches Gewissen. Wie neulich, als ich auf einem solchen Tribunal im Verlag des Verbandes der Kleingärtner, Siedler und Kleintierzüchter (VKSK) anwesend war. Dort mußte sich ein Redakteur, der Genosse Ulrich Zackmann, verantworten, weil er nachts betrunken Auto gefahren war. Sicher, bei uns gilt die absolute 0-Promille-Grenze, totales Alkoholverbot am Steuer. Da kennen wir keine Kompromisse. Aber dem Mann war schon die Fahrerlaubnis entzogen worden, er hatte ein Gerichtsverfahren mit hoher Geldstrafe hinter sich. Und in seiner Stellungnahme vor seinen Genossen mußte er nun nochmals erklären, wie es zu einem solch fürchterlichen Fehlverhalten kam. Der Anlaß war, daß sich die Redaktion im Kollektiv betrunken hatte, weil ihre Zeitschrift »Forum des Imkers« eingestampft worden war, nachdem sie dort einen Artikel über sowjetische Kampfbienen nachgedruckt hatten, in dem nicht der richtige Klassenstandpunkt zum Ausdruck gebracht wurde. Auf Beschluß des Zentralvorstandes des KSVK sollte die Redaktion aufgelöst und der Redakteur Zackmann zur Bewährung in die »Poswetu«, das theoretische Organ des VKSK, delegiert werden. Deshalb also das bedauerliche Vorkommnis, für das der Parteisekretär Friedbert Rammler den Parteiausschluß beantragte. Da es aber in der SED demokratisch zugeht, erklärten sich die anderen Genossen nicht mit der Höchststrafe einverstanden und stimmten nur für eine schwere Rüge.

Wie gesagt, ich habe einen abwechslungsreichen Beruf. Man lernt immer etwas Neues hinzu. Beispielsweise in der vergangenen Woche bei den Feierlichkeiten zum 40. Jahrestag der Republik. Da wurde unsere Inspektion wie auch viele andere aus den restlichen Bezirken der DDR für drei Tage nach Berlin abkommandiert, zur Verstärkung der Ordnung und Sicherheit in der Hauptstadt. Es lief alles wir am Schnürchen, und für mich war es eine Auszeichnung, als Verkehrsregler die Anfahrt der hohen Staatsgäste vom Flughafen Schönefeld zu gewährleisten. Am Nachmittag des 7. Oktober waren wir gerade auf der Karl-Marx-Allee mit dem Abbau der Schutzgitter für die vorangegangene Militärparade beschäftigt, da ertönte plötzlich das Kommando: »Im Laufschritt zum Prenzlauer Berg!« Ich bin ja nicht mehr der Jüngste und habe ganz schön gekeucht, als wir dort ankamen. Erstaunlich war, daß viele Leute ihre Liebe und Verbundenheit zum sozialistischen Vaterland auch am Abend und in der Nacht demonstrieren wollten. Deshalb organisierten wir im Bereich der Gethsemanekirche und Schönhauser Allee einige Verkehrsbeschränkungen und Umleitungen. Um den An- und Abmarsch der Kundgebungsteilnehmer besser zu gewährleisten und ihnen zu zeigen, wo's lang geht, waren einige Genossen von uns mit längeren Stöcken und Schildern ausgerüstet. Außerdem fuhren mehrere W 50-Lkw vor, vorn am Kühler mit großen Schutz- und Absperrgittern, mit denen die Unfallgefahr an Baustellen eingedämmt wurde. Und am Ende schließlich unterstützte unsere Volkspolizei die Berliner Stadtreinigung, indem sie jeweils zwei »Star 29 Hydromil« und »G5 SK-2« zur Verfügung stellte. Also alle vier Wasserwerfer, die es in der ganzen DDR gab.

Eine große Hoffnung hege ich noch: daß ich bald für die tatkräftige Umsetzung dieser verkehrstechnischen Maßnahmen zum Hauptwachmeister befördert werde. Denn ich bin ja nicht blöd.

»Da können se mal sehen, wie energiebewußt ich fahre!«

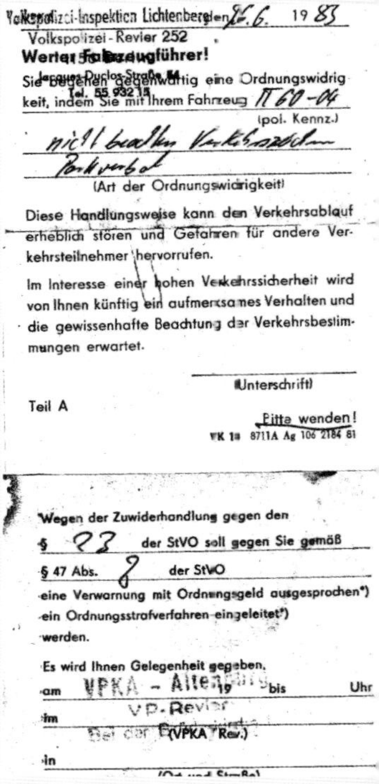

Volkspolizei-Inspektion Lichtenberg, den 25.6. 1983
Volkspolizei-Revier 252
Jacques-Duclos-Straße 54
Tel. 55 932 15

Werter Fahrzeugführer!

Sie begehen gegenwärtig eine Ordnungswidrigkeit, indem Sie mit Ihrem Fahrzeug II 60-04
(pol. Kennz.)
nicht beachten Verkehrszeichen Parkverbot
(Art der Ordnungswidrigkeit)

Diese Handlungsweise kann den Verkehrsablauf erheblich stören und Gefahren für andere Verkehrsteilnehmer hervorrufen.

Im Interesse einer hohen Verkehrssicherheit wird von Ihnen künftig ein aufmerksames Verhalten und die gewissenhafte Beachtung der Verkehrsbestimmungen erwartet.

(Unterschrift)

Teil A

Bitte wenden!

VK 1 8711A Ag 106 2184 81

Wegen der Zuwiderhandlung gegen den
§ 23 der StVO soll gegen Sie gemäß
§ 47 Abs. 8 der StVO
eine Verwarnung mit Ordnungsgeld ausgesprochen*)
ein Ordnungsstrafverfahren eingeleitet*)
werden.

Es wird Ihnen Gelegenheit gegeben,
am VPKA - Altenburg 19 bis Uhr
im VP-Revier
(VPKA / Rev.)
in

Fritz Bernhard

Zwischen Friedrichstraße und Charité

Wirklich, ich konnte nichts dafür, daß ich mir den Fuß verletzte. Und es war doch nun einmal geschehn, und mangels einer anderen Verbindung war ich leider gezwungen, einige Wochen hindurch jeden zweiten bis dritten Tag vom Bahnhof Friedrichstraße aus mit einem Taxi in die Charité zu fahren. Was ich dabei durchgemacht habe – aber nein, ich will mich jeden Vorwurfs enthalten. Urteilen Sie selbst!

Arglos wie ein in Berlin zu Besuch weilender Feuerländer und auf meinen Stock gestützt, stieg ich von der S-Bahn zum Ausgang des Bahnhofs Friedrichstraße hinunter, winkte der nächststehenden der dort parkenden Autodroschken.

Der Wagen rollte heran. Er schien nicht viel größer als ein doppelter Kinderwagen. Aber dafür ragte hinter der Steuersäule ein Herkules empor, der das Autochen glatt zu erdrücken schien und für dessen Kopf normalerweise ein Loch in der Decke nötig gewesen wäre, eine Gestalt also, die keinerlei Widerspruch ratsam erschienen ließ, wenn Herr Massiv – ich nenne ihn aus taktischen Gründen so – einmal das Wort ergriff. Das geschah bereits, während ich noch beschäftigt war, meine etwas lang geratenen Beine nach mehrfachen Knickungen über die Breite des Rücksitzes zu verteilen.

»Also nach de Charité wollen Se«, begann Herr Massiv mit der Verhaltenheit eines Generalstaatsanwaltes, der erst allmählich die Gewalt seines Plädoyers zu voller Wucht entfesselt, »kommen nach Berlin jefahren und wollen vom Bahnhof Friedrichstraße nach de Charité. Jroßartig. Wat Se mir als eenen selbständijen Jewerbetreibenden und mehrfachen Familienvater dabei for Ärjer und Valuste zufüjen, det is Ihnen vollkommen schnurzpiepejal, nich? Sie kommen mit de S-Bahn nach Berlin jerauscht und wollen nach de Charité.«

»Aber entschuldigen Sie«, wagte ich trotz allem zu widersprechen, »wieso füge ich Ihnen denn Verluste zu?«

Jetzt wurde Herr Massiv erst richtig massiv. »Wieso? Det fragen Se auch noch, Sie? Herr, wenn ich mir nich bedächte, denn könnten Se jetzt vielleicht mal Ihr eijnet Jeschrei hören, Sie! Wieso Se mir Valuste zufüjen, wenn Se den Katzensprung von de Friedrichstraße nach de Charité mit 'n Auto fahren müssen? Herr, halten Se mir zurück, oder mir platzt der Kragen! Is denn so wat möglich! Sie scheinen ja tatsächlich aus Schnulzendorf an de Schnulze zu kommen – wo se de nächste Hebamme noch nachts mit de Kutsche holen, wa? Haben Se sich denn noch niemals Jedanken jemacht, Mann, wie lange ick als selbständijer Jewerbetreibender und mehrfacher Familienvater hier an 'n Bahnhof Friedrichstraße schon uff'n Fahrjast lauern tu? Vielleicht fünf Minuten, vielleicht sechs, vielleicht sojar sieben Minuten.«

»Ach so«, sagte ich kleinlaut.

»Und da steh ick nu seit vielleicht jeschlagene acht Minuten, und der nächste Fahrjast, der will vielleicht nach Karlshorst oder nach Schildow oder noch weiter. Aber nee, da kommen Sie mit ihre Scheißfuhre von de Friedrichstraße nach de Charité und verderben mir det Jeschäft. Ausjerechnet Sie! Ausjerechnet Sie aus Schnulzendorf!«

Wir waren angelangt. Ich stieg aus und zahlte. Aber nicht einmal die gutgemeinte Aufrundung des Fahrpreises auf 3,- MDN versöhnte Herrn Massiv. Noch während er Gas gab, murrte er: »Und wer ersetzt mir nu die Fahrt nach Schildow oder nach Karlshorst? Keener.«

Das nächstemal hieß der Fahrer nicht Massiv, sondern Wütig. Er sah aus wie ein Droschkenkutscher aus dem ersten Weltkrieg und fuhr ein Automobil, von dessen Oberdeck man erst kürzlich das Gepäckgeländer abmontiert haben mochte, abgesehen davon, daß man die Hupe mit Gummiball vermißte. Wenn Herr Wütig schaltete – nein, wenn er einen anderen Gang hineinstieß, schien sich das Getriebe zu rächen, indem es mit Krachen und Fauchen nach Wütigs Beinen schnappte. Er hatte daher wenig Zeit, mir eine längere Standpauke zu halten, sondern gab seiner Empörung über meinen Auftrag mehr im Telegrammstil Ausdruck. Das Ganze hörte sich etwa so an:

»Hab ick mir jleich jedacht, det da nich ville mit los ist ... Wenn schon eener mit'n Stock winkt ...«

Schaltung, krrenx, krräx, krräx ...

»Winkt! Mit 'n Stock, wie so 'n Jraf!«

Krrenx.

»Mir! Ausjerechnet mir!«

Krräx.

»Mit 'n Stock!«

Krrix.

Straßenkreuzung, Halt. »Nischt wie Anjabe. Mit 'n Stock winken ... mir, mit 'n Stock ...«

Weiterfahren. Krrenx, krräx, krrix ...

»Zu Hause fressen se 'n Kitt von de Fensterscheiben, und hier müssen se Auto fahren ...«

Herunterschalten. Krrix. Krräx.

»Und denn winken! Mir mit 'n Stock winken ...«

Nachdem sich dieser Monolog einschließlich der Geräusche noch einmal wiederholt hatte, hielten wir vor der Charité. Herr Wütig nahm seine drei Mark, fauchte noch einmal meinen Stock an und knatterte davon.

Das drittemal hieß der Fahrer nicht Massiv und nicht Wütig, sondern Verächtlich. Herr Verächtlich sah aus wie ein Herrenrennfahrer in St. Moritz, fuhr einen eleganten, geräumigen, fast neuen EMW und nahm meine Bitte, mich vom Bahnhof Friedrichstraße nach der Charité zu fahren, mit einer einzigen, ironischen Frage entgegen: »Wollen Sie, det wir die Langstrecke mit eene Tour bewältijen, oder soll ick vielleicht unterwejens nochmal halten zwecks Picknick in de Anlagen vor't Deutsche Theater?«

Dann fuhr Herr Verächtlich an, und schon schwebten wir vor das Charitéportal. Herr Verächtlich nahm meine drei Mark, wie ein fürstlicher Kammerdiener zur Zeit Ludwigs XIV. einen Sechser entgegengenommen hätte. Wortlos, gestenlos, ausdruckslos.

Und dann geschah es, daß Herr Verächtlich alle vier Türen seines Wagens öffnete, weit öffnete, um ihn zu lüften, daß er mit einer Flitspritze die Ecken ausspritzte und mit einer Klopfpeitsche die feinen, neuen Polster ausklopfte, weil sie soeben einen Fahrgast hatten befördern müssen, der nur von der Friedrichstraße zur Charité wollte.

Seit jenem Tag bin ich auf einen großartigen Trick verfallen, der mir und dem Taxifahrer jeglichen Ärger erspart.

Wenn ich auf dem Bahnhof Friedrichstraße angekommen bin, winke ich mir die nächste Taxe heran. Mit dem Stock. Dann gebe ich dem Fahrer drei Mark und entschuldige mich, daß ich es nicht weiter habe als bis zur Charité.

Und dann nehme ich meinen inzwischen angeschafften zweiten Stock in die andere Hand und humpele zu Fuß. Und manchmal habe ich sogar schon feststellen können, daß mir ein anerkennendes Lächeln folgt.

1962

Geher und Steher

Das Ampelmännchen aus politisch-historischer und philosophisch-ästhetischer Sicht

Jede Gesellschaftsformation hat ihre charakteristischen Eigenheiten, den zur jeweiligen Zeit lebenden Menschen den richtigen Weg zu weisen – oder sie in die Sackgasse zu locken. Beispielsweise steckten in der Urgesellschaft die Jäger und Sammler ihre Trampelpfade mit den Stoßzähnen vom Mammut ab, um Zusammenstöße mit dem Dinosaurier zu vermeiden. Die Sklavenhalter Roms markierten mit riesigen Holzkreuzen auf der Via Appia, daß sie Vorfahrt gegenüber den Aufständischen unter Spartakus hatten. Und die amerikanischen Autokonzerne wie Ford sicherten die Vorherrschaft ihrer massenhaft produzierten Fahrzeuge für den Individualverkehr, indem sie den armen werktätigen Fußgängern das Betreten und Überqueren der Highways mittels Lichtsignalanlagen bzw. Ampeln vorschrieben. Diese Idee wurde über die ganze Welt verbreitet. So regelte seit Oktober 1924 auf dem Potsdamer Platz in Berlin die erste Verkehrsampel in Europa den Straßenverkehr. Seitdem spiegelt die Vielfalt von Lichtsignalanlagen und damit von Ampelmännchen in der ganzen Welt die Vielfalt der Gesellschaften wider.

In diesen Kontext eingebettet muß man auch die Entwicklung des real existierenden sozialistischen Straßenverkehrs in der DDR betrachten. Sein Reifeprozeß bringt das soziale Wesen des ersten Arbeiter-und-Bauern-Staates auf deutschem Boden immer stärker zum Ausdruck. Deshalb gehört es zu den Rechten und Pflichten unserer Bürger, wie in der StVO festgelegt, »ständig an der Verbesserung der Sicherheit und Disziplin im Straßenverkehr mitzuwirken.«

In den ersten Jahren der DDR, als es um den Aufbau der Grundlagen des Sozialismus ging und der Straßenverkehr sich noch nicht so stürmisch entwickelte, genügte es vorerst, die noch vorhandenen Ampeln zu übernehmen und zu nutzen. Denn früher war ja nicht alles schlecht. Das änderte sich schlagartig mit dem endgültigen Sieg der sozialistischen Produktionsverhältnisse am Anfang der 60er Jahre. Wie in den 5-Jahrplänen vorgesehen, motorisierte sich das Volk, fuhr in schicken Autos aus heimischer Zwickauer oder Eisenacher Produktion oder brauste auf Mopeds wie dem »KR 50«, Stadtrollern wie dem »Pitty« oder »Wiesel« oder Motorrädern wie der AWO oder ES 150 durch die neugestalteten Stadtzentren. Gleichzeitig stieg der Lkw-Verkehr zur Versorgung von Industrie und Landwirtschaft sowie der Bevölkerung mit Waren des täglichen Bedarfs rasant an. Dabei traten leider vermehrt Erscheinungen der Dekadenz und Disziplinlosigkeit im Straßenverkehr zutage. Die Zahl der Verkehrsunfälle nahm erschreckende Ausmaße an. Allein 1963 gab es

Was ist passiert, wenn ein Trabi bei Grün noch an der Ampel steht?
Der Mercedes hinter ihm hat die Lüftung eingeschaltet.

Eine alte Frau steht an einer Ampel und spricht einen Jungen an:
»Kannst du mir wohl bitte über die Straße helfen?«
»Klar«, sagt der Junge, »das mach ich, sobald die Ampel grün wird.«
Da schüttelt die alte Frau den Kopf und sagt: »Bei Grün, mein Junge, schaffe ich es selber!«

Eine junge Dame steht mit dem Fahrschulwagen vor einer Ampel. Das Signal wechselt auf Grün, doch sie fährt nicht weiter. Es wird wieder gelb und rot und wieder grün und so weiter. Doch die junge Frau macht keine Anstalten, Gas zu geben. Schließlich wird es dem Fahrlehrer zuviel: »Na, mein Fräulein, haben wir denn gar keine Farbe dabei, die Ihnen zusagt?«

Was sind 4 Trabis an einer Ampelkreuzung?
Eine Tupperparty.

»Dauert's noch lange?«

in Berlin an der Kreuzung Greifswalder/Ecke Dimitroffstraße 20 Verkehrstote zu beklagen.

Doch neben den subjektiven Faktoren gab es dafür auch objektive Gründe. Unter anderem waren die seit 1957 in der DDR entwickelten und installierten Ampeln nicht mehr auf der Höhe der Zeit. Sie besaßen zu kleine Lichtsignal- und Abschirmflächen, die sich nicht gegen kräftiges Licht wie Sonneneinstrahlung oder Ablenkung von Reklamen im Hintergrund behaupten konnten. Sie hinkten somit der gesellschaftlichen und verkehrstechnischen Entwicklung hinterher, die längst einen großen Sprung nach vorn gemacht hatte.

An einer Ampel hält hinter einem Auto ein Motorradfahrer. Nach wenigen Sekunden fällt der Motorradfahrer einfach um. Der Autofahrer steigt aus und hilft, das Motorrad wieder aufzurichten. Dieses Spielchen wiederholt sich nun einige Ampeln lang, bis der Autofahrer fragt: »Sagen Sie mal, was ist denn mit Ihnen los? Warum kippen Sie an jeder Ampel um?« Der Motorradfahrer ganz entgeistert: »Ach, ich weiß auch nicht, meine Frau hat sich scheiden lassen!« Autofahrer: »Was hat das denn damit zu tun?« Motorradfahrer: »Sie hat den Beiwagen bekommen!«

Wie üblich in der DDR, erkannte die Partei der Arbeiterklasse diesen nichtantagonistischen Widerspruch. Sie wurde ihrer Führungsrolle gerecht, indem sie konstruktive Anregungen für die Entwicklung neuer Ampelanlagen gab. Selbstverständlich konnte die SED dabei wieder auf den reichen Erfahrungsschatz der KPdSU zurückgreifen. Denn in Moskau hatte zu diesem Zeitpunkt Nikita Sergejewitsch Chruschtschow in einer Rede vor Kulturschaffenden das Ende der Formalismusdebatte erklärt. Er verkündete das Prinzip des klassischen sozialistischen Realismus, das er bei einem Neujahrsspaziergang im sibirischen Wald entdeckt hatte. Die dortige natürliche Schönheit müsse sich auch in Kunst und Technik widerspiegeln. Abartiger Symbolismus hingegen sei es, Kulturhäuser in Form eines fünfzackigen Sowjetsterns zu bauen oder Tannen mit den Wurzeln nach oben zu zeichnen. »Das Neue, das Progressive«, so Genosse Chruschtschow wörtlich, »besteht in der anschaulichen Konkretheit.«

Nachdem die PIS, die politisch-ideologische Stoßrichtung, also klar war, begann in der ganzen DDR eine breite demokratische Volksaussprache. Sowohl in den Betrieben und Einrichtungen als auch in den Bezirken und zentral fanden Verkehrssicherheitskonferenzen statt. Ein Kollektiv unter Leitung von Karl Peglau, leitender Verkehrspsychologe beim Medizinischen Dienst des Verkehrswesens der DDR/Direktion Berlin und Mitglied der Ständigen Kommission Verkehr beim Magistrat von Groß-Berlin, und Siegfried Kirchner, Leiter der Versuchs- und Entwicklungsstelle des Straßenwesens der DDR, erhielt den Auftrag, Vorschläge zur Verbesserung der Straßenverkehrsampeln auszuarbeiten. Entsprechend den verkehrsphilosophischen Grundlagen unseres Staates sollte ein Sicherheitskonzept verwirklicht werden, das getrennt zu leitende Verkehrsströme im Straßenverkehr regelt. Ein erster Vorschlag zielte darauf, das Risiko zu verkleinern, indem man unsere Menschen nicht mehr in die Risikozonen ließ. Dazu sollten an Kreuzungen und Übergängen Gitter, kleine zaunähnliche Gebilde, aufgestellt werden, damit die Menschen nicht mehr einfach über die Straße laufen könnten. Doch diese Idee entsprach nicht dem humanistischen Menschenbild unserer Gesellschaft. Außerdem hätte es ästhetisch und städtearchitektonisch nicht schön ausgesehen, wenn die Bürger in den DDR-Städten ständig hinter Gittern herumgerannt wären. Und nicht zuletzt wurde das Material dringend für andere Sicherheits- und Absperrmaßnahmen gebraucht, zum Beispiel für den antifaschistischen Schutzwall an der Nahtstelle zum imperialistischen Weltsystem.

Wieder einmal war es Walter Ulbricht, der darauf hinwies, daß sich progressives Denken nicht auf die Regelung des Verkehrs beschränke. Da in der DDR der Mensch im Mittelpunkt stehe, sei man auch bei verkehrstechnischen Reglementierungsmaßnahmen einem humanistischen Ansatz verpflichtet. Deshalb sollten selbst Ampelanlagen das leidenschaftliche Lebensgefühl der sozialistischen Menschengemeinschaft preisen, den Menschen in seiner Ganzheitlichkeit ansprechen und nicht irgendwelchen idealistischen Utopien hinterherhinken. Nicht alle Bürger besäßen solche Adleraugen wie DEFA-Chefindianer Gojko Mitič, der sogar von weitem kleinste Lichtsignale erkennen kann, oder waren Sprinter wie Karin Balzer, die in Windeseile über die Fahrbahn huscht. Vielmehr gebe es auch ältere Menschen und Kinder, denen es schwerfiele, komplizierte Verkehrssituationen zu überblicken, sowie kranke, farbuntüchtige oder bequeme, undisziplinierte Menschen, die man nicht einfach vom Verkehr ausschließen könne, schon gar nicht als Fußgänger. Nicht die Bürger suchten sich die Ampel aus, sondern die Ampel müsse den Bürgern ins Auge springen.

Dank dieser Fingerzeige konnte das Kollektiv um Peglau/Kirchner sein Konzept für Reglementierungsmaßnahmen erfolgreich überarbeiten. Der neue Entwurf ging von einer »Gesamtampelage« aus, d.h. von Lichtsignalgebern und Fußgängerampeln, die den Grundgedanken verkörperten »Sicherheit schaffen ist besser als Sicherheit fordern«. Zudem boten sie eine doppelte Sicherheit: die Farbe als erstes

Ein LKW muß an einer roten Ampel halten. Hinter ihm hüpft eine Blondine aus ihrem PKW, trommelt an sein Seitenfenster bis er aufmacht und ruft: »Ich bin die Mandy mit dem Handy, und Sie verlieren Ladung!«
Der LKW Fahrer will antworten, aber die Ampel springt auf grün. Er fährt weiter. An der nächsten Ampel wieder! Die Blondine hüpft aus ihrem PKW, trommelt an sein Seitenfenster, bis er aufmacht und ruft: »Ich bin die Mandy mit dem Handy, und Sie verlieren Ladung!«
Der LKW Fahrer schüttelt nur den Kopf und fährt weiter. An der dritten Ampel: Die Blondine hüpft aus ihrem PKW, trommelt an sein Seitenfenster und ruft: »Ich bin die Mandy mit dem Handy, und Sie verlieren Ladung!«
Der LKW Fahrer kurbelt das Fenster herunter und ruft: »Ich bin der Günter! Und es ist Winter! Und ich fahre ein Streufahrzeug!«

Ein Mann muß so schnell wie möglich zum Bahnhof. Der Taxifahrer rast los wie ein Wilder. Ampel rot – er drüber weg! Nächste Kreuzung wieder rot – er wieder drüber weg. Und wieder rot – er drüber weg. Und wieder und wieder. Dann zeigt eine Ampel grün. Der Taxifahrer tritt voll auf die Bremse. »Warum denn das – bei Grün?« fragt der Fahrgast. Antwortet der Taxifahrer: »Man muß vorsichtig sein, es könnte ein Kollege kommen.«

Was ist passiert, wenn ein Trabi bei Grün noch an der Ampel steht? Der Reifen klebt an einem Kaugummi.

Zu § 3 Absatz 3:

Bild 11
für Fußgänger:
Verkehrsrichtung freigegeben

Bild 12
für Fußgänger:
Halt bzw. Fahrbahn verlassen

Bild 13
für Radfahrer:
Verkehrsrichtung freigegeben

Bild 14
für Radfahrer:
Halt bzw. Fahrbahn verlassen

Bild 23
Möglichkeit des Rechtsabbiegens bei „Rot"

und die Form als zweites Sicherheitsmoment. Das spiegelt sich im roten Quer- bzw. Sperrbalken für »Halt!« oder »Stop!« wider, ebenso im gelben Kreis für »Achtung!« und im grünen Pfeil für »Gehen!« bzw. »Fahren!«. Diese gestaltpsychologische Elemente mit den großen Grün- bzw. Rotflächen, die jedem Bürger sein Verkehrsverhalten deutlich signalisieren, findet man auch an den Fußgängerampeln: die ausgebreiteten Arme des roten Männchens, des Stehers, und das dynamisierte Grün des Gehers. Urheberin der Figuren war übrigens »Ännchen« Wehner, Sekretärin von Karl Peglau, die ihrem Chef helfen wollte und als Hobby-Zeichnerin nebenbei auch Glückwunschkarten anfertigte. Nicht um etwas Humor in den tristen DDR-Alltag zu bringen – wie westliche Verkehrspsychologen es gern hineininterpretieren –, sondern um dem großen Ideengeber Nikita Chruschtschow zu huldigen, gab sie dem Ampelmännchen die volkstümliche Statur des KPdSU-Generalsekretärs und setzte ihm noch einen breitkrempigen flachen Hut auf.

Die Vorschläge wurden 1961 einer breiten Öffentlichkeit vorgestellt, so in der *BZ am Abend*, der *Berliner Zeitung* und im *ND*. Es kam zu einer konstruktiven Volksaussprache, an der sich besonders viele Berufskraftfahrer aktiv beteiligten und in deren Ergebnis sich eine überwältigende Mehrheit von 99 Prozent der Stimmen für die Entwürfe aussprach. Damit war der Weg frei für die industrielle Serienfertigung von Ampeln im VEB Signaltechnik in Wildenfels unter Leitung seines Betriebsdirektors Joachim Roßberg. Zum rechtsverbindlichen Standard wurden die Lichtsignalbilder 1974 mit der TGL (Technische Güte- und Lieferbedingungen) 12096, Blatt 4.

Trotz dieser gesetzlichen Regelung waren die Ampelmännchen natürlich kein Dogma, sondern Anleitung zum Handeln. Gemäß dem Motto »Die Kunst dem Volke!« wurden sie in vielen Städten schöpferisch weiterentwickelt. So gibt es grüne Männchen mit Rucksack und Pfeife, mit der Eistüte in der Hand oder mit Regenschirm. Allerdings wurden nur Veränderungen am grünen Männchen gestattet, das rote blieb tabu.

Letzteres hat seinen guten Grund. Denn rot ist die Farbe des Proletariats und seiner Fahne. Rot verkörpert das Blut, das in zahlreichen Klassenkämpfen um die Verwirklichung der historischen Mission der Arbeiterklasse geflossen ist. Rot ist somit auch Synonym ihrer Macht. Es erheischt Respekt, gebietet Einhalt und warnt »Halt! Bis hierher und nicht weiter!« Nur der rote Steher besitzt die Kraft, das Warten zu beenden und den Aufbruch zu neuen Ufern zu gestatten. An dieser Autorität lassen wir nicht rütteln, auch nicht an Straßenkreuzungen.

Damit wird auch deutlich, daß diese Figur einen festen, unverrückbaren Klassenstandpunkt hat. Sie kann nichts so leicht umwerfen. Genauso, wie es der Volkskünstler Hartmut König in einem seiner Kampflieder anschaulich beschrieben hat: »Sag mir, wo du stehst, und welchen Weg du gehst/ Zurück oder vorwärts, du mußt dich entschließen!/ Wir bringen die Zeit nach vorn Stück um Stück./ Du kannst nicht bei uns und bei ihnen genießen,/ denn wenn du im Kreis gehst, dann bleibst du zurück!« Typisch für den Steher ist somit, daß sein Standpunkt kein Steh-Punkt ist, wohl aber ein Geh-Punkt (nicht zu verwechseln mit dem erst viele Jahre später entdeckten »G-Punkt« im menschlichen Körper): Auf festen Positionen ruhend, kann man sicher und optimistisch in die Zukunft schreiten.

Diese andere Seite der Dialektik, der Einheit und des Kampfes der Widersprüche, stellt wiederum der grüne Zwillingsbruder dar. Kulturhistorisch verweist er in seiner Beweglichkeit auf das Sonnenzeichen auf dem Fußabdruck Buddhas und damit auf das Symbol vom Weltenrad. Das grüne Ampelmännchen ist freilich nicht nur Rad im Getriebe der Geschichte, sondern aktiver Antreiber. Ähnlich dem Götterboten Hermes, dem Beschützer der Reisenden. Es weist ihnen Weg und Richtung – wie die Partei. Kraftvoll, mit ausgreifendem Schritt, geblähten Backen, keck die Nase im Wind, der Hut schon fast in den Nacken gerutscht, die geballte Faust nach vorn – so geht es voran. Im Marschschritt unserer Epoche drängt es unaufhaltsam vorwärts zu den lichten Höhen. Alles untermalt von einem satten Grün – der Farbe der Hoffnung.

Letztlich verdeutlichen die Ampelmännchen den Klassengegensatz zwischen Sozialismus und Kapitalismus, zwischen DDR und BRD. Die dortigen Symbolfiguren stehen für die existentielle Verlorenheit der menschlichen Seelen und deren Hoffen auf einen Messias. Das rote und grüne Signal verkümmern zum Medium, das lediglich eine simple Botschaft verheißt. Doch alle bürgerlichen Manipulationsversuche können nicht darüber hinwegtäuschen, daß diese steifen, ausgezehrten und spindeldürren Strichmännchen in ihrer charakterlosen Präsenz nur Unterdrückung, Ausbeutung und Zukunftsangst versinnbildlichen.

Solche Alltagssorgen plagen uns in der DDR nicht. Auch weiterhin werden wir uns an dem aufheiternden Anblick der forschen Ampelmännchen erfreuen. Es sind charakter- und humorvolle, sinnliche und haptische Figuren des öffentlichen Alltags. In ihrer kindlichen Gestalt mit großem Kopf und kurzen Beinen sind sie wie der Sozialismus, der noch in den Kinderschuhen steckt. Sie haben zwar einen kleinen Bauchansatz, doch der erinnert mehr an den Babyspeck, den man sich schnell abrennt. Außerdem können etwas Leibesfülle und erotische Schwungmasse nicht schaden, zumal sie Lebensfreude und Genußfähigkeit signalisieren. In ihrer anschauliche Konkretheit sprechen uns die Ampelmännchen freundlich an, sich freiwillig ins System einzufügen – in das des Straßenverkehrs und in das des Sozialismus.

Grün und rot

Hallo, Kinder, hört mal her!
Seid ihr sicher im Verkehr?
Könnt ihr denn schon diese beiden
in der Ampel unterscheiden?

Was, ihr habt noch nie gehört,
wie man Straßen überquert?
Wißt ihr, wer euch helfen kann?
Ich, der grüne Ampelmann.

Ist mein grünes Licht zu sehn,
könnt ihr sicher rübergehn.
Seht ihr meinen Freund in Rot,
heißt das immer: Gehverbot!

Ja, wir sind stets hilfsbereit,
sorgen für die Sicherheit,
um euch alle vor Gefahren
auf den Straßen zu bewahren.

Deshalb schaut die beiden an,
rät der grüne Ampelmann.
Freundlich zieh ich meinen Hut.
Geht, macht eure Sache gut.

Nils Werner

»So, nun weißte nicht weiter. Ich hab gleich gesagt, von technischen Artikeln kauft man zwei, und schon ist die Ersatzteilfrage kinderleicht.«

Die Mafia vom S-Bahnhof Grünberger Allee

Nervös trommelten seine Finger auf der karierten Wachstuchdecke des Küchentischs. Doch die Anspannung in seinem Gesicht wurde schnell von einem zufriedenen Lächeln abgelöst. Zuerst hatte Lilo, seine Frau, kräftig abgenickt, dann die Schwiegermutter mit einem deutlichen »nu, nu« zugestimmt. Sogar Sohn und Tochter, die mittlerweile längst aus dem Haus und extra wegen dieses kurzfristig einberufenen Familienrats aus Marzahn und Höhenschönhausen nach Lichtenberg gereist waren, gaben mit einem kräftigen »Nu pogodij!« ihr Einverständnis. Jetzt war die Sache also einstimmig beschlossen – der Autokauf und -verkauf. Und jeder aus der Runde sollte etwas davon haben, bekräftigte nochmals Erwin Kasunke.

Sommer 1987 im Thüringer Wald. Ein Großvater geht mit seinem Enkel spazieren. Dabei pflückt er einen Grashalm und steckt ihn sich in den Mund. Da jubelt der Enkel: »Hurra, wir kriegen einen Trabi!«
Der Großvater staunt und will wissen, wieso.
Darauf antwortet der Enkel: »Na, die Mama hat doch gesagt: Wenn der Opa ins Gras beißt, kriegen wir endlich seinen Trabi.«

Zuerst natürlich Oma Schulze, die Nachbarin und eigentliche Käuferin und Besitzerin des zu erwartenden Trabis. Ein netter Zug von der älteren Dame, für die sie manchmal Zeugs aus der Kaufhalle mitbrachten und mit der sie hin und wieder gemeinsam Willy Schwabes »Rumpelkammer«, den »Blauen Bock« oder den »Schwarzen Kanal« von und mit Karl-Eduard von Schnitzler im Fernsehen anguckten. Vor ein paar Wochen hatte sie Erwin Kasunke vor der Wohnungstür angesprochen und von ihrer Not berichtet: Vom IFA-Autohaus wäre ihr eine Postkarte ins Haus geflattert, mit der Mitteilung, daß sie in ein paar Tagen den bestellten Trabant abholen könne. Sie hätte überhaupt nicht mehr daran gedacht an die vielleicht vor zwölf Jahren aufgegebene Autobestellung, besäße immer noch keine Fahrerlaubnis und könne mit dem Auto nichts anfangen. Ihr Sohn und dessen Familie, auf dessen Drängen sie sich damals angemeldet hatte, wären inzwischen mit fahrbarem Untersatz bestens versorgt. Auch der erwachsene Enkel habe abgewunken, da er sich als Maschinist an der FDJ-Erdgastrasse über GENEX einen Wartburg zulegen konnte. Ob nun Erwin Kasunke ihr nicht helfen könne, zumal sie durch den Buschfunk gehört habe, daß sich nagelneue Autos in der DDR prächtig verkaufen ließen und sogar Autoanmeldungen für gutes Geld gehandelt würden.

»Unser Dackel wird auch immer fauler.«
»Wieso denn das?«
»Früher brachte er mir die Leine, wenn er Gassi gehen wollte, und jetzt bringt er mir den Autoschlüssel.«

Als gewiefter Polier im Berliner Wohnungsbaukombinat hätte Kasunke sämtliche Aktivisten-Medaillen zurückgeben müssen, wäre die Bitte von Frau Schulze bei ihm auf taube Ohren gestoßen. Fieberhaft und in Sekundenschnelle rechnete er und sagte sofort seine tatkräftige Unterstützung zu. Mehr noch: Völlig selbstlos nahm er der Rentnerin alle zeitaufwendigen Organisationsfragen ab. Vor allem aber stieg bei ihm – wie bei vielen seiner Landsleute – die Achtung vor dem Alter. Man winkte nicht nur am 1. Mai den betagten Bürgern zu, wenn sie auf der Tribüne standen, sondern umhegte und pflegte sie liebevoll, nahm sie quasi in die Familie auf, wenn sie nicht mehr Auto fahren konnten, aber trotzdem den Weg bis zum nächsten IFA-Vertrieb schafften.

Warum gibt es in der DDR keinen richtigen Winter mehr? Das liegt am Golf-Strom.

Wie stellt man einen Trabi de Luxe her? Man wirft die Fahrersitze raus.

Dennoch hatte er sicherheitshalber den Familienrat einberufen, um alle denkbaren Varianten im Kollektiv durchzuspielen. Nein, von der eigenen Familie benötigte zur Zeit niemand ein neues Auto. Das Problem hatten die Kasunkes bereits vor Jahren endgültig gelöst. Damals hatten sie nach langer Wartezeit ihren ersten Trabant bekommen, seitdem hieß es: »Einmal Auto – immer Auto!« Denn dank kluger Familienplanung kamen sie etwa alle drei Jahre in den Genuß eines Neuwagens. Die Anmeldung war an keine Bedingung geknüpft, nur an den Wohnort, den Hauptwohnsitz. Man benötigte dafür weder einen Pfennig Geld noch war eine Anzahlung nötig. Zwar durfte jeder Bürger nur eine Anmeldung aufgeben, doch wurde eine Bestellung durch eine Auslieferung realisiert, konnte umgehend eine neue Anmeldung abgegeben werden. Das begriffen sogar jene gelernten DDR-Bürger, die nie eine Stunde am Parteilehrjahr oder an den Schulen der sozialistischen Arbeit der Gewerkschaft teilgenommen hatten. So hatten sich auch Kasunkes Kinder sofort mit Erreichen des 18. Lebensjahres für ein Auto angemeldet, außerdem Oma, Opa und die Tanten. Nebenbei liefen auch einige Anmeldungen für Anhänger und Wohnwagen, egal, ob man sie selbst brauchen würde oder nicht. Auf alle Fälle eine Investition in die Zukunft. Und wie bei einer intakten Familie üblich, verkürzte sich somit bei geschickter Staffelung der Autoanmeldungen die Wartezeit auf fünf oder gar drei Jahre. Außerdem waren Gebrauchtwagen – ähnlich wie im Westen die Immobilien – Wertanlagen: Sie ließen sich zum Neupreis oder darüber hinaus weiterverkaufen. Das alles wußte Kasunke ganz genau. Und dann erst ein Neuwagen! Das war, wie er einmal gelernt hatte, nach Marx' »Kapital« ganz einfach »Mehrwert heckender Wert«.

DEUTSCHE DEMOKRATISCHE REPUBLIK

Kraftfahrzeugbrief

für Kraftwagen

Amtliches Kennzeichen des Kraftfahrzeuges

1B 46-65

Kraftfahrzeugbrief I Nr. B 524066

Talentierter Rechner und Stratege, wie Kasunke sich fühlte, war es ihm nicht schwergefallen, Frau Schulzes Autoanmeldung umschreiben zu lassen. Da die alte Dame während der Vorbestellzeit noch nie die Automarke gewechselt hatte, war es kein Problem, die Trabant-Limousine in einen Universal/Kombi ändern zu lassen. Das brachte einen doppelten Vorteil: Zunächst einen Zeitgewinn von drei, vier Monaten, da die Wartezeit auf einen Kombi etwas länger war, währenddessen er alle organisationstechnischen Fragen klären konnte. Zum anderen war der in Aussicht stehende Gewinn wesentlich höher, da Kombis geradezu mit Goldstaub aufgewogen wurden.

Nochmals hielt Kasunke die Pkw-Bestell-Bestätigung vom IFA-Vertrieb in seinen zittrigen Händen. Zum x-ten Mal las er die Bestell- und Lieferbedingungen. Daß die Bestellung personengebunden und nicht übertragbar ist, daß aus ihr keine vertraglichen Rechte und Ansprüche im Sinne des Kaufvertrages abzuleiten sind, daß der Vertragsabschluß nur bei Vorlage der Bestell-Bestätigung erfolgt oder daß nur in begründeten Ausnahmefällen eine Rückstellung bis zu einem Jahr vereinbart werden kann. Kasunke fragte sich, ob in der

DDR jemals ein Bürger diese Rückstellung in Anspruch genommen hatte. Dem wäre der Vaterländische Verdienstorden oder die Einlieferung in eine Klapsmühle gewiß. Letzteres schied also völlig aus, und auch sonst schien mit den Papieren alles in Ordnung zu sein. Nun konnte alles seinen geregelten sozialistischen Gang gehen, schon am nächsten Tag begann der Count-down.

Im Betrieb hatte Kasunke vorsichtshalber vier Tage Urlaub eingereicht, um in Ruhe Schritt für Schritt vorgehen zu können. Das Auto sollte so schnell wie möglich verkauft werden, deshalb kam eine Annonce in der Berliner Zeitung oder Wochenpost nicht in Frage. Auch eine Reise zu den großen Automärkten bei Magdeburg oder Leipzig, wo massenhaft Gebrauchtwagen gehandelt wurden, schied aus, weil dies ebenfalls zu zeitaufwendig gewesen wäre. Vielmehr wollte Erwin Kasunke sein Glück am S-Bahnhof Grünberger Allee, kurz vor Schönefeld, versuchen. Die erste Adresse für Autokäufer und -verkäufer aus der Hauptstadt, Potsdam und umliegender Provinz.

Bislang hatte er nur seine alten gebrauchten Autos verkauft, Erfahrungen mit Neuwagen fehlten ihm. Das sollte nun wettgemacht werden. Frühmorgens, gleich nach dem Frühstück, ging er in der Keller, klaubte aus dem Schrank ein paar ausrangierte Klamotten hervor und zog sie an. Er sah darin zwar etwas schäbig und armselig aus, aber naiv und weltfremd genug, um damit auf dem Automarkt den richtigen Eindruck zu schinden.

Kasunke setzte sich in die S-Bahn und kam pünktlich um 8.00 Uhr an der Grünberger Allee an, als die Tore des Automarktes aufgeschlossen wurden. Der Platz war eingezäunt, es gab einen Platzwart, eine Baracke und einen Raum mit Tischen und Stühlen. Formulare für den Ankauf und Verkauf konnten beim Platzwart gekauft werden. Schon nach wenigen Minuten wurden die ersten zum Verkauf bestimmten Autos auf den Platz gefahren und abgestellt. Fast die gesamte Palette des DDR-Straßenverkehrs: Trabis und Wartburgs en gros, Saporoshez, Polski Fiat und Ladas, Golf, Citroën und andere Westschlitten. Den meisten Wagen sah man ihr Alter an, es wurden sogar Rostlauben und Unfallwagen feilgeboten, dagegen nur wenige Neuwagen.

Kasunke beobachtete, wie überall das gleiche Handlungsmuster ablief. Die Fahrer stiegen aus ihren Autos, schlossen ab, hatten aber die Scheibe an der Fahrertür einen Spalt offen gelassen. In diesen Spalt wurden Zettel mit Preisangeboten sowie Telefonnummern und Adressen der Interessenten eingeworfen. Die Zettel waren meist so gefaltet, daß die vor dem Auto Stehenden das Geschriebene nicht lesen konnten. Kasunke wunderte sich, daß nach kurzer Zeit in einigen Autos bereits viele Zettel lagen, wo doch die Zahl der Besucher auf dem Automarkt noch recht überschaubar war. Hatten einige Schlawiner etwa die Zettel gleich mitgebracht, um eine große Nachfrage vorzutäuschen?

Trabi Sonderausstattungen:

- **elektrische Fensterheber: wenn man an die Kurbel langt, bekommt man eine gewischt**
- **Bordcomputer: Taschenrechner im Handschuhfach**
- **Sportmodell: ein paar Turnschuhe im Kofferraum**
- **Airbag: Jutebeutel am Lenkrad, Blasebalg liegt im Kofferraum**
- **Park Distance Control: bei anderen Autos heißt das Stoßstange**
- **Klimaautomatik: Im Winter wird es automatisch kalt, im Sommer automatisch warm**
- **Turbolader: man kann sich aber auch die Haare damit trocknen**

Datschen-Rallye.
Start: Freitag um eins.

Mittlerweile waren auf den Platz viele Autos gerollt, die Besucherschar hatte sichtlich zugenommen. Kasunke mischte sich unauffällig unter sie, spähte, lauschte, mimte den Interessierten, wagte es sogar, hier und da als angeblicher Käufer mit einigen Anbietern zu verhandeln. Rasch konnte er die verschiedenen Typen – nicht nur die der Autos – unterscheiden: die Naivlinge und Otto-Normalverbraucher, die Zufalls- und Gelegenheitskunden, die Profis und scheinheiligen Ganoven, die vom An- und Verkauf der Autos großartig lebten. Zeitweise kam es sich vor wie in einem riesigen Aquarium, wo die gefräßigen Haie nur auf die fetten Friedfische lauern.

Eine Enklave für sich war das Areal, wo die Westschlitten angeboten wurden. Seit Ende der 70er Jahre gab es die Exoten offiziell im Land zu kaufen, freilich nicht in den Mengen wie Skodas, Ladas oder Dacias. Die Anweisung für den Import dieser Pkw sei von ganz oben erfolgt, erinnerte sich Kasunke. Honecker habe gemeint, das Straßenbild, besonders das der Hauptstadt, müsse internationaler und bunter aussehen. Kasunke wußte, daß für Verkauf und Verteilung dieser Autoraritäten das Zauberwort »Sonderbedarfsträger« hieß. Dahinter versteckten sich der Partei- und Staatsapparat, einschließlich die »bewaffneten Organe«, Vorzeigekombinate, die die Autos an verdiente Werktätige verteilten, sowie Institutionen und Einrichtungen, die ihren Professoren und Doktoren endlich ein standesgemäßes Fahrzeug zukommen lassen wollten. Aber auch nicht wenige Handwerker, Gaststättenleiter und vor allem Künstler und Schriftsteller genossen die Vorzugsbehandlung. In den letzten Jahren hatte Kasunke selbst an Tankstellen oder auf Autobahnparkplätzen gesehen, wie der Schlagersänger Peter Albert aus einem Citroën oder der Schauspieler Alfred Müller, der Schriftsteller Stephan Hermlin oder Volksmusikstar Achim Mentzel aus ihrem Volvo gestiegen waren.

Wie verdoppelt man den Wert des Trabi?
Einmal volltanken!

Wie vervierfacht man den Wert eine Trabi?
Eine Banane auf den Rücksitz legen!

Kasunke fragte sich nur, ob die Künstler unter den Volvo-Fahrern ihre Reparaturen alle in der einzigen Volvo-Werkstatt in der DDR in Berlin-Schöneweide ausführen ließen oder sich lieber von einem ihrer Kollegen helfen ließen. Der Mann hieß Siegfried Valendy. Als Schlagersänger war er im eigenen Land zwar nie auf das oberste Treppchen gelangt, galt dafür aber in der Sowjetunion als Superstar. Die Schallplattenfirma »Melodija« hatte von ihm mehrere Schallplatten in riesiger Auflagenhöhe herausgebracht, bei seinen Auftritten im weiten Bruderland war stets die Hölle los. Sogar die Puhdys spielten zur »Estrada« mit Siegfried Valendy lediglich als Vortruppe oder Begleitband. Auf solchen Lorbeeren konnte sich Valendy gut ausruhen, wenn er sich nicht als gelernter Automechaniker ein paar Mark dazu verdiente. Behilflich war ihm dabei seine Frau, eine Tänzerin, die in den Westen fahren durfte und mit dem von den Künstlern umgerubelten Westgeld die notwendigen Ersatzteile kaufte und mitbrachte. Jedenfalls galt Valendys Garagen-Werkstatt als Geheimtip für alle Musiker der DDR, die Volvo fuhren.

Egal, was der Tratsch so erzählte, die Preise für solche Westautos hier auf dem Automarkt an der Grünberger Allee waren astronomisch hoch. Zu utopisch sogar für Erwin Kasunke, der sich mit seiner Frau weiß Gott nicht zu den Minderbemittelten rechnete. Ein gebrauchter VW-Golf, dessen Neupreis bei knapp über 20 000 Mark lag, ging nicht unter 50 000 weg. Bei einem Citroën GSA oder einem Volvo 244 mit einem ursprünglichen Anschaffungspreis von 38 850 bzw. 45 000 Mark war man vielleicht ab 70 000 Mark mit im Rennen. Komischerweise hatten viele dieser Volvos und VW-Golfs das Berliner Kennzeichen IBM oder IBN, Abkürzungen, die der Volksmund mit »Ich bin Millionär« und »Ich bin neureich« übersetzte. Klar, auch Kasunke wußte die Vorzüge dieser Statussymbole zu schätzen, etwa die hydropneumatische Federung des Citroën. Doch dies hier war eine Spielklasse zu hoch für ihn. Er war nur aus Versehen in die Domäne der Profis, der Automafia, eingedrungen. In seiner Verkleidung wurde Kasunke erst gar nicht an die Autos herangelassen.

Achselzuckend trottete Kasunke zu den Trabis, die zahlreich in Reih und Glied abgestellt waren. Mutiger geworden, verhandelte er mit mehreren Auto-Besitzern und testete die Faustregel, nach der Insider ihre Vehikel verhökerten: doppelter Neupreis minus 1000 Mark pro Nutzungsjahr. Schnell lernte er auch die Autohändlersprache zu beherrschen – alles drehte sich um den »Faktor Eins«. Die Eins bedeutete Neuwert, den Ladenpreis. Eine Rostlaube, ungepflegt, kein Garagenwagen, kaum in der Werkstatt gewartet, durfte also den Faktor 1,0 nicht erzielen. Wagen, die unter dem Faktor 1,0 verkauft werden sollen, waren mindestens zehn Jahre alt und hätten Mühe, durch die nächste Inspektion zu kommen. Autos wiederum, die knapp über dem Faktor 1,0 lagen, waren fünf bis sechs Jahre alt und nicht überdurchschnittlich gepflegt. Gut erhaltene Garagenwagen, Liebhaberstücke mit vielen Extras, auf Hochglanz polierte Autos, erreichten schon Werte von 1,4 bis 1,5. Kasunkes Herz schlug schneller, als er eine ladenneue Trabant-Limousine erblickte. 20 gefahrene Kilometer zeigte der Tacho an, der Stallgeruch vom Autohaus war noch zu schnuppern. Der Verkäufer wurde von Interessenten regelrecht bedrängt. Kasunke hörte aus den Gesprächsfetzen, wie von 1,8 bis 2,0 gefeilscht wurde. Er hatte genug erfahren und fuhr erleichtert nach Hause.

Am nächsten Tag war Erwin Kasunke pünktlich in Berlin-Schöneweide, in der Nähe des Rundfunks, in der Rummelsburger Straße. Eben wie es in dem Schreiben des IFA-Autohauses geheißen hatte: »Bitte kommen Sie 11.00 Uhr in unser Verkaufsbüro zum Abschluß des Kaufvertrages.« Frau Schulze hatte ihm eine beglaubigte Vollmacht mitgegeben, so gab es bei der Vertragsunterzeichnung kein Problem. Der Verkaufsakt an sich war auch rasch erledigt, da die Farbauswahl nur aus »papyrusweiß« bestand und auch sonst keine sichtbaren Mängel am Pkw zu erkennen waren, wenn man von der dicken Rußschicht auf Fenstern und Dach aus dem nahegelegenen Heizkraftwerk absah. Eine kleine Probefahrt, den Kaufpreis von 15 000 Mark in bar hingeblättert, und schon sauste Kasunke mit dem Trabant-Universal vom Hof des Autohauses. An der nächsten Minol-Tankstelle füllte er zehn Liter ein und fuhr schnurstracks nach Hause. Selbstverständlich stellte er den neuen Wagen nicht direkt vor seinem Haus ab, sondern ein paar Ecken weiter, in der Dolgenseestraße. Er wollte den neugierigen Nachbarn keinen neuen Gesprächsstoff liefern, wozu die Kasunkes ein drittes Auto bräuchten, geschweige denn sich Verbindungen zur Automafia nachsagen lassen.

Den Rest des Nachmittags und Abends verbrachte Familie Kasunke in reger Geschäftigkeit. Mit Sohn, Tochter und Frau wurden handschriftlich verschiedene Zettel auf unterschiedlichem Papier und mit unterschiedlichen Stiften beschrieben – Tarnangebote für den Trabi-Kombi. Seine Frau Lilo hatte ihm zudem eine Bauchtasche genäht. Denn auf dem Automarkt war Barzahlung ungeschriebenes Gesetz, und Erwin Kasunke wollte den Erlös unter Hemd und Jakkett, direkt auf dem Bauch, nach Hause tragen. Hatte er doch schon gehört, daß Überfälle in der Nähe des Automarktes auf der Tagesordnung stünden. Man hätte Leuten sogar in der S-Bahn den versteckten Brustbeutel abgeschnitten und das Geld geklaut. Andererseits hätten ehrbare Autoverkäufer vor Gericht keine Chance, den überhöhten Verkaufspreis einzuklagen. Schließlich stand auf dem Kaufvertrag eine dem ungefähren Taxwert entsprechende Summe und nicht der in Wirklichkeit realisierte Wucherpreis.

Am Tag des großen Finales eilte Kasunke im Frühnebel zu seinem Prachtstück. Noch nicht mal zehn Kilometer zeigte der Tacho. Auf zum Verkauf! Kurz vor 8.00 Uhr war er schon am Automarkt. Bereits vor der Einfahrt wurde er von einem Herrn angehalten, der auf der Stelle den Trabant abkaufen wollte. Als Preis nannte er 1,6, aber Kasunke leierte die Fensterscheibe wieder hoch und lachte tüchtig. »Sehe ich so doof aus, daß ich einen ladenneuen Trabi-Kombi für dieses Geld verkaufe?« rief er dem Interessenten zu. »Ich kenne die Marktlage, habe mit Abstaubern nichts am Hut. Ade mein Herr, mit mir nicht!« Bisher war Kasunke immer zu Fuß vom S-Bahnhof zum Automarkt gelangt. Die Wegelagerer auf der Zufahrtsstraße hatte er daher nicht bemerkt. Die Mafia fing die Bauern also bereits vorher ab.

Der Platz war noch leer, Kasunke konnte sich eine schöne Stelle für das Auto aussuchen. Wo der Trabi gut präsentiert war, nicht eingeklemmt, schon aus der Ferne gut sichtbar. Vom Platzwart holte er die Verkaufsformulare, bezahlte die Parkgebühr. Seine Anzugsordnung war nicht Gala, aber solide. Nun schlenderte er über den Automarkt und beobachtete von weitem die Besucher, die sich für seinen Wagen interessierten.

Jede Stunde drehte Kasunke unauffällig seine Runde und warf einen der vorbereiteten Angebotszettel auf den Fahrersitz. Hinter der Windschutzscheibe klebte die Mitteilung, daß er gegen 13.00 Uhr wieder am Auto sein würde, um mit Interessenten zu verhandeln. Zwischendurch stellte er befriedigt fest, daß sein Wagen der Star unter den Angeboten war. Der einzige Neuwagen auf dem Platz, dazu der typische Geruch und die geringe Kilometerzahl auf dem Tacho. Immer wieder umringten Kauflustige den Trabi, darunter ein junger Mann, der zum wiederholten Male um das Auto schlich und es hin und wieder streichelte.

Punkt 13.00 Uhr stolzierte Kasunke zum Trabant, öffnete die Autotür und holte die Zettel heraus. Außer den fingierten Angeboten waren nur zwei neue dabei. Die Preisangebote lagen weit unter seinen Erwartungen, dafür wurde an seine Solidarität appelliert, nicht zuviel über dem Ladenpreis zu verlangen. Ähnlich verdrießlich die nächsten mündlichen Verhandlungen. Ein paar Profis wollten im Kollektiv den Preis drücken, andere Kaufwillige steigerten sich auf 1,8 und 1,9. Stets winkte Kasunke ab und blieb hart. Er gab allen zu verstehen, daß er unendlich viel Zeit habe und das Geld nicht

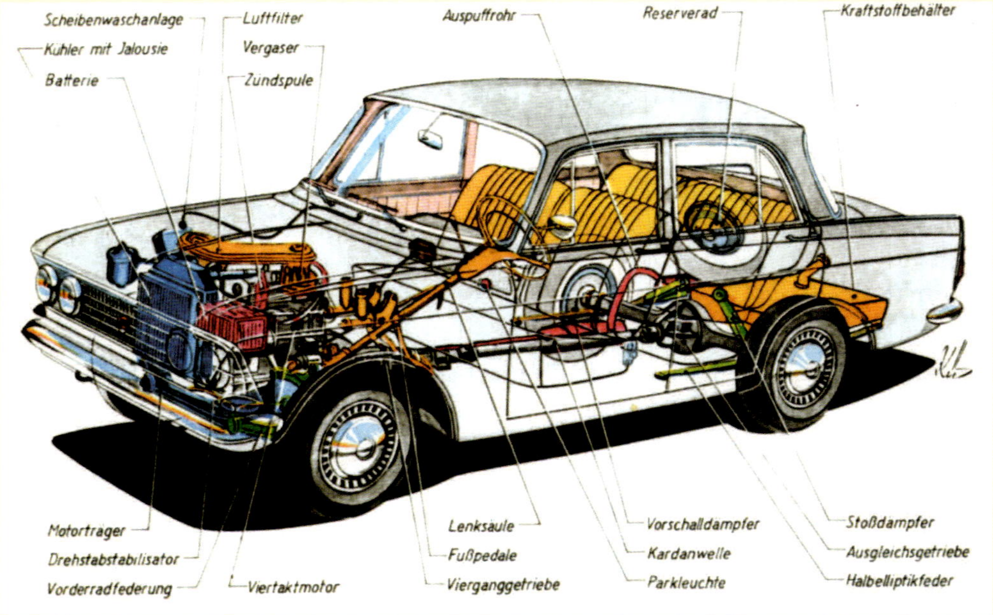

unbedingt sofort bräuchte. Die meisten Interessenten trotteten wieder davon, nur der junge Mann zog immer wieder seine Kreise um den Trabi-Kombi. So viel Menschenkenntnisse besaß Kasunke, daß er in den Augen des jungen Mannes wie in einem offenen Buch lesen konnte. Der war heiß auf den neuen Trabi.

Es wurde drei und vier Uhr nachmittags, das Auto war immer noch nicht verkauft. Die ersten Wagen wurden wieder vom Platz gefahren, viele Besucher schlenderten Richtung S-Bahnhof. Eine halbe Stunde vor Schließung des Automarktes kam der Jüngling auf Kasunke zu. Ohne viel herumzureden, bot er 1,9. Kasunke schüttelte den Kopf: 2,0 oder gar nicht. Beiläufig erzählte er vom Magdeburger Automarkt, zu dem er vielleicht morgen fahren würde, um dort den Wagen anzubieten. Das war zuviel für die geplagte Seele. »2,0 und keinen Pfennig mehr!« sagte der junge Mann. Kasunke besiegelte mit Handschlag das Geschäft, verlangte aber vorher, das Bargeld zu sehen, damit er nicht hinters Licht geführt würde. Tatsächlich, die Hundertmarkbündel waren in der Innentasche des Hemdes verstaut.

Da Kasunke befürchtete, daß in der näheren Umgebung des Automarkts die Mafia nur darauf lauerte, ahnungslosen und unerfahrenen Händlern das Geld wieder abzunehmen, schlug er vor, gemeinsam eine Probefahrt zu unternehmen und einige Kilometer entfernt den Kaufvertrag zu unterzeichnen. Sie fuhren zum Parkplatz am S-Bahnhof Schönefeld. Kasunke breitete die Papiere aus, beide unterschrieben. Dann wurden 30 Bündel à 1000 Mark übergeben, alles Scheine mit dem Konterfei von Karl Marx.

Erwin Kasunke wünschte dem Käufer allzeit gute Fahrt, mit Vollgas rauschte der junge Mann davon. Vorher hatte er noch das viele Geld sicher in der Bauchtasche verstaut, Unterhemd, Hemd und Jacke darüber waren ein guter Schutz. Glücklich über den Geldsegen, marschierte er zum S-Bahnhof Schönefeld. Skrupel hatte er keine. Schließlich hatte der junge Mann freiwillig gezahlt, er hatte das Geld, woher auch immer, sonst hätte er es nicht ausgeben können. Die Preise waren bekannt, der Trabant war neu, die Wartezeit Null – das hatte seinen Preis.

Unterwegs an einem Kiosk kaufte Kasunke noch eine Flasche »Rotkäppchen halbtrocken«, stellte die Flasche zu Hause auf den Küchentisch und blätterte seiner Lilo das Geld hin. Sie schichteten die Scheine auf fünf kleine Häufchen. Das erste mit gut 4000 Mark für den RFT-Farbfernseher, den sie morgen für Frau Schulze, die Nachbarin, kaufen würden. Dann zwei kleinere als Anerkennungsprämie für Sohn und Tochter, schließlich ein Stapel zum Kauf des Pelzmantels aus dem Exquisit für Lilo und der Rest aufs Familienkonto. Als Reserve für schlechte Zeiten, wie Erwin Kasunke seiner Frau augenzwinkernd bedeutete.

Helden der Arbeit auf der Route 96

Ach ja! »Temporausch« – »Ein Halleluja für ein Truckerherz« – »Dieselknechte« – »Straßenhund« – »Hey Boss, ich brauch mehr Geld!« ... Er liebt diese Songs von Gunter Gabriel. Genauso gut findet er »Mein bester Kumpel« oder »Taxi 408« von Peter Tschernig, dem DDR-Pendant. Denn tief in ihm drin wohnt eine Country-Seele. Manchmal zieht er sogar die Cowboystiefel an, verspürt diesen Hang zur Wildwestromantik – Freiheit, Abenteuer, Lagerfeuer, Road 66, Easy Rider ... Freilich nicht deshalb, weil an seinem Wohn- und Arbeitsort Waldheim einst der Old Shatterhand- und Winnetou-Erfinder Karl May gelebt hat, wenn auch hinter den Gittern des Zuchthauses. Viel mehr hat dies wohl mit seinem Beruf als Fernfahrer zu tun. Trucker – wie stolz das klingt! Wer ist mehr? Platz da – hier komme ich, der King der Landstraße! *Licence to kill* ...

Andrerseits, so sinniert Andreas Reinhardt oft während der stundenlangen Fahrten, in einem zweiten Leben würde er vielleicht lieber einen anderen Beruf wählen, zum Beispiel Historiker. Dann könnte er sich in Ruhe seiner anderen Leidenschaft widmen, der Geschichte. Vor allem der Technikgeschichte des Automobilbaus und seiner eigenen Familiengeschichte. Denn schließlich ist er nicht zufällig Berufskraftfahrer geworden, sondern kam schon mit dem Lenkrad in der Hand zur Welt. Einfach hineingeboren in eine ganze Kraftfahrerfamiliendynastie: vom Großvater, Vater und Onkel über die Brüder, Schwester und Cousins bis zu den beiden Söhnen. Der Familienstammbaum käme einem »Who is who« der Last- und Nutzfahrzeuge in der DDR gleich.

Den Grundstock hatte einst Großvater Wilhelm in Chemnitz gelegt, noch vor dem Krieg. In der Zwickauer Straße besaß er ein kleines Kohle- und Fuhrgeschäft. Es lag in der Nähe des Güterbahnhofs, was in doppelter Hinsicht günstig war. Zum einen konnte die Kohle mit dem Pferdegespann an- und ausgeliefert werden, zum anderen war der Standort auch für den übrigen Gütertransport, vor allem die Möbelspedition, sehr praktisch. Leider war der Hanomag-Schnelltransporter während des Kriegs von der Wehrmacht requiriert worden, so daß nach dem Mai 1945 in Großvaters Geschäft nur noch der klapprige TV 300, das alte Dreirad, und der Vierrad-Lkw HAT 1200 aus dem Framo-Werk zur Verfügung standen. Da zu dieser Zeit die Transportprobleme im Land riesig waren, ließ die sowjetische Besatzungsmacht Opa Wilhelm weitermachen. Nur an Benzin oder Diesel heranzukommen war schwierig, und so wurde der 1-Tonner-Lkw einstweilen mit einem Holzgasgenerator betrieben.

Wilhelm Reinhardt blieb auch in den Folgejahren erfindungsreich und beherzigte die goldene Verhaltensregel eines Kleingewerbetreibenden, es sich nicht mit der Obrigkeit und den Kunden zu verder-

**Erzählt ein Bauer seinem Freund: »Stell dir vor, letztens bin ich mit meinem Trecker in 'ne Radarfalle gefahren!«
Fragt der: »Und, hat's geblitzt?«
»Nee, gescheppert ...«**

**Ein Lkw vom Typ W 50 fährt auf eine Unterführung zu. Der Fahrer sagt: »Ist aber blöd. Nur 3,80 Meter erlaubt, und wir haben 4,10.«
Darauf dreht sich der Beifahrer zu ihm und meint: »Fahr durch, es ist kein Polizist zu sehen!«**

**Was sagt die eine Tomate zur anderen beim Überqueren der Straße?
»Vorsicht! Da kommt ein Lk-watsch ...«**

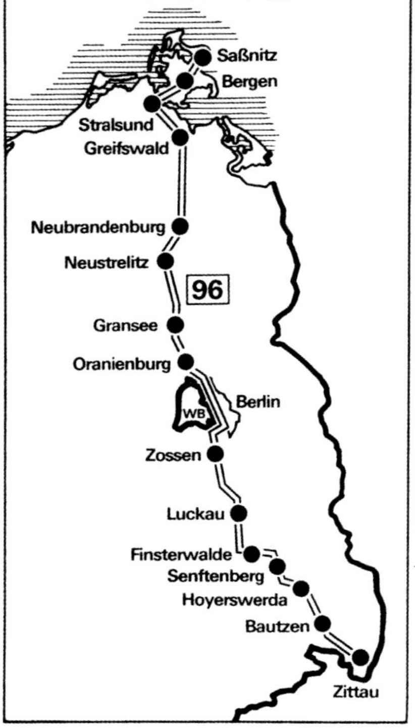

Längste Fernverkehrsstraße der DDR – F96

ben. So brachten ihm ein paar Gefälligkeitstransporte für die sowjetischen Militärbehörden einen abgestempelten Bezugsschein, daß ihm fürs Geschäft einen H3-Lkw – einen Kurzhauber mit Maybach-Motor aus Restbeständen – zugeteilt wurde. Und die neuen Wirtschaftsfunktionäre hatten auch nichts dagegen, daß er kurze Zeit später aus dem selben Zwickauer Horch-Werk einen Framo V 501/2 bekam. Der Transporter besaß einen 2-Zylinder 2-Takt-Ottomotor, 500 Kubik, 17 PS und brachte es mit einer Nutzmasse von 0,7 Tonnen immerhin auf eine Geschwindigkeit von 60 Stundenkilometern. Natürlich vernachlässigte er dabei nicht die Pflege der üblichen Geschäftsbeziehungen. Das war um so wichtiger geworden, da Walter Ulbricht die junge DDR im Sturmschritt auf die Gipfelhöhen des Sozialismus treiben wollte und private Fuhrunternehmer dabei auch zu Fuß gehen sollten. Zumindest hatten sie keinen Anspruch auf neue Fahrzeuge mehr. Außerdem war die volkseigene Fahrzeugindustrie nicht in der Lage, den Bedarf an Neufahrzeugen zu decken. Also halfen sich viele Kleinunternehmen wie Opa Wilhelm gegenseitig. Er fuhr sogar bis ins mecklenburgische Lassan, um bei der Firma E. U. Pasternak Aufbauten an seinen Fahrzeugen vornehmen zu lassen. Nicht ganz so weit hatte er bis zur Karosserie- und Fahrzeugfabrik von Fritz Fleischer in Gera, wo aus Schrott sogar Eigenbauten hergestellt wurden. Zum Glück wurde Großvater Wilhelm nicht behelligt, als Fritz Fleischer 1953 wegen angeblicher Schwarzmarktgeschäfte mit Schrott und Buntmetall kurzzeitig verhaftet wurde. Und er mußte auch nicht mehr erleben, wie der private Karosseriebetrieb zuerst halbstaatlich und schließlich volkseigen wurde. Wenn Andreas Reinhardt mit seinem Brummi von der Autobahn abbiegt und durch Gera-Tinz am VEB Karosseriebau Gera vorbeifährt, erinnert er sich mitunter an diese lustige Geschichte, die Vater und Onkel bei den zahlreichen Familientreffen gern zum besten geben.

Die beiden Brüder hatten damals das Erbe ihres Vaters gerecht aufgeteilt. Ernst, Andreas' Vater, führte das Speditionsgeschäft weiter. Allerdings nicht mehr in Chemnitz, sondern in der Stadt der DDR, die als einzige im Namen drei O hat – Korl-Morx-Stodt, wie sie seitdem hieß. Zu tun gab es genug. Allein der wieder aufblühende Werkzeugmaschinen- und Automobilbau in der Stadt sowie die Wismut im Erzgebirge sorgten für viele Zuzügler. Mit zwei Handvoll Angestellter und drei Fahrzeugen bewältigte Ernst Reinhardt das Umzugsgeschäft: zwei H 3 A Möbelkoffer und ein H 6 Speditionspritsche mit Spriegel und Plane. Der H 3 A vom Zwickauer Horch-Werk – für Andreas immer noch einer der schönsten Lkws auf der

Welt – war 1951 der erste komplett neuentwickelte Lastwagen aus DDR-Fertigung. Ein Dreitonner mit 80-PS-Dieselmotor, 60 Stundenkilometern Höchstgeschwindigkeit und 3500 Kilo Nutzmasse. Etwas größer noch der H 6 mit 120 PS und 6500 Kilo Nutzmasse, eigentlich eine Zwickauer Parallelentwicklung zum H 3 A, aber dann vom VEB Kraftfahrzeugwerk »Ernst Grube« in Werdau gebaut.

Möglich, daß es diese wunderbaren Lkw waren, die noch zum Fuhrpark des VEB Kraftverkehr Waldheim gehörten und den Ausschlag dafür gaben, daß Andreas Reinhardt hier als Kraftfahrer zu arbeiten begann. Vor allem aber war es für ihn eine andere Größenordnung als in Vaters Speditionsfirma. Zum Betrieb, der Bestandteil des Kraftverkehrskombinats Leipzig ist, gehören nicht nur Güternah- und -fernverkehr oder Spedition, sondern auch Personenbeförderung wie Taxi, die Döbelner Straßenbahn oder der Torgauer Kraftverkehr. Ein kleiner realsozialistischer Konzern. Und einen der 324 Lkw fährt Andreas. Genauer einen W 50, den Tausendsassa unter den Arbeitstieren.

Der Fünftonner war schon von den Zwickauern konzipiert und in Werdau konstruiert, als 1962 die Produktionsverlagerung nach Ludwigsfelde erfolgte. Noch heute ist Andreas mit seinem W 50 zufrieden, wenn er auf Achse ist: Allradantrieb, Vier-Zylinder-Diesel-Direkteinspritzung, 125 PS, Blattfedern mit Stoßdämpfer, hydropneumatische Allradbremse, 90 Stundenkilometer Höchstgeschwindigkeit. Mit dem Auto kann man eine ganze Menge bewegen. Zumal es von ihnen über eine halbe Million gibt, mehr als zwei Drittel davon rollen in den Bruderländern sowie in Afrika, Asien und Lateinamerika.

Um beim verzweigten Familienstammbaum zu bleiben: Onkel Friedrich investierte seinen Anteil an der Hinterlassenschaft des Großvaters in Dresden, in einen kleinen Gemüseladen, den seine Frau Inge ebenfalls von ihren Eltern geerbt hatte. Während die Gattin Kartoffeln, Gemüse und Obst verkaufte und die Buchhaltung machte, kümmerte sich der Onkel um die Ware. Da er freilich nicht bei der HO oder dem Konsum angestellt war, führten die Besorgungen nicht nur bis zum Großhandelslager, sondern auch zu den LPG und Gärtnereien im Bezirk und bis zum Spreewald oder ins Obstanbaugebiet um Werder. Anfangs tuckerte er noch mit Großvaters altem Framo von der Sächsischen Schweiz bis zu den Brandenburger Seen. Aber weil er die Verkaufsstelle der SED-Bezirksleitung wie auch die Bezirksparteischule bevorzugt mit frischem Gemüse und Südfrüchten belieferte, wurde ihm vom Rat des Bezirkes die Genehmigung erteilt, einen Granit 27 zu kaufen. Der Pritschenwagen hatte einen luftgekühlten 50-PS-Motor und eine Nutzmasse von 1,5 Tonnen. Damit konnte Onkel Friedrich schon eine Menge wegschleppen, was vor allem bei den Anlieferungen von Einkellerungskartoffeln für die Bevölkerung nützlich war.

Seine Initiative und Einsatzbereitschaft wurde belohnt, indem man

Kommt ein Trucker in die Raststätte und bestellt sich eine Soljanka und einen Kaffee. Da kommen zwei Motorradfahrer rein und setzten sich zum Trucker. Sie ziehen ihm die Serviette durch die Suppe, beschmieren sein Hemd mit Senf und stülpen ihm den Suppenteller über den Kopf. Der Trucker bleibt ruhig, zahlt und geht. »Was war das denn für ein Idiot?« fragt einer der Motorradfahrer. »Weiß ich nicht«, antwortet der Kellner. »Autofahren kann er jedenfalls nicht. Als er eben seinen Truck zurückgesetzt hat, hat er zwei Motorräder plattgewalzt ...«

ihm ein paar Jahre später einen neuen Klein-Lkw zuteilte, einen Garant 30K, ebenfalls ein Pritschenwagen, aber ein Diesel mit immerhin 60 PS und zwei Tonnen Nutzmasse. Beide Fahrzeuge stammten aus dem VEB IFA Lastkraftwagen- und Motorenwerke »Phänomen« in Zittau, der allerdings 1957 in VEB Robur Werke umbenannt wurde, weil die Namensrechte für »Phänomen« im Westen lagen. Deshalb war auch aus dem Horch-Granit ein Garant geworden. Ein Garant für den Frieden, für den Sieg des Sozialismus und für die Geschäftserfolge kleiner privater Gemüsehändler. Zittau selbst wurden andere Fertigungsstätten angegliedert, darunter das Karosseriewerk Bautzen und das Motorenwerk Kamenz. Aber Robur produzierte seitdem Busse und größere Lkw, eine Spielklasse zu hoch für Friedrich Reinhardt, um saure Gurken aus Lübbenau nach Elbflorenz zu transportieren.

Trotzdem hält die Familie den Herstellerfirmen irgendwie die Treue, die sie so lange mit Fahrzeugen beglückt hatten. Etwa Friedrichs Sohn Bernd. Andreas Reinhardts Cousin hat wie alle in der Familie Benzin im Blut und ist ebenfalls Kraftfahrer, wenn auch in einem Backwarenkombinat. Wenn Andreas auf der F 96 unterwegs ist, seiner Lieblingsstrecke, besucht er ihn manchmal in Zittau. Da fallen nicht nur regelmäßig übriggebliebenes Brot, Brötchen und Kuchen für ihn ab, sondern sie können auch beim einem Aubi, dem alkoholfreien Bier für Kraftfahrer, so herrlich fachsimpeln. Und selbstverständlich läßt ihn der Cousin manchmal auf den Bock seines Robur LO 3000 steigen, der nun hier in der Stadt hergestellt wird. Er darf sogar ein paar Runden drehen, auch wenn er Betriebsfremder ist und es eigentlich gegen die Betriebsvorschriften verstößt. Aber der »Ello«, wie die Kenner den Frontlenker nennen, ist nicht nur vielseitig und handlich, sondern läßt sich auch kinderleicht fahren. Dafür ist die Karre mit gut 80 Sachen nicht unbedingt die schnellste. 4,1 Liter Hubraum und 73 PS, ein Exemplar mit Allrad, Fünf-Gang-Wechselgetriebe, wobei die Gänge zwei bis fünf synchronisiert sind. Nur beim Schaltvorgang Untersetzung muß man darauf zu achten, das beim Schalten in einen untersetzten Gang die Drehzahl stark erhöht wird, also zum Einschalten der Untersetzung zweimal kuppeln, Zwischengas geben und die doppelte Wellendrehzahl erreichen und dann den Hebel zügig nach hinten legen.

»Also, diese Jugend«, beschwert sich ein Fahrgast in der überfüllten Straßenbahn, »keinen Respekt haben sie vor dem Alter!« »Ich bitte Sie«, wundert sich eine Frau, »ein Kind hat Ihnen doch seinen Platz sofort angeboten!!« »Naja, das schon. Aber meine Frau muß immer noch stehen!«

Erbost sich ein älterer Herr in Leipzig in der dichtgefüllten Straßenbahn über eine mehr als füllige Dame: »Mein Gott, nun drängeln Sie doch nicht so!« Darauf die Vollschlanke: »Ich drängele nicht – ich atme!«

Natürlich werden die »Ellos« nicht nur in ihrer Heimatstadt gern gefahren. Fast eine Viertelmillion haben die 3500 Beschäftigten in den beiden Fabriken in Zittau und Bautzen schon hergestellt, weiß Cousin Bernd stolz zu berichten. Darunter jede Menge Busse, aber auch NVA und Volkspolizei, die Firma »Horch & Guck« und viele andere Betriebe sind die Abnehmer. Außerdem werden diese Autos in 33 Länder exportiert. Auch in Nikaragua, Angola, Ägypten, Indonesien oder im Irak fährt man Robur.

So weit möchte sich Andreas Reinhardt vorerst nicht entfernen. Aber wenn er schon mal im südöstlichen Zipfel der Republik ist, kann er sich einen kleinen Abstecher in Richtung Radebeul leisten. Natürlich nicht wegen des Karl-May-Museums, Wildwest und Easy Rider abseits der Route 96, sondern ein paar Kilometer weiter nach Coswig. Schließlich lebte und wirkte hier von der Mitte des 19. Jahrhundert bis Anfang der 30er Jahre Emil Hermann Nacke, ein Pionier der sächsischen Automobilproduktion. Seine ersten Automobile nannte er als Referenz an seine Heimatstadt »Coswiga«, obgleich die im damals noch selbständigen Kötitz gebaut wurden. Seltsam findet Andreas Reinhardt es schon, daß in der Stadt keine Straße namentlich an ihn erinnert, wo doch Nacke sich für seine Arbeiter engagierte, für sie in der Naundorfer Straße Werkswohnungen baute und für die Kötitzer Schule Lehrmittel spendete. Also wozu preist die SED-Führung seit kurzem wieder deutschen Erfindergeist, läßt sogar Friedrich den Großen oder August den Starken aus der Versenkung holen? Schließlich kaufte sogar der Sächsische König einen Jagdomnibus mit zehn Plätzen, dessen Chassis aus der Maschinenfabrik von Emil Nacke stammte. Und auch der Kaiser von Abessinien, dem heutigen Äthiopien, fuhr mal in einem geschenkten 35 HP Nacke-Doppel-Phaethon. Wie knausrig dagegen Honni, der seinem Kampfgenossen Mengistu Haile Mariam in Addis Abeba nur ein Karl-Marx-Denkmal hinstellte. Aber, so grübelt Andreas Reinhardt, vielleicht liegt das daran, daß beide deutsche Staaten die Erben von Marx sind: Die DDR bekam das »Manifest«, die BRD das »Kapital« …

Daß er über so etwas auch mit den anderen beiden Cousins nicht vernünftig reden kann, verwundert ihn nicht weiter. Die kennen nur die StVO und das Reparaturhandbuch ihrer Fahrzeuge. Aber die sind alle zu klein für Andreas, der gern über den anderen Verkehrsteilnehmern thront. Beispielsweise der Barkas B 1000, den Udo durch Riesa steuern darf. Wenn er den Cousin aufziehen will, sagt er ihm stets, daß er doch bloß einen aufgeblasenen Trabi reite, obwohl das Auto ja den Dreizylinder-Zweitaktmotor des Wartburg hat, dabei jedoch nicht in Eisenach, sondern im alten Framo-Werk im sächsischen Hainichen produziert wird. Oder – um als Fachmann exakt zu sein – im VEB Barkas-Werke Karl-Marx-Stadt, nachdem 1958 »Framo« Frankenberger Motorenwerk mit der Produktionsstätte in Hainichen in »Barkas-Werke« umbenannt und 1959 mit dem Motorenwerk sowie dem Karosseriewerk in Karl-Marx-Stadt vereinigt wurde.

Trotz der Größe des Herstellerbetriebes fährt sich der Transporter fast wie ein Pkw, nur daß die neueren Modelle statt der Lenkrad- eine Knüppelschaltung haben. Sie funktioniert leichtgängig und exakt, dank Freilauf braucht ein gefühlvoller Fahrer noch nicht einmal bei jedem Gangwechsel auf der Kupplung rumzutreten. Ein Liter Hubraum und 46 PS bringen ihn bis zu 95 Sachen auf Trab – eine respektable Fahrleistungen für so ein Fahrzeug. Als das Auto 1961 der staunenden Öffentlichkeit vorgeführt wurde, mußte es

sich inmitten der internationalen Konkurrenz nicht schämen. Damals hatte ein VW-Bus noch eine geteilte Frontscheibe, mickrige 34 PS sowie ein kriminelles Pendelachsfahrwerk. Oder der vergleichbare Renault Estafette. Seine Spitzengeschwindigkeit von 85 erzielte er nur bei günstigem Rückenwind und war deshalb nur als Steigungssuchgerät beliebt. Auch was die Karosseriebauer unter Heinrich Schmieder, Chefkonstrukteur und dann Technischer Direktor bei Barkas, zustandegebracht hatten, konnte sich sehen lassen. Es gab keinen anderen Kleinbus bzw. -tranporter mit so einem freundlich dreinblickenden Gesicht. Und abgesehen vom Design fand sich kaum ein anderer Frontlenker, der auf dieser Verkehrsfläche mehr Nutzraum, also Fahrerhaus plus Ladeabteil, zu bieten hatte. Kein Wunder, daß in der DDR viele Handwerker und Rockbands so scharf auf dieses Auto sind.

Das Erstaunliche für Andreas Reinhardt ist die breite Modellpalette des B 1000, die selbst er nicht völlig überblickt. Er kennt den Kasten- und den Kasten-Mehrzweckwagen, den Kleinbus, den Krankenwagen und das Pritschenfahrzeug, weiß, daß es die Fahrerhaus-Rahmenausführung mit Leicht-, Isolier- oder Mehrzweckkofferaufbau gibt. Cousin Udo wiederum ist in der Stadt, wo die Sicherheitszündhölzer hergestellt werden, bei der Feuerwehr und steuert einen Mehrzweckkoffer, ein Kleinlöschfahrzeug (KLF). Zu dem Wagen gehören zwei Rundumkennleuchten, eine Dachhalterung zur Aufnahme von vier A-Saugschläuchen sowie eine fahrbare Schlauchhaspel als Nachläufer. Das KLF dient zum Transport einer Feuerwehrstaffel und der feuerwehrtechnischen Ausrüstung für eine Gruppe. Udo Reinhardt macht kein Hehl daraus, daß es ihm ungeheuren Spaß bereitet, mit Blaulicht und Tatütata durch Sachsen zu rasen. Wie der Name »Barkas« besagt – »der Blitz«, benannt nach den schnellen militärischen Operationen des Feldherrn Hamilkar Barkas aus Karthago, dem Vater des berühmten Hannibal. Daß Schnelligkeit auch mit Unfallgefahr verbunden ist, mußte Udo bei seinen Feuerwehreinsätzen schon zweimal im wahrsten Sinne des Wortes erfahren. Zum Glück nur Blechschäden. Aber eingedenk weiser Worte sagt er sich: Der große Barkas erlebte drei Karambolagen. Nach der ersten hatte er nur einen Kratzer. Nach der zweiten war er noch fahrtüchtig. Nach der dritten blieb nur noch ein Schrotthaufen …

Weniger temperamentvoll als sein Bruder und dessen roter Flitzer ist Leo. Andreas Reinhardts dritten Cousin hat es nach Jena ins Kombinat Carl Zeiss verschlagen, wo er im Dreischichtsystem im Multicar Werkzeuge und Material übers großflächige Werksgelände karrt. Im Gegensatz zu den meisten Stehkragenproletariern bei Zeiss ist er sich für keine Arbeit zu schade – Hauptsache, er kann in seinem nach vorn zu kippenden einsitzigen Fahrerhaus hocken bleiben. Eine Ausnahme macht er nur, wenn Wolfgang Biermann durch die heiligen Hallen schreitet. Freilich nicht dieser komische schnauzbärtige Bänkelsänger, sondern der Generaldirektor. Dann hüpft er schon mal aus seinem Führerstand und betätigt den Dreiseitenkipper, die Drehleiter oder die Montagebühne, je nachdem, mit welchem Typ er gerade unterwegs ist.

Denn vielfältig einsetzbar sind diese kleinen Helden der Arbeit aus dem VEB Fahrzeugwerk Waltershausen allemal. Bei der Stadtreinigung als Kehrmaschine, als Streufahrzeug im Winterdienst, als Muldenkipper, als Kofferfahrzeug und und ... Das hatten sich die Thüringer Gerätebauer, die bis dato nur mickrige landwirtschaftliche Maschinen sowie Anhänger und Anhängerkupplungen fabriziert hatten, 1957 nicht erträumt, als sie von Ludwigsfelde den Kleintransporter »Dieselameise« übernehmen mußten. Ja, richtig – »mußten«. Denn die Partei durfte damals etwas Überzeugungsarbeit leisten, damit es im Siebenjahrplan in Siebenmeilenschritten vorwärtsgeht, damit wissenschaftlich-technische Revolution und Spezialisierung im volkseigenen Fahrzeugbau Hand in Hand marschieren. Und nun sind sie in Waltershausen heilfroh, ein Spitzenprodukt mit Weltniveau herzustellen, von dem weit über die Hälfte exportiert wird, auch ins NSW. Und Spitzenprodukte auf einem anderen Spitzenprodukt mit 45 PS zu transportieren, stimmt auch Leo Reinhardt glücklich. Vor allem am Lohntag. Indes, so sagt er sich manchmal auf seinen Betriebstouren, ist seine winzige Dieselameise immer noch zu groß für diesen 1-Mega-Bit-Chip, auf den nicht nur Biermann so stolz ist. Damit sich eine Fuhre richtig lohnt, müßten schon ein paar Chips mehr vom Fließband kleckern. Wie gesagt: Mikrochips, keine Kartoffelchips!

Selbstverständlich hat Andreas Reinhardt schon genügend Touren für Zeiss gefahren und auch seinen Jenaer Kraftfahrer-Cousin oft besucht. Ebenso führten ihn zahlreiche Fuhren nach Waltershausen bei Gotha, wo er sich mit eigenen Augen davon überzeugen konnte, daß täglich 40 Multicars das Werk verlassen. Von dort ist es nur einen Katzensprung bis Apolda, wo nicht nur Strickwaren und die Filinchen hergestellt werden, sondern wo zu Beginn des Jahrhunderts auch mal Autos gebaut wurden. Die Brüder Ley begannen damals mit dem »Piccolo«, einem Zweisitzer mit Fünf-PS-Zweizylinder-V-Motor, dann folgten der »Apollo« und verschiedene andere Limousinen und Sportwagen sowie Lastkraftwagen und Omnibusse mit Schiebedach. Die Ley-Fahrzeuge wurden sogar nach China, Rußland, Japan, Argentinien, Brasilien, Indien und Marokko verkauft.

Wenn ihn keine Liefertermine drücken, benutzt Andreas für solche Spritztouren weder seine Lieblingsstrecke F 96 – der Umweg wäre doch zu gewaltig – noch die Autobahn, sondern fährt über die Dörfer. Dann sagt er sich: »Die Stoßstange ist aller Laster Anfang«, dann kommt in ihm manchmal wieder der Heimatforscher durch, und er kurvt in seinem W 50 beispielsweise durch Meerane. Aber er quält dann den Truck nicht wie die Friedensfahrer ihre Rennräder die Steile Wand hoch. Vielmehr zieht es ihn zum VEB IFA Karosseriewerk Meerane. Ähnlich wie in Coswig ärgert er sich dann ein bißchen, daß die Leute hier nicht mehr Reklame für ihre Arbeit machen. Steht hier doch einer der wichtigsten Karosseriebetriebe der DDR. Kein Trabant-Kombi, kein 311er Wartburg-Coupé und keine IFA F 9 Cabriolimousine ohne Meerane! Mehr noch: Automobilkarosserien haben hier seit 1906 Tradition, seit Gustav Reinhold Hornig seine Firma ins Handelsregister eintragen ließ. Und in der Folge ließen Presto, DKW, Wanderer, Audi und Horch bei Hornig bauen. Aber das ist lange her, länger als ein Bergprämienspurt der Friedensfahrer an der Steilen Wand ...

Jedesmal, wenn die Friedensfahrt hier durchkam, war er mit seinem Vater und den Geschwistern begeistert. Sicher, ein bißchen von den Kletterkünsten eines Manfred Weißleder oder Juri Melichow, um so mehr aber von den zahlreichen Begleitfahrzeugen, die viel schneller den Berg hinaufkamen. Neben der Blutsverwandtschaft ist es also immer wieder die Autoliebe, die die Familie zusammenhält. Eine verbindende Reifen- und Abgasspur, ein graublaues Band der Sympathie. Es spannt sich quer durchs ganze Land, bis nach Mecklenburg, wo die beiden größeren Brüder von Andreas Reinhardt leben.

Hans, der Älteste und Bodenständigste der Familie, wohnt in Mestlin, ein Dorf im Kreis Parchim, wo man einst die schönen Maisfeste feierte und wo es regelmäßig das in der Nähe gebraute Lübzer Pils gibt. Er ist Landmaschinenschlosser in der LPG Pflanzenproduktion und folgte schon in jungen Jahren dem Aufruf der FDJ: »Arbeiterjugend aufs Land!« Aber um der Wahrheit die Ehre zu geben: Am Anfang war es natürlich nicht glühender revolutionärer Eifer, sondern lediglich ein zweiwöchiger Erntehelfereinsatz. Doch dann verguckte er sich in Dorothea, die hübsche rothaarige Tochter des LPG-Vorsitzenden, und blieb als Traktorist in der MTS (Maschinen-Traktoren-Station). Andreas Reinhardt möchte zwar mit dem großen Bruder nicht tauschen, aber er beneidet ihn schon. Vor allem wegen der unendlich vielen Fahrzeuge, die Hans schon unterm Hintern hatte: Bagger, Kräne, Pressen, Verlade- und Förderbänder oder Transportwagen. Darunter der E 372, die Kartoffelvollerntemaschine aus dem VEB Weimar Werk, der E 526, einen Mähdrescher vom VEB Mähdrescherwerk Bischofswerda/Singwitz, die Saxonia-Drillmaschine aus dem VEB Landmaschinenbau Bernburg, ein Düngerstreuer vom VEB Landmaschinenbau »Rotes Banner« Döbeln, der Schleuderradroder »Sausewind« für Kartoffeln und Rüben aus Pößneck und Oschatz, der Kombinator-Traktor-Kultivator vom VEB Landmaschinenbau Torgau, sogar eine Reisighackmaschine vom VEB Forsttechnik Oberlichtenau/Karl-Marx-Stadt oder ein Anbau-Hopfen-Bodenbearbeitungsgerät aus dem VEB Landmaschinenbau Gützkow.

Der Erntekapitän Hans Reinhardt tuckerte mit dem »Pionier« über die Felder und ritt die »Brockenhexe«, beide aus dem Schlepperwerk Nordhausen. Er zog auch mit dem »Famulus« die Ackerfurchen, ebenfalls in Nordhausen gefertigt, aber in Schönebeck entwickelt.

Und neben den deutschen Traktoren hegte und pflegte er den »Zetor 50« aus dem tschechischen Brno, wie auch den T 1000, den Raupenschlepper aus dem sowjetischen Tscheljabinsk, vom Volksmund auch »Tankograd« genannt, weil hier die legendären T-34-Panzer und Katjuscha-Raketenwerfer gebaut wurden.

Liegt er gut im Plan, singt er während seiner Arbeit gern das Lied von den »Tausend Traktoren«, das er mal auf einem Lehrgang an der Jugendhochschule gelernt hat. Oder noch lieber »Fritz, der Traktorist«, wobei er aber völlig selbstlos den Vornamen auswechselt:

»Wer ist überall der Erste?
Das ist Hans, der Traktorist!
Ob's im Pflügen oder Säen,
oder ob's im Lernen ist.
Auf dem Felde bei der Arbeit
Singt er stets das beste Lied,
dann stimmt Gretel ein ganz leise,
weil ihr Herz vor Sehnsucht glüht ...«

Hans, der immer sagt »Drei Tore braucht der Bauer: Haustor, Hoftor, Traktor«, liebt am meisten seine beiden Oldtimer. Mit denen ist er regelrecht verwachsen. Zum einen der »Maulwurf«, der Geräteträger RS 08/15 aus dem VEB Traktorenwerk Schönebeck, obwohl er nur eine Weiterentwicklung des richtigen »Maulwurfs« ist. Das Bodenbearbeitungsgerät hat acht Vorwärts- und acht Rückwärtsgänge, der Vorderachsbock auf dem Rechteckholm kann verschoben werden, und die Spur ist stufenlos verstellbar. Zum anderen den Zugtraktor ZT 300, von dem Hans immer schwärmt, wie »modern, stark, zuverlässig« er sei. Zwar klingt der Motor beim Abstellen so, als würde man eine Fuhre Schrott abkippen, aber er hat immerhin die Kraft von 100 Pferden. Als die Schönebecker 1964 das erste Funktionsmuster testeten und drei Jahre später mit der Serienproduktion begannen, verkörperte der Traktor Welthöchststand, vor allem die Allradversion, die es seit 1971 gab. Der ökonomische Direktor der LPG Pflanzenproduktion mußte ganz schön rechnen, wollte er Mitte der 70er Jahre einen ZT 303 für 50000 Mark anschaffen, genauso zehn Jahre später, wo man für den Traktor 81000 berappen mußte. Aber die Anschaffung hat sich gelohnt. Bereits der ZT 300 erbrachte durchschnittlich eine um 70 Prozent höhere Leistung als die damals üblichen Radschlepper mit ihren 40 bis 50 PS. Insbesondere erwiesen sich Motor und die anderen Baugruppen als sehr sparsam und äußerst robust, obwohl der ZT gigantische Laufstunden bringen mußte. Damals kam in der BRD ein Schlepper auf gemütliche 300 bis 400 Betriebsstunden, während ein ZT das Vier- bis Fünffache vorweisen konnte.

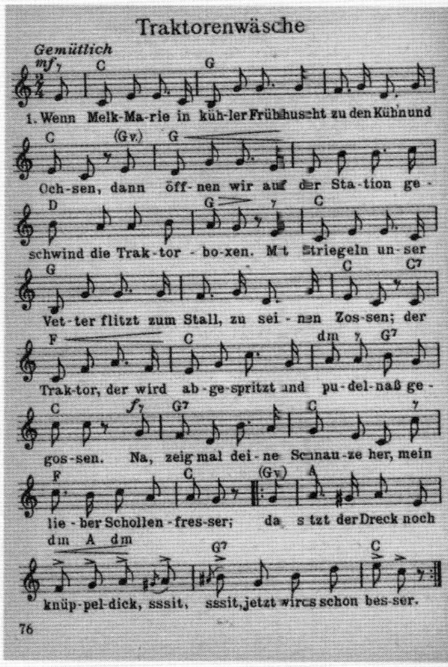

Schade eigentlich, denkt Andreas Reinhardt, wenn er sich von Hans in Mestlin verabschiedet hat und ihm auf seinem Kutschbock noch immer das Lied von der »Traktorenwäsche« durch den Kopf geht, daß es nicht ebensolche schönen Volksweisen über Kraftfahrer gibt. Darüber würde sich gewiß auch Mathias, der andere Bruder, freuen.

Auch den hatte er kürzlich in Rostock besucht und war vorher einfach in Neubrandenburg von seiner geschätzten F 96 abgebogen, um in Malchin an der Mühle einen Zwischenstop einzulegen, bei einem Autonarren. Er wollte kaum glauben, was ihm da gezeigt wurde. Nämlich Fotos, Motoren, Karosserien und sogar Fahrzeuge, die belegen, daß in Mecklenburg-Vorpommern nicht nur Zuckerrüben und Kartoffeln angebaut werden, sondern daß auch hier eine Wiege des Automobilbaus stand. So konstruierte der Malchiner Siegfried Marcus schon 1870 einen verdichtungslosen, direktwirkender Kurbeltriebmotor. Da er das Ding auf einen Handwagen montierte, kann man eigentlich noch nicht von einem richtigen Benzinauto sprechen, aber immerhin. Ähnlich bei Carl Foth und Fritz Nebelung, die am Technikum in Neustadt/Glewe studierten und nach ihrem Examen in Dömitz eine kleine Fabrik für Motorwagen gründeten. Oder die Wismarer Maschinenfabrik Podeus AG, die 1906 in das Kraftfahrzeuggeschäft einstieg, bereits ein Jahr später Autos in die Serienfertigung herstellte und diese bis nach Indien und Brasilien verkaufte.

Als Andreas Reinhardt seinem Bruder Mathias in Rostock von dieser Entdeckung berichten wollte, hatte dieser nur müde abgewinkt. Es war typisch für ihn. Er ist zwar ebenfalls Kraftfahrer mit Leib und Seele und auch Mitglied der FAKULTA im FDGB, so eine Art Sozialkasse und Versicherung für Berufskraftfahrer. Doch sonst meint er wohl, er wäre was besseres, hätte es von allen in der Familie am weitesten nach »oben« geschafft. Und das nur, weil er an seinem Truck das Schild »TIR« hat und für die Deutrans fährt, für die internationale Spedition der DDR. Klar, meint Andreas wiederum, es ist einerseits nicht übel, in den Westen fahren zu dürfen, bis nach Spanien, Italien oder Griechenland, zumal auf modernen und komfortablen Trucks von Volvo, Scania oder Mercedes. Doch andererseits? Auch wenn die Deutrans-Leute nicht wie ihre polnischen oder rumänischen Kollegen einen 1000-Liter Zusatztank angeschweißt hatten, um Westgeld zu sparen. Auch wenn sie nicht bei der stundenlangen Warterei an den Grenzübergängen ihre Fahrerkabinen an geschäftstüchtige Bordsteinschwalben vermietet haben. – Das wäre nichts für ihn gewesen. Vor den Westkollegen den Affen machen als Billiglohnfahrer, und außerdem tage-, ja, wochenlang nicht nach Hause zu kommen. Es wunderte ihn seinerzeit nur, daß der Bruder diesen Job bekommen hatte, wo er doch nicht einmal in der Partei war. Aber vermutlich liegt es daran, daß sie in der Familie keine Westverwandtschaft haben.

Eine winzige gehässige Bemerkung konnte er sich freilich nicht verkneifen, als er den Bruder kürzlich in einem kleinen Stau auf dem Rügendamm getroffen hatte. Anstelle einer Tour durch Polen bis Leningrad durfte Mathias seine Ladung nur bis kurz vor Saßnitz bringen, auf die Fähre von Mukran nach Klaipeda. »Hast wohl Angst, daß die Polen von Solidarnosc dir die ganze Charge klauen?«, hatte er ihn gefragt, worauf das Bruderherz sich bloß an die Stirn tippte. Wenigstens hat er sich in Rostock und bei Deutrans nicht das Sächsische abgewöhnt. Wäre ja noch schöner! Wenn eine Katze im Fischgeschäft Junge kriegt, sind es deswegen noch lange keine Heringe ...

Ihren unverwechselbaren sächsischen Dialekt hat schließlich auch Schwester Erika behalten, obwohl sie seit Jahren in Frankfurt/Oder lebt. Sie hat dort mit ihrem Mann Martin quasi den öffentlichen Personennahverkehr unter sich aufgeteilt. Sie fährt Straßenbahn, er Bus.

Für Andreas ist es immer wieder interessant zuzuhören, wenn sie erzählt. Er hatte vorher absolut keine Ahnung von diesem Metier. Er wußte zwar, daß es bei der Eisenbahn unterschiedliche Spurweiten gibt, daß etwa die Reichsbahnzüge der DDR an der polnisch-sowjetischen Grenze in Brest umgesetzt werden. Aber daß es in der DDR auch unterschiedliche Spurweiten bei Straßenbahnen gibt, war ihm fremd. Beispielsweise sind sie mit 1458 Millimetern in Leipzig am breitesten, gefolgt von Dresden mit 1450, dann Berlin, Karl-Marx-Stadt und Magdeburg mit 1435 Millimetern. Frankfurt/Oder wiederum hat wie Erfurt oder Gera nur 1000 Millimeter Spurweite. Andreas konnte sich zwar daran erinnern, daß im DDR-Waggonbau auch mal Straßenbahnen produziert und daß seit Mitte der 60er Jahre nur noch welche aus der ČSSR importiert wurden. Aber daß die Elektrischen vom größten Straßenbahnbauer der Welt, von Tatra Prag, Werk Smichov, eine US-Lizenz des Wagentyps PCC (President's Conference Commitee Car) sind, wußte er natürlich nicht. Also Hut ab vor seiner Schwester, die eine KT4D-Straßenbahn fast wie einen Trabi durch die Stadt schaukelt, egal ob als Solowagen, Zwei- oder gar Dreiwagenzug mit der respektablen Länge von 57 Metern.

Ein so langes Ding hat weder Andreas, selbst wenn er mit seinem W 50 zwei Hänger schleppt, noch Schwager Martin. Das Längste, was dieser jemals fuhr, ein Stadtlinien-Gelenkbus, war 16,5 Meter lang, ein Ikarus 180. Doch bevor die Ungarn massenhaft in die DDR kamen, steuerte er – wie sollte es anders sein – den legendären H 6 B aus dem VEB Fahrzeugwerk »Ernst Grube«, dem früheren Waggonbauwerk Werdau. Für die Stadtlinienausführung waren die Modelle mit pneumatisch betriebenen Türen ausgestattet, vorn eine Schiebe-, hinten eine Falttür. Komfortabler dagegen die Luxusausführung, auch als »Konferenzbus« bezeichnet, mit Dachrandverglasung, Bordküche und anderen Annehmlichkeiten. Leider endete 1959 die Omnibusära in Werdau durch die von Moskau empfohlene RGW-Spezialisierung.

Doch die Ikarus-Busse aus Budapest-Matyasföld und Szekesfehervar, von denen insgesamt über 33000 in der DDR verkauft wurden und wovon die Hälfte davon immer noch herumkurvt, findet Martin durchaus passabel. Vom Reisebus Ikarus 55 angefangen, der

Ein Lkw-Fahrer von Deutrans fährt über die Landstraße, als er plötzlich ein kleines blaues Männchen am Straßenrand stehen sieht. Er hält an und fragt: »Na, was bist du denn für einer?«
Das kleine blaue Männchen antwortet: »Ich komme von der Venus, bin schwul und habe Hunger!«
Der Lkw-Fahrer antwortet: »Tut mir leid, ich kann dir nur ein Brötchen geben, das ist alles, was ich für Dich tun kann!«
Er gibt dem blauen Männchen ein Brötchen und fährt weiter, bis er am Straßenrand ein kleines rotes Männchen stehen sieht. Er hält wieder an und fragt: »Na, was bist du denn jetzt für einer?«
Das kleine rote Männchen sagt: »Ich komme vom Saturn, bin schwul und habe Durst!«
Der Lkw-Fahrer gibt dem roten Männchen eine Vita-Cola und sagt: »Tut mir leid, das ist alles, was ich für dich tun kann!« und fährt weiter.
Schließlich sieht er ein kleines grünes Männchen am Straßenrand stehen. Er hält wieder an und sagt: »Na, du kleines grünes, schwules Männchen, was kann ich dir denn geben?«
Sagt das grüne Männchen: »Führerschein und Fahrzeugpapiere, bitte, und dann pusten Sie in dieses Röhrchen!«

Ein älterer Herr, steigt in Potsdam in den Bus und zeigt dem Fahrer seine Monatskarte. »Aber, aber«, meint der Fahrer, »das ist doch eine Schülerkarte!« Der Herr behält die Ruhe. »Da können Sie mal sehen, wie lange ich an der Haltestelle auf Ihren Bus gewartet habe!«

ersten Serie für die DDR, bis zu allen anderen. Die 200er Baureihe markiert Omnibusse zwischen 8,5 und 18 Metern Länge, die 300er sind Reisebusse, und die 400er kennzeichnen die Stadtomnibusse. Wenn er könnte, wie er wollte, würde Martin nur den Star unter den Ikarussen fahren: den 250, einen 12 Meter langen und 10,7 Tonnen schweren Luxusreisebus mit Klimaanlage, Luftfederung, 192 PS und 106 Stundenkilometern Höchstgeschwindigkeit. Denn nicht ohne Grund hat dieser Wagen bei Karosseriewettbewerben in Nizza und Monaco Pokale eingeheimst.

Gegen solche Ehrungen hätte vermutlich der zweitjüngste Sproß des Familienstammbaums nichts einzuwenden: Doch Sohn Jurek gibt sich nicht mehr mit Spielereien ab, seit er an der Drushba-Trasse zwischen Krementschuk und Bar in der Ukraine nur noch »sibirische Eisenschweine« und »Taiga-Trommeln« fährt, sprich Schwerlastkipper. So ein BelAZ 40, wo die Räder mannshoch sind, bringt 30 Tonnen auf die Waage, und ein KrAZ 258 hat 240 PS. Der Junge hatte sich zum »FDJ-Jugendobjekt Erdgastrasse« freiwillig gemeldet, um mal was anderes kennenzulernen und um vor allem gutes Geld zu verdienen. Doch so abenteuerlich hatte er sich wiederum auch nicht vorgestellt.

Er ist zwar ein Profi-Brummifahrer, aber die Giganten der Landstraße, die er nun unter sich hat, bezeichnet er als Energievernichtungsmaschinen. Wenn er zweimal im Jahr auf Heimaturlaub kommt, erzählt er seinen Eltern, daß schon ein Ural auf einem Kilometer einen Liter Sprit frißt. »Wo ist die Energie hin?«, fragt er dann. »In Wärme kann sie nicht umgewandelt sein, sonst müßte die ganze Karre glühen. Unverbrannter Sprit fließt auch nicht aus dem Auspuff. Und in mechanische Energie, also Fahrleistung, kann sie auch nicht umgesetzt sein, denn man weiß von anderen Lkw, daß hier 30 Liter für diese Masse reichen. Den Sowjets gelingen also Wunder – sie können sogar das Energieerhaltungsgesetz außer Kraft setzen.«

Klar auch, daß bei der Beanspruchung der Fahrzeuge eine Materialschlacht nicht ausbleibt. Spätestens alle zwei, drei Jahre müssen Motor, Getriebe oder Achsen ausgewechselt werden, die Reifen dagegen fast jeden zweiten Tag. Unterwegs, am Straßengraben, nur mit Hammer, Radschlüssel, Montiereisen und Muskelschmalz. Zum Glück hatte Jurek das Improvisieren schon zu Hause gelernt. Neu ist nur sein Spruch, den er bei seinem letzten Besuch am Kaffeetisch zum besten gab: »Hast du Hammer bei und Rödeldraht, kommst du bis nach Leningrad. Und mit ein bißchen Glück, kommst du auch zurück.« Ansonsten haben die Trassenbauer noch mit dem russischen Klima zu kämpfen, wie vor ihnen schon Napoleon und andere. Während der Regenzeit im Frühjahr und Herbst bleiben die »Eisenschweine« nicht selten im kniehohen Schlamm stecken. Und im Winter, bei Temperaturen zwischen 25 und 35 Grad unter Null, wird der Motor am liebsten gar nicht ausgeschaltet. Wer vergessen hat, rechtzeitig »Winterdiesel« zu tanken – Pech gehabt. Der Diesel geliert und verstopft alles. Dann heißt es Leitungen entlüften, Filter ausbauen und basteln, bis der Motor wieder läuft.

Als der Bruder seine Trassen-Erlebnisse erzählte, fröstelte Alexander, Andreas Reinhardts jüngster Sohn, schon bei dem bloßen Gedanken. Außerdem hat Alex kein Verständnis dafür, sich solchen Strapazen zu unterziehen, nur um ordentlich Geld zu verdienen. Da hat er es als mit seinem Wolga M24 als Taxifahrer in Leipzig doch angenehmer. Geregelte Dienstzeit, wenn auch in Schichten und manchmal an den Wochenenden, dafür aber reichlich Trinkgeld, sogar Westmark zur Frühjahrs- und Herbstmesse. Logo, da läßt er sich nicht so leicht in Streß versetzen. Wenn er an einer Taxisäule steht, beispielsweise vorm Hauptbahnhof, ist Warten für ihn ein Fremdwort, die Kunden stehen Schlange. Eigentlich könnte er sich die Leute, die mitfahren wollen, aussuchen, am besten die, die am meisten zu zahlen bereit sind. Aber leider geht es schön der Reihe nach. Aber als Mitarbeiter eines Dienstleistungsunternehmens hat auch er seine Rechte. Er muß beispielsweise nicht jede Fahrt ins Umland annehmen. Und kurz vor Feierabend nimmt er sowieso nur noch Passagiere auf, die in die gleiche Richtung wollen, wo auch der Taxifuhrhof von den Verkehrsbetrieben liegt. Und die Investition für den Funk hätten sich die Chefs auch sparen können. Erstens ist er – von drei bis fünf Uhr in der Nachtschicht abgesehen – sowieso nie leer. Und zweitens müssen die Kunden, wenn sie nach einem Funktaxi telefonieren, sich die Finger wundwählen, bis die Leitung zur Dispatcherzentrale frei ist.

Also hat Alex auch nichts gegen die Hobbyfahrer, die in ihren Privat-Trabis oder -Wartburgs nebenberuflich Schwarztaxi fahren. Sie können zwar wie jedes andere Taxi auch vom Straßenrand herangewinkt werden, halten aber in gehöriger Entfernung von den offiziellen Taxisäulen bzw. -halteplätzen. Außerdem kann man mit ihnen die Preise frei aushandeln, im Unterschied zu den regulären, die feste Sätze haben, die auch jeder Fahrgast am Taxameter ablesen kann. Doch eine Gefahr sind sie für Alex und seine Kollegen nicht. »Konkurrenz beruhigt das Geschäft«, sagt der Sprößling immer und zwinkert seinem Vater zu.

Wo der Sohn recht hat, hat er recht, denkt sich dann Andreas Reinhardt und könnte am liebsten die ganze Familie in seine Arme schließen.

Während des Manövers bleibt ein Lkw der NVA im tiefen Schlamm stekken. Doch der Fahrer hat Glück, denn in diesem Augenblick hält neben ihm ein Jeep mit vier Offizieren. Gemeinsam gelingt es ihnen, unter letztem Kraftaufwand den Wagen aus dem Dreck zu befreien. »Ein schönes Stück Arbeit«, bemerkt einer der Offiziere, »was haben Sie denn geladen?« »31 Soldaten.«

Jochen Petersdorf

Das Vorbild ist Piepe

Hubert Pieperella, von seinen Kollegen einfach Piepe genannt, fährt einen Barkas.

Falls es jemand nicht wissen sollte: Das ist ein Auto. Größer als ein Trabant. Und das ist gut für Piepe. Denn Piepe, der privat auch einen Trabant fährt, hat einen sehr großen Garten. In Hangelsberg. Das ist außerhalb Berlins, Richtung Fürstenwalde.

Der Garten bescherte dem Kollegen Piepe in diesem Jahr eine gewaltige Apfelschwemme. Im Geräteschuppen türmten sich unlängst Säcke und Kisten voller köstlicher Äpfel aller Farben und Geschmacksvarianten.

Piepes Frau will einen beträchtlichen Teil davon zu Mus zerkochen und die restlichen Zentner unter den Betten der Pankower Wohnung für den Weihnachtsteller frischhalten.

Piepe sagte sich: Mit dem Trabant muß ich mindestens dreimal hin- und herjuckeln. Das haut spritmäßig ganz schön in die Äppel. Der Barkas bewältigt das Transportproblem auf einen Ritt – und tankt aus der allgemeinen Kasse.

Piepe hatte am vergangenen Dienstag eine Betriebsfahrt nach Königs Wusterhausen. Von dort aus kann man – wenn man will – über Neu-Zittau und Erkner quer rüberstoßen und kommt auf die Fürstenwalder Strecke, also auch nach Hangelsberg in Piepes Garten. Gleich hinter Erkner bot sich dem Kollegen Piepe ein Bild des Jammers.

Der Jammer bestand aus einem ziemlich neuen Wartburg und einem etwas älteren Herrn.

Der ältere Herr war Piepes ökonomischer Direktor, Kollege Strickmüller. Auf seiner Stirn wölbten sich einige prächtige Beulen. Die Stirn des Wartburgs war von großen Sorgenfalten zerklüftet.

»Plötzlich schlug es mir das Lenkrad aus der Hand«, sagte Strickmüller, »und dieser blöde Chausseeappelbaum gab nicht nach.«

»Hauptsache, Sie selbst sind okay«, sagt Piepe. »Und die Karre wollte der Direktor ja sowieso umspritzen lassen, weil er einen einheitlichen Fuhrpark haben möchte. Na schön, da werde ich Sie mal abschleppen.«

»Nicht nötig«, sagte Strickmüller. »Habe schon angerufen. Alwin und Herbert müssen jeden Moment hier sein. – Wo fahren Sie denn überhaupt hin?«

»Nach – nach – nach Fürstenwalde«, antwortete Piepe, »wegen Reifen!«

»Menschenskinder!« rief Strickmüller. »Das trifft sich ja wunderbar. Tun Sie mir bitte einen Gefallen und nehmen Sie hier den Kühlschrank mit. Der ist nämlich für meine Schwiegermutter in Fürstenwalde. Betty Nackelmann, Dr.-Puhlmann-Straße 5. Sie wissen ja, wie's ist. Verkaufen kann man so 'ne historische Schmetter nicht mehr, aber 'ne olle Dame freut sich. Und Alwin muß ja auch nicht unbedingt mitkriegen, warum ich hier in dieser Gegend rumgekutscht bin. Obwohl ich natürlich auch dienstliche Gründe hatte. Logisch.«

»Logisch«, meinte Piepe. Er hievte den Kühlschrank in den Barkas, sagte dem Kollegen Strickmüller noch ein paar tröstende Worte und brauste los.

»Blöder Mist«, knurrte er hinter der nächsten Kurve. »Extra noch nach Fürstenwalde. Diese Flitzpiepe Strickmüller! Warum schleppt'n der den Kühlschrank nicht am Wochenende mit seinem eigenen Lada nach Fürstenwalde? Da steh ich stundenlang rum, und meine Äppel muß ich nach Feierabend im Dunkeln verladen!«

Die alte Dame war zu Hause, und Piepe war dann bald in seinem Garten in Hangelsberg und hatte auch bald den Apfelberg hinter sich – im Barkas.

Kurz vor Erkner bot sich dem Kollegen Piepe ein Bild des Jammers. Der Jammer bestand aus einem verbeulten Herrn und einem zerknautschten Auto.

»Alwin und Herbert sind immer noch nicht hier«, rief Strickmüller. »Ich fahre mit Ihnen mit. Wir müssen denen ja unterwegs begegnen. Dann kriegen sie die Schlüssel und können den Dampfer zum Betrieb schleppen. Ich kann ja hier nicht stundelang meine Arbeitszeit im Straßengraben absitzen!«

»Logisch«, meinte Piepe.

Strickmüller kletterte in den Barkas. Er schnupperte, kuckte, runzelte die Stirn samt Beulen und sagte streng: »Nanu? Keine Reifen, sondern Äppel? Wie darf ich das verstehen?«

Apfelpiepes Kopf bekam Tomatenfarbe.

»Tja«, sagte er nach einer Weile. »Mit den Reifen, das war 'ne Fehlinformation. Falscher Termin. Aber wie's der Teufel so will, heute ist wirklich die Hölle los. Mitten in Fürstenwalde ein Fahrzeug von der GHG mit Federbruch. Und die Jungs betteln mich an, daß ich die Äppel mitnehme nach Köpenick zur Kaufhalle in der Lindenstraße. Sie kämpfen um den Titel, und da wolln sie Termintreue halten und so. Konnte ich natürlich nicht abschlagen. Logisch.«

»Logisch«, meinte Strickmüller.

Er half sogar beim Abladen vor der Kaufhalle. »Komisch, daß keiner rauskommt und mit anpackt«, sagte er.

»Wahrscheinlich kämpfen die nicht um den Titel«, sagte Piepe.

Als Strickmüller wieder im Barkas saß, winkte Piepe einen halbwüchsigen Jungen heran.

»Iß soviel Äpfel wie du willst«, sagte er, »aber paß auf, daß kein anderer rangeht.«

»Geht klar«, sagte der Junge. »Aber ich rauche seit kurzem auch wieder. Neue Juwel.«

»Schäm dich«, sagte Piepe und gab ihm vier Mark für Club. Dann fuhr er Strickmüller zum Betrieb, weil der noch nach Alwin und Herbert forschen wollte, um den zerknautschten Wartburg von der Landstraße zu bergen.

Beim Abschied sagte Strickmüller: »Etwas Gutes hatte die ganze Sache. Durch den Kühlschrank und die Äpfel hatten Sie keine Leerfahrt. Weder hin noch zurück. Und so soll es ja wohl auch sein, nicht wahr?«

»Logisch«, antwortete Piepe.

Dann fuhr er wieder zur Kaufhalle. Der Junge spendierte ihm eine Club, und als sie aufgeraucht hatten, machten sie sich daran, die Apfelkisten wieder in den Barkas zu laden.

»Bleiben Sie mal stehen, Herr Pieperella!« rief plötzlich eine fistelige Männerstimme.

Die Stimme gehörte dem Abendblatt-Fotoreporter Birnstiehl, einem Haus- und Flurnachbarn von Piepe.

»Das ist ja 'ne Wucht«, rief Birnstiehl, »wie Sie, Herr Pieperella, als Kleingärtner den Bevölkerungsbedarf mit absichern helfen. Das bringe ich groß raus! Locker stehn! Danke!«

Der Reporter half dann noch beim Ausladen der Kisten.

»Ich nehme Sie mit nach Hause«, sagte Piepe, »dann ist es keine Leerfahrt.«

»Wirklich vorbildlich«, krähte Birnstiehl. »So soll es ja auch sein!«

1971

IHREM MANN GEHTS PRIMA, ER HAT SOEBEN EINEN KLEINEN TRABI BEKOMMEN.

Papas Liebling

Wie auch auf der Arbeit nach Stoßzeiten war er etwas erschöpft. Leise stöhnend wälzte er sich zur Seite, dann auf den Rücken und schloß beglückt die Augen. Es ist wirklich ein Segen, dachte er noch im Eindämmern, daß sich Volksbildungsministerin Margot Honecker bislang so hartleibig zeigte und jeden Vorschlag für einen unterrichtsfreien Sonnabend konsequent vom Tisch fegte. Damit blieb dieser Vormittag für die Eltern nicht nur arbeits-, sondern kinderfrei, und sie konnten auch ungestört der Befriedigung ihrer Bedürfnisse nachgehen. So wie er eben seiner Ehegattenpflicht nachgekommen war und alsdann im freiwilligen Arbeitseinsatz das Auto putzen würde, und wie seine Frau Antje – während er noch ein Weilchen schlummerte – gemütlich durch die Kaufhalle bummeln und anschließend den gemeinsamen Frühstückstisch decken würde.

Genauso geschah es dann auch. Ein angenehmer Duft waberte von der Küche bis ins Schlafzimmer. »Papa, der Kaffee ist fertig«, säuselte seine Frau, und Rolf Reimann schälte sich ohne zu murren aus dem Bett. Während die Frau noch die in der HO-Kaufhalle erstandenen Bierflaschen aus dem Dederon-Netz fingerte und in den Kühlschrank stapelte, huschte er in die Naßzelle. Ein bißchen Wasser ins Gesicht, Schnellrasur, etwas Gel ins schwarze Haar und den flauschigen Bademantel aus dem Intershop übergestreift – so setzte er sich an Frühstückstisch. Schweigsam mampfte er sein Brötchen mit Lachsschinken aus dem Delikat und studierte konzentriert die Wochenendbeilage des ND. Nur einmal sah er knurrend auf. Nicht etwa, weil ihm der Grundsatzartikel von Professor Hanna Wolf mißfallen hätte, sondern weil das Ei zu hart gekocht war. Sein Weib, obwohl es auch studiert hatte, schien das auch nach zwölf Ehejahren nicht begriffen zu haben! Er bestand auf diesem Fünf-Minuten-Ei, und das waren exakt 300 Sekunden, keine mehr und keine weniger! An anderen Tagen hätte er das mißratene Ding an die Wand geschmissen, aber heute begnügte er sich mit einem strafenden Blick. Seine Frau wußte sofort, was sie falsch gemacht hatte, quittierte die Kritik mit einem unterwürfigen Lächeln und fragte zur Wiedergutmachung: »Rolli-Schatz, soll ich dir nachher beim Autowaschen helfen?«

Der um Vergebung Angebettelte winkte verächtlich ab. »Laß mal, das ist Männersache. Aber guck lieber zum Fenster raus, ob die da unten endlich fertig sind, damit ich anfangen kann.«

Antje Reimann erledigte artig, was ihr aufgetragen wurde. Sie öffnete das Fenster und konnte aus dem achten Stock des WBS 70-Neubaus über halb Rostock, zumindest über Lütten-Klein schauen. In der Binzer Straße, vor dem Haus selbst, war die Luft rein. Das Blumenbeet frisch geharkt, der Unrat beiseitegefegt. Die Hausgemeinschaft hatte also ihren Subbotnik im Wettbewerb um die Gol-

Ein Mann kommt zu einer Autobahntankstelle und sagt: »Ich hätte gern zwei Scheibenwischblätter für meinen Trabi.«
Darauf schaut sich der Tankwart den Trabi an und meint: »Okay, das ist ein fairer Tausch!«

Warum ist der Trabi lackiert?
Damit er bei Regen nicht einläuft.

Was sagt ein Volvo-Fahrer, wenn er seinen Wagen zur Autowäsche bringt?
»Waschen, legen, föhnen!«

Was sagt ein Lada-Fahrer, wenn er im Winter an der Tankstelle vorfährt?
»Ey, volltanken und einmal Ellenbogen freikratzen, ey!«

Was ist das wichtigste an einer Autonummer?
Daß die Sitze sauber bleiben!

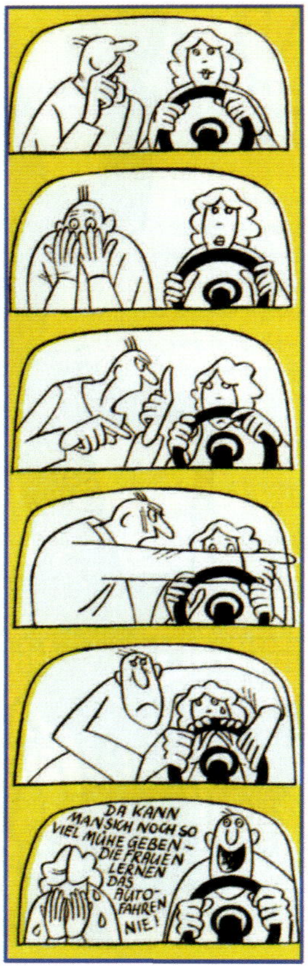

dene Hausnummer schon beendet. Das beruhigte Rolf Reimann ungemein, konnte er doch nun sein wichtiges Tagewerk ohne lästige Gaffer beginnen.

Denn aufdringlich waren ein paar Nachbarn schon, wollten unbedingt wissen, wie sich der neue Lada 1500 S fährt, was er bezahlt hatte oder wie lange die Wartezeit tatsächlich war. Dabei cool zu bleiben, kostete Rolf Reimann immer wieder Nerven. Die anderen brauchten nicht zu wissen, daß es ihm immer zuwider gewesen war, sich als Diplomingenieur für Datenverarbeitung in sein »Paulchen«, wie er seinen Trabant genannt hatte, quetschen zu müssen. Wie er 12 Jahre lang jeden Tag gezählt hatte, bis der Wagen aus dem sowjetischen Autowerk in Togliatti an der Wolga ihm als Käufer zugeteilt wurde. Und schon gar nichts ging es jemanden etwas an, wie er eisern darauf gespart, jeden Pfennig dreimal umgedreht hatte. Jede Jahresendprämie wurde auf die hohe Kante gelegt, sogar die Sparbücher, die die Großeltern für die Töchter Kati und Tine angelegt hatten, mußte er gnadenlos abräumen, um die knapp 25 000 Mark bezahlen zu können. Und auch nach dem Kauf hatte der Wagen seinen Preis. Zu den laufenden Unterhaltskosten kamen 234 Mark Kfz-Steuer im Jahr; die Kasko-Vollversicherung bei 500 Mark Selbstbeteiligung betrug 188 Mark, außerdem schlug die Haftpflicht mit 153 Mark zu Buche. Nur gut, daß sich bei letzterer die Rennerei in Grenzen hielt, da es die Haftpflicht-Wertmarken in jeder Zweigstelle der Staatlichen Versicherung, auf der Sparkasse oder Post zu kaufen gab.

Egal – nun war es geschafft. Er gehörte zu den Auserwählten, die sich von der grauen Masse der Trabi- und Wartburg-Fahrer abhoben. Er fuhr das gleiche Auto wie die Eisprinzessin Katarina Witt, wie der Schauspieler und Sänger Dean Reed oder wie dieser Ofensetzer, der zu Silvester 1982 in Klosterfelde bei Berlin angeblich ein Attentat auf Honecker verübt hatte. Das erfüllte Rolf Reimann mit Stolz. Lada heißt zwar auf russisch »Kahn«, aber der Wagen war für DDR-Verhältnisse ein Schlachtschiff: Viertürer, 75 PS, fast 1500 Kubik Hubraum, 150 Stundenkilometer Höchstgeschwindigkeit und erinnerte vor allem an den Lizenzgeber Fiat.

Traurig nur, daß Reimann für das Gefährt keine Garage besaß. Als sie damals nach Rostock Lütten-Klein gezogen waren, hatte die Arbeiterwohnungsbaugenossenschaft (AWG) die wenigen Garagen, die die Mitglieder in Eigenleistung errichtet hatten, schon vergeben. Neue waren nicht in Aussicht oder nur mit Goldbarren aufzuwiegen, so daß sich Reimanns vorerst mit einer Laternengarage vor dem Haus begnügen mußten. Doch selten ein Schaden ohne Nutzen – so konnte der würdige Besitzer zu jeder Tages- und Nachtzeit nachgukken, ob sein neues Auto noch unversehrt am Platz stand.

Der Lada glänze auch an diesem Sonnabend in der Mittagssonne, doch Rolf Reimann hatte auf dem beigefarbenen Lack eine dünne Staubschicht entdeckt. Dieser würde er, wie jede Woche, zu Leibe rücken.

Abrupt erhob er sich vom Frühstückstisch und zog sich den braunen Trainingsanzug über, den er seit seinem Wehrdienst bei der NVA besaß und dessen rot-gelbe Längsstreifen an der Hosennaht ihn so schön schlank erscheinen ließen. Reimann schnappte sich die beiden Eimer, die seine Antje mit warmem Wasser gefüllt hatte, hängte sich den Campingbeutel mit den Reinigungsutensilien über die Schulter und stiefelte die Treppen hinunter. Vorm Haus am Wagen angekommen, stellte er das Zeug ab, lief bedächtig dreimal um das Auto herum, betrachtete es liebevoll, tätschelte zärtlich die sanften Rundungen und nannte es leise »Darling«. Dann schloß er die Fahrertür auf, startete probehalber den Motor und schaltete das Autoradio an. Ein kurzer Schreck durchzuckte ihn – Lord Knud vom RIAS dröhnte mit seinen »Evergreens a gogo« aus den Lautsprecherboxen. Das mußte nun wirklich nicht sein, was sollten die Genossen aus dem Haus denken! Mit schnellem Handgriff stellte er den Berliner Rundfunk ein, wo gerade Heinz Florian Oertel »He – he – he – Sport an der Spree« moderierte.

Rolli Reimann wußte, was sein Darling braucht, »ist doch schließlich auch nur ein Mensch«, sprach er halblaut vor sich hin. Streng wissenschaftlich und logistisch durchdacht, begann er dann seine Verrichtung – das Auto wurde zuerst außen, dann innen gesäubert. Zweimal Vorwäsche, wobei er dem Warmwasser stets eine halbe Flasche Florena-Dusch-Schaumbad zugab, das den Lack schonte und so gut duftete. Danach mit einem weichen Tuch trockenreiben, auf die Karosserie sodann GLOBO-Autopflege oder DiPoli-Autopolitur, von der die Werbung meinte, »1 x im Monat 1 Stunde Liebe für den neuen wie für den alten Wagen«. Aber einmal im Monat war Rolli Reimann zu wenig, er hielt sich lieber an olle Martin Luther, der gesagt hatte »in der Woche ihrer zwier, schaden weder ihr noch mir«.

Ja, er liebte seinen neuen Lada über alles. Das Auto war sein Lieblingskind. Er hegte und pflegte es nach den zehn Geboten der sozialistischen Moral, wie sie Walter Ulbricht bereits auf dem V. Parteitag 1958 verkündet hatte: Du sollst Dein Auto lieben und stets bereit sein, Deine ganze Kraft und Fähigkeit für die Pflege des Autos einzusetzen. – Du sollst stets nach Verschönerungen Deines Autos streben, sparsam im Benzinverbrauch sein und die sozialistische Verkehrsdisziplin festigen. – Du sollst Solidarität mit anderen Kraftfahrern und Autobesitzern üben usw.

Gewiß, Autopolitur und Glanzwachs mußten sein, schließlich wollte Reimann nicht tatenlos zusehen, wie das Fahrzeug unter zerstörenden Witterungseinflüssen litt. Deshalb wienerte er es im Anschluß nicht mit profaner Putzwolle, sondern mit Kosmetikwatte blitzblank. Im Autoradio hatte unterdessen Helga Hahnemann den Platz ihres Vorgängers eingenommen und verbreitete nun mit kessen Sprüchen und ihrer »Top-Musike« gute Laune. Rolf Reimann ließ sich davon anstecken und summte das Lied »Hab mei Lada voll gelada ...« leise mit.

Da Reimann ein ordentlicher DDR-Bürger und zudem in Kinderjahren katholisch aufgewachsen war, hielt er nichts von der Devise »Außen hui, innen pfui« und widmete sich auch ausführlich der Unterbodenpflege. Dazu hob er den Lada mittels Wagenheber etwas an, legte eine Decke auf die Fahrbahn und kroch unter das Auto. Zuerst entfernte er mit Waschbenzin die Teerflecken, dann pinselte er die gesamte Unterseite sowie die Radkästen von innen mit Elaskon an, vergaß auch nicht, die schwarz-braune Flüssigkeit mit einer Schmierpistole in sämtliche Hohlräume zu drücken.

Konservierung ist das A und O jeder Autopflege, sagte sich Reimann und machte sich anschließend im Motorraum zu schaffen. Eigentlich schien hier alles in Ordnung, aber sicherheitshalber nahm er etwas Lonitol – denn Lonitol, »vergiß das nicht, macht defekte Kühler dicht!« Er prüfte selbstverständlich auch den Ölstand und goß ein bißchen Grasinol hinzu, jenes Kolloid-Graphit-Zusatzöl, das höchste Schmierwirkung gewährleistet, Reibung und Verschleiß verhindert und somit die Lebensdauer des Motors verlängert. Bevor er die Motorhaube wieder schloß, entfernte er Dreck und häßliche Ölflecke auf dem Motorblock mit »2 x 1«, das eigentlich zum Säubern schmutziger Hände gedacht war, aber auch Öl, Ruß und Rost entfernte.

Das Beste kommt zuletzte, dachte sich Rolf Reimann in einer kurzen Verschnaufspause und nahm einen kräftigen Schluck aus der Flasche Hanse-Bräu, die ihm seine Frau nebst zwei Eimern frischen Wassers und dem Staubsauger heruntergebracht hatte. Ein kräftiger Pfiff genügte, und Antje ließ auf Kommando aus dem Badfenster die Verlängerungsschnur herunter. Rolli stellte den Omega-Staubsauer an und begann die Sitzpolster sorgfältig abzusaugen. Vorher hatte er die Fußmatten kräftig ausgeschüttelt, freilich in sicherer Entfernung vom eigenen Wagen.

Zuletzt kamen das Armaturenbrett und die Innenverkleidung dran. Dazu gab er in das frische Wasser einen kräftigen Schwups vom exquisiten Koivo-Schaumbad, das dem Auto eine wunderbare erotische Duftmarke verlieh. Kupplungs-, Brems- und Gaspedal wurden mit Yvette-Intimspray auf Vordermann gebracht. Reimann brauchte das, hielt er sich doch täglich länger in seinem Lustobjekt auf und sprach mehr mit seinem Prachtstück als mit der Gattin. Überhaupt, hier im Wageninneren war es am schönsten. Hinterm Lenkrad war er Mensch, hier durfte er sein. Hier war sein privater Ort, hier in diesem sakralen Raum hatte er sich mit viel Geschmack wohnlich eingerichtet. Zum Beispiel das Leopardenfell-Imitat ums Lenkrad oder die Brockenhexe und der kleine Boxhandschuh am Rückspiegel. Auf die Idee mit der niedlichen Vase und einer Kunstblume drin, die dank Saugnapf über dem Aschenbecher klebte, war freilich seine Frau gekommen. Sie hatte auch den bunten Hut in der klassischen Bommel-Form gehäkelt, unter dem sich auf der Hutablage die Klopapierrolle befand. Der Überzieher paßte farblich hervorragend zur Wagenfarbe. Doch den daneben thronenden drolligen braunen Wackel-Dackel hatte wiederum Rolf Reimann gekauft, ebenso die rosafarbene Winke-Winke-Hand aus Plaste. Kurzum – das Cockpit war der Spiegel seiner Seele.

Bei der Außenverzierung war Rolf Reimann vorerst noch zurückhaltend. Auf der Kofferraumhaube ein paar Abziehbilder von Budapest, Prag und Nessebar – damit die anderen auch gleich sehen konnten, wo man seinen Urlaub verbrachte. Und natürlich der Fuchsschwanz an der Antenne, der bei flotter Fahrt so imposant steif wedelte. Ein Schelm, wer Arges dabei denkt! Eine Zeitlang hatte Rolf Reimann überlegt, ob er wie so viele andere an die Antenne ein weißes Bändchen knüpfen soll. Doch da er nicht genau wußte, ob das ein Erkennungszeichen für »Ausreiseantragsteller« oder »Seid bereit zum Autoflirt-Quickie« war, ließ er es lieber sein.

Nach sechs, sieben Stunden schweißtreibender Arbeit war er mit der Autopflege fertig. Der Wagen glänze wie eine Speckschwarte, roch wie eine frischgebadete Jungfrau. Rolf Reimann schloß die Fahrertür ab, schlich noch einmal um den Lada, strich sanft über Kotflügel und Kühlerhaube und murmelte leise: »Autos sind wie Frauen. Man tritt sie nicht, man streichelt sie.«

Wieder oben in der Wohnung angekommen, wollte er aus dem Badfenster einen letzten Blick auf seinen Liebling werfen. Er glaubte seinen Augen nicht zu trauen: ein riesiger klebriger grauweißer Klecks mitten auf dem Wagendach! Sofort griff Reimann nach Schwamm und Wassereimer. Noch beim Herunterrennen auf der Treppe fluchte er auf die Ostsee und die Scheiß-Möwen.

Die Möwe am Golfstrom vor Volvograd

Es gab Tage, da verstand er die Welt nicht mehr. Wie an diesem Dienstag. Dabei hatte Manfred Puschners Arbeitstag ganz normal begonnen. Er hatte seinen Peugot 305 auf dem bewachten Parkplatz an der Kurstraße abgestellt und war die paar Meter über den Werderschen Markt zu Fuß gelaufen. Pünktlich eine Viertelstunde vor Acht schritt er über die breiten Stufen des ZK-Gebäudes, zückte am Eingang die rote Klappkarte, seinen Dienstausweis, und der Kontrolleur, ein Leutnant des Wachregiments »Feliks Dzierzynski«, schlug die Hacken zusammen und salutierte vorschriftsmäßig.

Im Parterre, wo neben der Abteilung Finanzverwaltung/Parteibetriebe auch seine Abteilung Verwaltung der Wirtschaftsbetriebe untergebracht war, eilte Puschner in sein Büro. Vorm Aufschließen der Zimmertür überzeugte er sich noch davon, daß die Petschaft nicht beschädigt war, denn in seiner revolutionären Wachsamkeit durfte man nie nachlassen. Ein paar Minuten später brachte ihm seine Sekretärin eine Tasse Kaffee, das *ND* und die Umlaufmappe mit den Hausmitteilungen.

In der nächsten Stunde blickte er immer wieder von seiner spannenden Zeitungslektüre hoch. Denn durch das Fenster seines Arbeitszimmers konnte er auf den Innenhof blicken und beobachten, wann Krenz, Jarowinsky, Mittag und die anderen führenden Genossen mit ihren Volvo 264 TE aus der Waldsiedlung Wandlitz, im Volksmund liebevoll »Volvograd« genannt, eintrafen. Als dann auch noch das Begleitkommando und der Citroën CX Prestige des Generalsekretärs auf den Hof gerollt waren, wußte Puschner, daß bald – wie jeden Dienstag – die Politbürositzung beginnen würde. Es könnte also für ihn ein ruhiger Arbeitstag werden.

Gelangweilt blätterte Manfred Puschner in der vertraulichen Hauspost, bis sein Blick auf eine Aktennotiz stieß. Gerichtet war das Schreiben an Horst Dohlus, der hatte es an seinen Abteilungsleiter und dieser nun an seinen Stellvertreter, also an ihn, Puschner, weitergeleitet. Absender war das Büro Kurt Hager. Es ging wieder einmal um das leidige Autoproblem. Ein gewisser Meyer von der Rockband Puhdys hatte die Partei gebeten, ihnen bei der Beschaffung von Importautos, etwa eines BMW, Citroën BX oder Volvo, behilflich zu sein.

Puschner konnte es nicht fassen. Es fehlte nicht viel, und er hätte in einem Tobsuchtanfall auf seinem Schreibtisch Kassatschok gesteppt. Doch er schlürfte zu seinem Aktenschrank, griff sich die angebrochene Flasche Goldbrand und nahm einen kräftigen Schluck von dem Weinbrandverschnitt aus Wilthen. Danach hatte er sich etwas beruhigt, schüttelte aber nach wie vor den Kopf. Soweit war es also in der DDR schon gekommen, daß er sich, also die Partei, darum kümmern mußte, daß diese langhaarigen Hilfsbeatles mit

Gerichtsverhandlung nach einem Autounfall: Der Anwalt des schuldigen Citroën-Fahrers fragt den Kläger: »Ist es richtig, daß Sie nach dem Unfall meinem Mandanten gesagt haben, sie seien nicht verletzt?« »Natürlich habe ich das gesagt, aber dazu müssen Sie wissen, wie sich die Sache abgespielt hat: Also, ich reite mit meinem Gaul ruhig die Dorfstraße entlang. Da kommt das Auto aus Richtung Neubrandenburg angerast und wirft uns in den Graben. Das war vielleicht ein Durcheinander, das können sie sich nicht vorstellen. Ich lag auf dem Rücken, die Beine in die Luft – und mein braves altes Pferd auch. Da steigt der Fahrer aus, kommt auf uns zu und sieht, daß mein Pferd sich ein Bein gebrochen hat. Darauf zieht er wortlos eine Pistole und erschießt es. Danach sieht er mich an und fragt: ›Sind sie auch verletzt?‹ – Nun frage ich Sie, Herr Rechtsanwalt, was hätten sie geantwortet?«

Warum überstand der Trabi den Elch-Test? Weil er keine Ausreisegenehmigung nach Skandinavien bekam.

Westautos versorgt werden! Den Kulturheinis aus Hagers Verantwortungsbereich genügte es offensichtlich nicht, daß er diese ganzen Schlageraffen, Schriftsteller und Künstler mit Autos aus dem Sonderkontingent bevorzugte. Nein, da betteln außerdem diese Rocker von Karat gleich um einen ganzen Lkw mit Hänger, nur um ihre Gitarren und Lautsprecher transportieren zu können. Und nun wollten auch noch die Puhdys ausgerechnet BMW oder Citroën!

Puschner griff sich an den Kopf und brummte, daß so etwas unter Ulbricht nicht passiert wäre. Walterchen hatte seinerzeit mit dem wilden Yeah-Yeah-Yeah schlußgemacht und war auch strikt dagegen gewesen, jeden Dreck, der aus dem Westen kommt, bei uns kopieren zu müssen. Ja, das waren noch Zeiten, erinnerte sich Puschner, als er unter Ulbricht und Grotewohl als Kraftfahrer im ZK der SED begonnen hatte, dann Leiter des Fuhrparks wurde, bis er zum stellvertretenden Abteilungsleiter Wirtschaftsbetriebe aufstieg. Er kannte sich also aus mit der Partei und mit Autos. Wie bescheiden die Repräsentanten der DDR begonnen hatten, stets auf die Hilfe der sowjetischen Freunde angewiesen.

Mit Ausnahme von Präsident Wilhelm Pieck, der sich noch Anfang der 50er Jahre in einem Horch-Achtzylinder chauffieren ließ, bevorzugten die anderen die sowjetischen Modelle aus dem Stalin- und späteren Lenin-Werk in Moskau. Die höheren Nomenklaturkader liebten besonders den chromblitzenden GAZ 13, dann den GAZ ZIM 12 oder GAZ 13 oder später den ZIL 114. In den schwarzen Tschaikas konnte man sich wirklich sehen lassen, selbst wenn die Scheibengardinen hinten meist zugezogen waren. Der ZIL beispielsweise hatte acht Zylinder, sieben Liter Hubraum, über 300 PS, einen Wendekreis von 16 Metern und wog immerhin drei Tonnen.

Also ein bißchen mehr als das Gewicht einer Möwe, was Tschaika auf Russisch heißt, wie Puschner wußte. Genauso wie Walentina Tereschkowa, die 1963 als erste Frau der Welt unter dem Codenamen »Tschaika« in den Kosmos flog. Oder wie die »Möwe« in der früheren Luisen- und heutigen Hermann-Matern-Straße, in deren Restaurant Puschner so gerne einkehrte. Aber da dort der Künstlerklub der DDR untergebracht ist, stieß es Puschner sofort säuerlich auf, obwohl er damals stets mächtig stolz war, wenn er als Kraftfahrer für einen Tschaika eingeteilt wurde.

Walter Ulbricht hätte auch nicht zugelassen, daß man sich über ihn lustig machte oder die Staatskarosse verulkte, wie in diesem DEFA-Film »Einfach Blumen aufs Dach«. Wenigstens hält die Armee noch den Tschaikas die Treue, wenn der Chef der Landstreitkräfte, Generaloberst Horst Stechbarth oder Verteidigungsminister Heinz Keßler die NVA-Truppenparade zum Nationalfeiertag abnehmen. Und immerhin mußte sich noch Günter Gauß im Juni 1974 in einer Tschaika-Limousine von Niederschönhausen nach Berlin-Mitte kutschieren lassen, um beim Staatsratsvorsitzenden sein Beglaubigungsschreiben als erster Ständiger Vertreter der BRD zu überreichen.

Manfred Puschner hatte zwar immer etwas gezittert, wenn er mal den obersten Chef chauffieren mußte, und zuckte bei dessen Anschnauzern wegen zu langsamen Fahrens stets zusammen, weil ja der Meister alles kannte und konnte – von Architekt bis Kraftfahrer. Aber fleißig war Ulbricht schon gewesen, hat immer auf der Rückbank des Tschaikas Akten gelesen oder etwas geschrieben. Und ein Schlitzohr war er, das hatte er wahrscheinlich bei der Komintern in Moskau gelernt. So hatte er sich ein ausgeklügeltes System abgestufter Privilegien ausgedacht, um seine Funktionäre bei der Stange zu halten. Beispielsweise mit den Dienstfahrzeugen.

Klar, die Tschaikas und ZIL waren nur der obersten Führungsriege vorbehalten. Aber die Abteilungsleiter im ZK, die Sekretäre in den Bezirks- und Kreisleitungen der Partei oder in den Ministerien mußten auch nicht laufen. Die durften sich in den 50er Jahren beispielsweise in einen stattlichen Sachsenring P 240 aus heimischer Produktion setzen oder in einen Warszawa oder Pobjeda. Pobjeda heißt auf Russisch »Sieg«, und schon deshalb wurde das Auto aus dem sowjetischen Gorki von den Genossen gern genommen. Der GAZ M20 erinnerte von der Karosserieform nicht nur an amerikanische Schlitten, sondern war auch komfortabel weich gefedert, fünf- bis sechssitzig und kam mit seinen 50 PS spielend über 100 Stundenkilometer.

Punschner konnte sich noch genau daran erinnern, daß er etwas traurig war, als Ende der 50er Jahre die Sachsenring und Pobjedas aus dem Fuhrpark ausgemustert wurden. Der Hintergrund: Die Genossen im Kreml hatte sich für die Bruderländer des RGW eine kameradschaftliche Arbeitsteilung und Spezialisierung im Automobilbau ausgedacht. Die DDR sollte künftig nur noch kleinere und mittlere Pkw und Lkw produzieren, während die Sowjetunion selbstverständlich die repräsentativeren Autos herstellen würde – wie es sich eben für die Führungskraft der Weltrevolution geziemt.

Als Pobjeda-Nachfolger brachte deshalb das GAZ-Werk in Gorki, dem früheren Nishni Nowgorod, den Wolga M21 heraus. Als Puschner 1958 die ersten Wolgas in den ZK-Fuhrpark kutschierte, war er jedoch angenehm überrascht. Auch dieser Wagen ähnelte im Zuschnitt amerikanischen Vorbildern, der üppige Chromzierat glitzerte, und sowohl auf der Rück- als auch auf der durchgehenden vorderen Sitzbank hatte man viel Platz. Mit vier Zylindern, 2500 Kubik und 70 PS brachte er munter seine 130 Sachen. Das Auto verfügte über eine einfache und robuste Technik, war unter sowjetischen Straßenverhältnissen getestet und somit auch ideal für die DDR. Nicht zuletzt war der Import relativ preiswert. Er kostete 22700 Mark, sein Nachfolger seit den 70er Jahren, der Wolga M24, 28000 Mark.

Verständlich, daß sich der Wolga unter den mittleren Funktionären und in den vielen Betrieben und Behörden großer Beliebtheit erfreute. Für viele war er der »Mercedes des Ostens«. Diese Bewun-

Auf der Autobahn überholt ein Volvo einen Trabi. Einige Stunden später erkennen sich die beiden Fahrer auf der Intensivstation einer Klinik wieder.
»Was ist denn Ihnen passiert?« fragt der Trabifahrer den aus dem Volvo. »Ich bin mit einem Lkw zusammengestoßen«, entgegnet der Volvo-Fahrer und fragt: »Und was hat Sie hierhergebracht?«
»Als Sie mich überholt haben, bin ich ausgestiegen. – Ich dachte, ich stehe!«

derung flaute allerdings recht schnell ab, weil die Wolgas bald massenhaft über die Straßen der Republik holperten. Sogar auserwählte Privatpersonen durften sich dieses Auto zulegen, vor allem aber war er als Polizeifahrzeug und Taxi unterwegs. Schließlich wurde die Fahrfreude spätestens an der Tankstelle, beim Griff zur Brieftasche, etwas gedämpft. Wegen des hohen Spritverbrauchs von mehr als 12 Litern auf 100 Kilometern wurden die Wolga-Taxis in den 80er Jahren auf Gasantrieb umgestellt.

Höher im Kurs, das wußte Manfred Puschner noch genau, stand in jener Zeit eigentlich nur der Tatra. Nicht nur, weil er kein »Russenauto« war, sondern im tschechischen Koprivnice, dem früheren Nesseldorf, hergestellt wurde, wo man seit 1897 Autos baute. Puschner, damals bereits zum Leiter des ZK-Fuhrparks aufgestiegen, hatte sich zwar mit den verantwortlichen Mitarbeitern im Ministerium abgestimmt, war aber gespannt, was die Parteiführung zu dem Vorschlag äußern würde, diese Luxuslimousine in angemessener Zahl zu importieren. Erstaunlich, daß Ulbricht nur abnickte. Möglicherweise war der gute Ruf dieser Autos bis zu ihm gedrungen, oder er hatte die Bücher von den beiden Weltreisenden Hanselka und Zikmund aus der ČSSR gelesen, die in einem Tatra auf allen Erdteilen unterwegs gewesen waren.

Jedenfalls wurden 3000 Stück vom Tatra 603 eingekauft. Ein Tropfen auf den heißen Stein. Die Partei- und Wirtschaftsfunktionäre balgten sich fast darum, einen solch luxuriösen Dienstwagen zugeteilt zu bekommen. Oberklasse, windschnittige Karosserie mit Heckflosse, vorn zuerst drei, später vier Scheinwerfer, luftgekühlter Achtzylinder-Motor mit 105 PS und 160 Stundenkilometern Höchstgeschwindigkeit. Das war schon was – und hatte seinen Preis von über 33000 Mark.

Also, einen Tatra konnte und sollte sich nicht jeder leisten. Wo wären wir sonst hingekommen in einer Gesellschaft, die sich die soziale Gleichheit der Menschen auf ihre Fahnen geschrieben hat. Allerdings, soviel hatte Puschner schon damals begriffen, vor Gott und der Partei sind manche eben gleicher. Deshalb gab es ja die Sonderkontingente für verdiente Wissenschaftler, Ärzte, Erfinder oder Künstler usw. Und so hatte er sich auch nicht gewundert, als er über den Hausklatsch von der Zustimmung seines Chefs erfahren hatte, daß die Schlagersängerin Bärbel Wachholz sich einen Tatra kaufen durfte. Um so größer war dann der Ärger, als in der sonnabendlichen Fernsehsendung »Da lacht der Bär« sich die Vier Brummers – oder war es der Komiker Eberhard Cohrs? – darüber lustig machten. Da gab es bei ihm im Großen Haus gleich viel Ärger. Ulbricht tobte, und Albert Norden regte sich mehr darüber auf als über den Polizeibericht vom Juli 1961, in dem über die unaufhaltsam steigende Zahl der Autoanmeldungen informiert wurde und daß die Wartezeit durchschnittlich schon 12 Jahre betrage.

Die Kalamitäten nahmen also schon vor 30 Jahren ihren Lauf,

seufzte Puschner, genehmigte sich nochmals sto Gramm vom Goldi aus dem Aktenschrank und schwelgte in Erinnerungen. So richtig begann es erst mit Honeckers Antritt, dem VIII. Parteitag und dessen Politik zum Wohl des Volkes. Überall ging es im Lande aufwärts. Nur dummerweise kam dann diese weltweite Energiekrise, wo auch noch die Sowjets ihren kleinen Brüdern den Ölhahn ein bißchen zudrehten.

Puschner war es seinerzeit, der auf die Idee kam, daß man nun auch im ZK-Fuhrpark Sprit sparen müsse. Verbrauchte doch so eine Staatskarosse vom Typ ZIL rund 40 Liter Benzin auf 100 Kilometern. Prost! Da Honecker auf der KSZE-Konferenz auch den schwedischen Ministerpräsidenten Olof Palme kennengelernt, mit ihm ein paar Nordhäuser Doppelkorn getrunken hatte und die wirtschaftliche Zusammenarbeit verbessern wollte, lag es auf der Hand, daß die DDR den Volvo-Autokonzern unterstützte.

Als Puschner das seinem Chef erzählte, rannte der sofort zu seinem Obermeister in der zweiten Etage und durfte daraus eine Politbürovorlage machen. Die führenden Genossen waren von dem Vorschlag ganz begeistert. Doch vorsichtshalber bestellte man in Göteborg streng vertraulich erst ein paar Volvo 164, die dann von Erich Mielkes Tschekisten der Staatssicherheit getestet wurden. Die Abteilung Rückwärtige Dienste übernahm die Wartung – und war zufrieden. Deshalb kam man 1976 mit den Schweden dicke ins Geschäft und bestellte für die Partei- und Staatsführung über 100 Volvos 264 TE (Top Executive) zum Vorzugspreis von 120 000 DM pro Stück. Aber alles mußte natürlich konspirativ vor sich gehen. Auch die verschlungenen Wege, über die die Autos in die Hauptstadt gelangten, mußten im dunkeln bleiben. So die Tatsache, daß Göteborg die Volvos, d. h. die Rohkarossen, erst einmal nach Turin schickte, in die Werkstatt des Star-Designers und Edel-Tuners Bertone. Dort wurden die angelieferten Karossen verlängert, verzinnt, modifiziert und teilmontiert und kamen anschließend zum weiteren Umbau, zur Lackierung und Endmontage mit Extraausstattung in Spezialwerkstätten der DDR.

Dann machte man freilich bei Daimler-Benz und Audi lange Gesichter, und die übrige Welt staunte nicht schlecht, als die DDR-Repräsentanten auf einmal in diesen eleganten schwarzen oder dunkelblauen Luxuslimousinen herumkutschierten. Man fühlte sich wie in Abrahams Schoß. Zur Innenausstattung gehörten zwei zusätzliche Klappsitze, hellgraue Edelvelourpolsterung, Stereoradio, elektrischer Fensterheber und Antenne, Zeituhr, Auslegeteppiche aus Stoff, Klimaanlage, Stereo-Lautspecher, integrierte Nackenstützen, die Windschutzscheibe war aus High-impact-Verbundglas, es gab Automatic Sicherheitsgurte für die Vordersitze sowie für die beiden äußeren Plätze auf dem Rücksitz. Beeindruckend auch die hohen Sicherheitsstandards, etwa die fünffach gesicherte Sicherheitslenksäule oder die Zweikreis-Bremsanlage mit Bremsrohren aus einer rostbeständigen

Meier fährt mit seinem Volvo durch Magdeburg. Als er in den Rückspiegel blickt, sieht er ein Moped »Schwalbe«, das ihm ständig Lichthupe gibt. »Kann ja wohl nicht wahr sein!« denkt er sich und fühlt sich auf den Schlips getreten. Er fährt aus der Stadt raus und gibt ordentlich Gas, 100 Sachen. Aber das Moped läßt nicht locker und bleibt ihm dicht auf den Fersen. »Ha, dem Halbstarken mit seiner frisierten Kiste werd ich's mal zeigen!« denkt sich Meier und fährt auf die Autobahn! 110, 120, 130 – das Moped läßt sich einfach nicht abschütteln!
Schließlich wird ihm das zu blöd, und er fährt auf einen Parkplatz. Das Moped folgt ihm. Meier stellt ihn zur Rede: »Ey was'n los mit deinem Ding, Tiger im Tank oder was?!« »Nee, Schal in der Tür eingeklemmt!«

Nachdem Honecker seinen Volvo gegen den Citroën getauscht hatte, sollte der Trabant umgetauft werden – in Zidroen 601. Vorne zieht er, hinten dröhnt er, 600 wollen ihn haben, einer kriegt ihn.

Der Genosse Minister für Verteidigung hat einen neuen Chauffeur bekommen. Der Minister will wissen: »Wie heißen Sie?«
»Hans!«
»Mein lieber Mann, ich gehöre nicht zu den Leuten, die ihren Chauffeur mit Vornamen anreden. Also, wie ist Ihr Nachname?«
»Liebling!«
»Fahr los, Hans!«

Der eene looft sich 'n Wolf, der andre kooft sich 'n Golf.

Kupfer-Nickel-Legierung. Dank seiner Vier-Gang-Automatik und den 140 PS war es ein Kinderspiel, mit dem Volvo die Protokoll-Reisegeschwindigkeit von 180 Stundenkilometern zu fahren.

Selbstverständlich war das Fahrzeug des Generalsekretärs und Staatsratsvorsitzenden nochmals um 80 Zentimeter länger als die anderen Wagen, aber Mini-Bar, Fernseher oder edle Lederpolster suchte man im Auto vergeblich. Dafür besaß es an den vorderen Kotflügeln eine Halterung für die schwarz-rot-goldene Standarte mit Hammer, Zirkel und Ährenkranz. Jedenfalls fühlten sich die internationalen Staatsgäste, die mit Erich Honecker in dem Siebensitzer fuhren, ziemlich wohl. Sogar Kim Il Sung und Indira Gandhi haben nicht gemeckert.

Bei dieser ausgeprägten Zufriedenheit reihum fiel es Fuhrparkleiter Puschner natürlich nicht schwer, den Grundstock an Fahrzeugen immer wieder aufzufrischen und zu erweitern. Da auch Ministerien und die Sicherheitsorgane bedacht werden wollten, kamen in den nächsten Jahren noch ein paar neuere Volvos 760 GL und 740 GLE hinzu, außerdem einige 245er, »Transfer« genannt, langgezogene Kombis, die vor allem zur Absicherung der offiziellen Regierungskolonnen benutzt wurden. Wurden aus dem Fuhrpark ältere Dienstfahrzeuge ausgemustert, gingen sie meist zum Weiterkauf an den VEB Maschinen- und Materialreserven und konnten dort auch von Privatpersonen erstanden werden. Freilich hatte die Parteikontrollkommission ein Auge darauf geworfen, wer diese Leute waren. Außerdem gab es für potentielle Käufer genug Fingerzeige aus dem zentralen Partei- und Staatsapparat. Eine Allianz fürs Leben, frei nach dem Kraftfahrer-Motto: »Wer gut schmiert, der gut fährt«.

An die sprichwörtliche Großherzigkeit des Generalsekretärs konnte sich Puschner noch lebhaft entsinnen. Auch an die Erzählung des Chef-Fahrers, daß die Bürger mehrmals den Volvos freundlich mit der Faust hinterhergewunken hätten, woraufhin Honecker spontan beschloß, gemäß der Hauptaufgabe auch das restliche Volk mit solchen Autos zu beglücken. Kurzerhand wurden in Schweden 2000 Volvo 244 DLS geordert. Über deren Verteilung mußte man sich nicht großartig den Kopf zerbrechen, weil nämlich jede ZK-Abteilung für ihren Bereich vorbereitete Namenslisten in den Schreibtischschubläden liegen hatte. Tatsächlich wurden die Karren dann innerhalb von zwei Stunden zum Stückpreis von 50 000 Mark an den Mann gebracht.

Sein Meisterstück lieferte Manfred Puschner ebenfalls in dieser Zeit. Es muß wohl während einer feucht-fröhlichen Frauentagsfeier im Großen Haus gewesen sein, als er seinem Abteilungsleiter den Geistesfunken ins Ohr hustete: Um die langen Wartelisten bei Autos abzubauen, sollten DDR-Bürger, die Westverwandtschaft haben oder D-Mark besitzen, über den Geschenkdienst Genex auch Westautos kaufen dürfen – beispielsweise VWs, Fiats, Fords, Peugeots, Renaults oder BMWs. Außerdem könne man die Konkurrenz und Widersprüche innerhalb des kapitalistischen Lagers ausnutzen und gleichzeitig Verhandlungen mit verschiedenen Autokonzernen wie VW oder Citroën aufnehmen. Mal sehen, was dabei herauskäme ...

Puschners Chef schlug sich vor Lachen auf die Schenkel. Anders seine Frau, die noch nicht soviel vom Advocaat, dem Eierlikör aus Zahna, genascht hatte. Sie war immerhin Leiterin des Büros des Politbüros und petzte die Idee am nächsten Tag dem Genossen Schalck-Golodkowski, dieser dem Genossen Günter Mittag, der sie wiederum Erich Honecker zuflüsterte. Aber statt eines Parteiverfahrens gab es eine Prämie und Beförderung für Manfred Puschner. Er wurde zum stellvertretenden Leiter der Abteilung Wirtschaftsbetriebe gekürt. Aber das Kurioseste – aus seiner Schnapsidee wurde Wirklichkeit.

Die Sache mit Genex nahm Alexander Schalck-Golodkowski sofort selbst in die Hand und ließ außerdem Westautos auch über seine Intershops verkaufen. Listig setzte er aber durch, daß anfallende Werkstattarbeiten dann gleichfalls in D-Mark bezahlt werden mußten.

Auf der anderen Seite sondierte Erich Honecker während eines Jagdausflugs in der Schorfheide mit Bertold Beitz vom Krupp-Konzern, Walter Leisler Kiep vom VW-Vorstand und einigen anderen westdeutschen Politikern und Wirtschaftsmanagern die Lage. Da er zudem an diesem Abend einen ordentlichen Zwölfender vor die Flinte bekommen hatte, war er gutgelaunt und bestellte für 1977/78 über den Außenhandelsbetrieb Transportmaschinen Export-Import die Lieferung von 10000 VW Golf 1 in die DDR. Ähnlich wie bei einer Amnestie von Gefangenen zum Nationalfeiertag, erfolgte die Verteilung der Fahrzeuge diesmal nicht über den IFA-Vertrieb, sondern unter führender Parteikontrolle in ausgewählten Großbetrieben an verdienstvolle Werktätige. Sprungartig wuchs die Beliebtheit der Parteiführung im Land, in der ganzen Republik wurden rauschende Freudenfeste gefeiert. In Berlin Unter den Linden formierte sich vor dem Autosalon spontan ein Demonstrationszug und jubelte im Chor: »Lieber Erich, sei unser Reiter und regiere uns rote Preußen weiter!« Im Volk sprach man bald vom Golfstrom, der die entwickelte sozialistische Gesellschaft erwärmt.

Einmal in Fahrt gekommen, ließ sich die Blechlawine nicht mehr aufhalten. Damit sich der westdeutsche Klassenfeind aber nicht so sicher fühlte, wurde zunächst 1979 mit den Franzosen ein Industrie-Kooperations-Abkommen abgeschlossen. Davon sollte vor allem die Firma Citroën profitieren, der man in Aussicht stellte, mehrere Betriebe der DDR-Autoindustrie zu modernisieren und neu zu strukturieren. Um dem Autokonzern das Geschäft schmackhaft zu machen, nahm man ihm fürs erste 5500 Citroën GSA Pallas ab. Später, zum 40. Jahrestag der DDR, kamen nochmals 160 Wagen allein für den zentralen Partei- und Staatsapparat hinzu.

Anders als bei den Volvos oder Golfs wurde ein Großteil dieser

Ulbricht bekommt zu seinem Geburtstag von Chruschtschow einen neuen Tschaika geschenkt. Bei der Übergabe sagt Nikita: »Das ist ein ganz besonderes Auto – bjes motora, ohne Motor!« Verwundert fragt Walter: »Wieso, ohne Motor, das geht doch gar nicht?!« Chruschtschow antwortet: »Wozu brauchst du einen Motor, wenn es in der DDR abwärts geht!« Daraufhin Ulbricht: »Und wenn es bei uns wieder aufwärts geht?« Nikita wieder: »Dann sitzt du nicht mehr am Steuer!«

Fahrzeuge über den IFA-Vertrieb abgesetzt, die Käufer mußten lediglich eine fällige Wartburg-, Lada-, Dacia- oder Skoda-Anmeldung vorweisen können. Und selbstverständlich die Kaufsumme von 38850 Mark. Dafür zählten aber eine Werkzeugtasche, Warndreieck, ein Philips-Radio 783 sowie ein DDR-Verbandskasten zur Grundausstattung, ebenso der rechte Außenspiegel. Dumm nur, wenn dieser kaputt war, denn ein Ersatz kostete 250 Mark. Doch das erschütterte die glücklichen Citroën-Besitzer in der DDR nicht. Sie ergötzten sich an der einmaligen hydropneumatischen Federung des Wagens, an seiner gestalterisch gelungenen Form, am futuristischen Aussehen der Instrumententafel oder am luftgekühlten Boxermotor, dem allerdings der Kurzstreckenbetrieb im Winter gar nicht gut bekommt.

Um die Franzosen bei Stimmung zu halten, die auch dem Alleinvertretungsanspruch der Bonner Ultras skeptisch gegenüberstanden, ließ sich Genosse Honecker zwei Citroën CX zum persönlichen Gebrauch maßschneidern. Von den beiden Stretchlimousinen in Silbermetallic war allerdings nur eine gepanzert. Den normalen Citroën bevorzugte er, wenn er durch die Republik fuhr, weil sich die Scheiben öffnen ließen und er so seinen Landeskindern besser zuwinken konnte.

Beflügelt von dem bewährten Regierungsprinzip »Teile und herrsche!«, schauten sich Puschners Chefs nicht nur in Europa nach geeigneten Pkw um, sondern wurde auch in Japan fündig. Erich Honecker besuchte im Mai 1981 Kaiser Hirohito und unterzeichnete in Tokio ein Handelsabkommen. Außerdem wurde er für seine herausragenden gesellschafswissenschaftlichen Leistungen mit der Ehrendoktorwürde der Nihon-Universität geehrt. Um sich ebenfalls erkenntlich zu zeigen, wurden daraufhin dem in Hiroshima gegründeten Mazda-Konzern 10000 Fahrzeuge vom Typ 323 abgekauft. Auch diese Pkw waren unter der DDR-Bevölkerung sehr beliebt und genossen einen besonders guten Ruf hinsichtlich ihrer Qualität und Zuverlässigkeit. Übrigens völlig im Gegensatz zu Westdeutschland, wo japanische Autos als »Reisschüssel« rassistisch diskriminiert werden.

Trotzdem, das wußte Manfred Puschner noch genau, kam es zu unschönen Vorfällen. So gab es schon kurz nach offiziellem Verkauf des Mazda 232 einige asoziale Elemente, die mit den Autos auf dem Schwarzmarkt üble Spekulationsgeschäfte machten. Um dies zu unterbinden, mußten sogar Kollegen aus dem Großen Haus, die Genossen von der Abteilung Gefechtslärm, einschreiten. In Abstimmung mit Günter Mittag legte Oberagitator Heinz Geggel fest, daß in den Zeitungen ab sofort keine Kauf- oder Tauschanzeigen für den Mazda mehr veröffentlicht werden dürfen.

Puschner billigte damals diese Maßnahmen aus vollem Herzen, verstand aber andererseits einige Diskussionen unter der Bevölkerung nicht. Seit dem VIII. Parteitag ging es doch auch in der Autoversorgung kontinuierlich vorwärts! 1971, also vor Erich Honeckers Amtsantritt, gab es in der DDR erst 1,3 Millionen Pkw, und nun, 18 Jahre später, waren es bereits 3,9 Millionen. Das entsprach auch dem sozialistischen Leistungsprinzip »Jedem nach seinen Leistungen!« Da brauchte nicht jeder sein Traumauto zu fahren. Im Unterschied natürlich zum kommunistischen Leistungsprinzip »Jedem nach seinen Bedürfnissen!«, das vorerst nur in einigen wenigen fortschrittlichen Bereichen angewendet werden konnte.

Beispielsweise in der näheren Umgebung des Generalsekretärs. Puschner jedenfalls hatte Verständnis dafür, daß Frau Margot und Tochter Sonja einen Wartburg fuhren und daß der Mann und Vater 21 Fahrzeuge zur besonderen Verwendung brauchte. Darunter zwei Land-Rover, zwei Range-Rover, einen Suzuki-Jeep, einen ARO Salon und einen Citroën BX 16 SR. Da konnte es auch durchaus mal vorkommen, daß dem guten Erich während der Jagd beim Toyota der Auspuff wegbrach und es nach Gummi roch, weil der Fahrer Gas- und Bremspedal gleichzeitig bedient hatte.

Unter kommunistischen Verhältnissen arbeitete selbstverständlich auch der Freundeskreis, der den Genossen des Politbüros in der zweiten Etage des Großen Hauses in jeder Beziehung behilflich war und dem dafür wiederum Dank und Anerkennung gebührte. So mancher aus den Abteilungen Finanzverwaltung/Parteibetriebe und Wirtschaftsbetriebe gehört zu diesen Unabkömmlichen, nicht nur er, Manfred Puschner. Ebenso die Spezialisten vom Bereich Kommerzielle Koordinierung (KoKo) unter Alexander Schalck-Golodkowski und dessen Stellvertreter Manfred Seidel. Und logisch – alle haben Verwandte, gute Bekannte, Freunde, kennen Ärzte, Künstler, Handwerker. Da kann, ja, muß man eben mitunter kulant sein, wenn diese in ihrer Not einen dringenden Wunsch bei der Partei vortragen. Und sei es nur wegen eines Autos. So kann es dann manchmal passieren, daß – wie in diesem Jahr 1989 – aus dem Westen 800 Fahrzeuge zusätzlich importiert werden müssen, darunter auch sein Dienst-Peugeot 305 ...

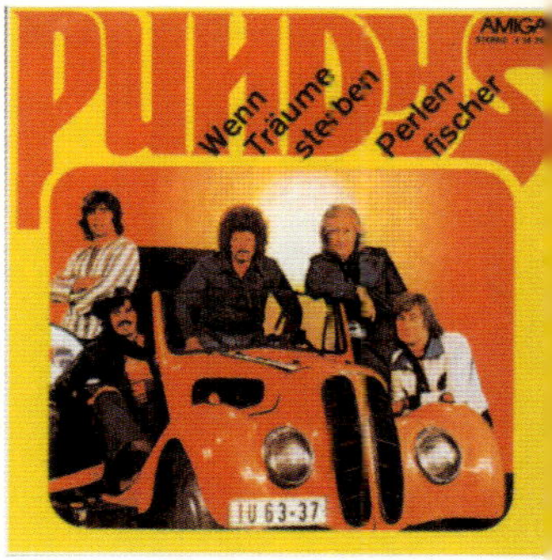

Langsam hatte sich Puschner in seinem Büro wieder beruhigt, die Flasche Goldbrand war auch restlos geleert. Immer noch hielt er die Hausmitteilung aus dem Büro Hager in seinen zittrigen Händen. Wenn diese Kerle wenigstens einen ordentlichen Haarschnitt hätten oder zumindest im Blauhemd der FDJ bei Veranstaltungen wie »Volkskunst für den Frieden« auftreten würden!

Puschner ließ sich von seiner Sekretärin mit dem Minister für Allgemeinen Maschinen-, Landmaschinen- und Fahrzeugbau verbinden. Er spürte förmlich, wie der Mann am anderen Ende der Leitung strammstand, vor ihm, dem stellvertretenden ZK-Abteilungsleiter. »Genosse Gerhard Tautenhahn«, bellte er durchs Telefon, »bitte sorge dafür, daß dem Musikerkollegen Peter Meyer von den Puhdys am Ende des Jahres ein Auto zur Verfügung gestellt wird. Ein Lada-Samara!«

Heli Busse

Positive Erfahrungen

Über Autos hört man eigentlich selten etwas Positives. Alle, die eins haben, jammern. Entweder ist gerade etwas kaputtgegangen, oder sie befürchten, daß gleich etwas kaputtgehen werde, und ein jeder schildert in den düstersten Farben, welche schreckliche Erfahrungen er mit Werkstätten gemacht habe und wie finanziell ruinierend es für ihn sei. Ich kann mich diesen Klagen nicht anschließen. Ich habe die allerbesten Erfahrungen gemacht – nicht mit Autos, aber mit einer Werkstatt.

Eines Tages fuhr mir nämlich ein Kerl von rechts mitten in meinen Trabant hinein. Ich dachte, die Welt geht unter, so gräßlich knirschte und splitterte es. Dann kamen viele Leute angerannt und zum Schluß auch noch die Polizei, die ein dutzendmal meine Papiere durchblätterte, mit einem Stempel darin herumstempelte und endlos Fragen stellte. Alles in allem war dies sehr unfreundlich, so daß ich jedes Interesse daran verlor, weiterhin mit einem Auto am Straßenverkehr teilzunehmen.

Ich erklärte mich also damit einverstanden, den Wagen in eine Werkstatt abschleppen zu lassen, und beobachtete ziemlich teilnahmslos, wie der Meister dieses Unternehmens mit bedenklichem Gesichtsausdruck um meine Trümmer herumschlich. »Oh, oh, das sieht aber böse aus!« entrangen sich ihm schließlich ein paar Worte. Ich gab ihm recht. »Ja, was machen wir denn da?« redete er erst mit sich selbst und blickte dann mich fragend an. Ich sagte ihm, daß er mich so was nicht fragen dürfte, der Fachmann wäre er. »Ja, natürlich weiß ich, was man machen muß!« erklärte er selbstgefällig. »Die Frage ist nur, ob man es machen kann!« – »So etwa steht die Frage immer im Leben«, sagte ich.

Er blickte mich eine Weile prüfend an, bevor er so nebenhin bemerkte: »Manche Kunden denken in solchen Fällen, wenn sie ein paar Scheinchen extra auf den Tisch blättern, vollbringen wir ein Wunder.« Ich gab meiner Verwunderung über solche Denkweise Ausdruck. »Es gibt keine Wunder mehr«, sagte ich, und er nickte, aber ich hatte den Eindruck, daß er insgeheim doch an Wunder glaubte, denn er fuhr fort: »Aber manches läßt sich schon machen. Wann wollen Sie denn den Wagen wiederhaben? Sie brauchen ihn doch sicher dringend?«

»Machen Sie sich darüber keine Sorgen!« munterte ich ihn auf. »Ich bin früher immer mit der Straßenbahn gefahren, und ich werde das auch jetzt wieder tun. Es ist sowieso sicherer und billiger.« – »Wollen Sie damit sagen, daß es Ihnen völlig egal ist, ob die Reparatur eine Woche oder, sagen wir mal, zehn Wochen dauert?« fragte er fassungslos. Ich antwortete ihm, daß ich es ganz seiner Findigkeit und Arbeitslust überließe. Da bat er mich mit belegter Stimme, den Auftrag zur Instandsetzung des Wagens zu unterschreiben.

Ich fuhr mit der Straßenbahn nach Hause und genoß das Gefühl, in diesem großen Kasten aus relativ dickem Blech sicher vor frechen Kerlen zu sein, die sich zwar an einen Trabant herantrauten, um so eine starke Straßenbahn aber doch einen respektvollen Bogen machten.

Es vergingen drei Wochen, und ich hatte schon fast vergessen, daß irgendwo ein Trabant herumstand, der mir gehörte, als ein Anruf aus der Werkstatt kam. Der Meister persönlich war am Telefon. Er sagte, er möchte mir mitteilen, daß soeben allerlei Ersatzteile eingetroffen wären, die meinem Trabant möglicherweise wieder auf die Beine helfen könnten, andererseits aber auch in andere Trabanten hineinpaßten, die bei ihm auf dem Hof standen, so daß es ihm schwerfiele zu entscheiden, welchen seiner Kunden er mit den Ersatzteilen glücklich machen sollte. Manche Kunden, fuhr er fort zu reden, dächten nämlich in solchen Fällen, sie müßten ein paar Scheinchen extra hinblättern, um ihm diese schwerwiegende Entscheidung zu erleichtern. Ich antwortete ihm, daß ich niemals so dächte, insofern ich mir schon vorstellen könnte, in welche Gewissenskonflikte er durch solche Manipulationen gestürzt würde. Ich sagte, es wäre nicht meine Art, das Leben anderer Menschen noch schwieriger zu machen, als es ohnehin schon wäre. Er meinte, er hätte schon gemerkt, daß ich ein ganz besonders guter Mensch sei, weshalb er bei den Ersatzteilen auch sofort an mich gedacht hätte. Und nach der langen Wartezeit, erklärte er, hätte ja bei mir durchaus ein Umschwung in der Denkweise eingetreten sein können. Ich versicherte ihm, daß ich keine ihn betreffenden besonderen Veränderungen in meiner Denkweise bemerkt hätte. Da hörte ich ihn mit den Zähnen knirschen und den Hörer auflegen.

Jetzt hörte ich zwei volle Monate nichts von dem Meister, und ich hoffte schon, die Sache wäre ein für allemal ausgestanden, als er sich plötzlich wieder meldete. »Hier ist Ihre Werkstatt!« rief er fröhlich ins Telefon.

»Was ist denn jetzt schon wieder?« fragte ich verärgert. »Ihr Wagen ist fertig!« rief er abermals mit dieser unbegründeten Fröhlichkeit. – »Ja, nun«, sagte ich, »was überrascht Sie daran so sehr? Sie leben doch wohl davon, Wagen instandzusetzen, oder?« Ich hörte ihn schwer atmen, und nach einer Weile schrie er: »Sie können Ihren Wagen abholen! Sofort!«

Ich sagte ihm offen, wie die Dinge lagen, nämlich daß ich jetzt keine Zeit hätte und er sich ruhig noch eine Weile am Anblick des gelungenen Werkes seiner goldenen Handwerkerhände erfreuen könnte. »Ich muß das Ding sofort hier runterhaben vom Hof!« brüllte er ins Telefon. »Ich weiß nicht mehr, wo ich die Neueingänge hinstellen soll.« – »Was denken Sie, wie das hier bei mir in der Straße aussieht?« brüllte ich zurück. »Die stehen hier Stoßstange an Stoßstange, und auf der anderen Seite ist Parkverbot! Ich werd mich hüten, meinen Wagen abzuholen bei Ihnen, bloß um dann Strafe zahlen zu müssen, weil ich ihn falsch geparkt habe. Warten Sie's ab, bis ich einen vernünftigen Platz für mein Auto gefunden habe, und drängeln Sie nicht so!«

Da stöhnte er schwer und sagte weinerlich, er würde noch verrückt mit mir werden. Ich erschrak. Er war ja auch bloß ein Mensch, und man mußte das berücksichtigen. »Manche Werkstätten«, lenkte ich also ein, »denken, in solchen Fällen brauchen sie bloß ein paar Scheine hinzublättern, und dann kommen die Kunden angerannt, um ihre Autos abzuholen. Um das klarzustellen: Bei mir zieht das nicht. Aber ich will nicht so streng sein – bringen Sie meinen Wagen her, irgendwo werden Sie ja eine Parklücke finden. Allerdings gehe ich heute ins Theater, aber nach 23 Uhr können Sie kommen.«

Er hustete und stöhnte so jämmerlich, aber dann hauchte er schwach: »Gut, ich komme.«

Als ich vom Theater nach Hause kam, saß er schon auf der Treppe und schaukelte zwischen zwei Fingern mit meinem Zündschlüssel. Aber er machte einen geistesabwesenden Eindruck. »Na, 'ne Parklücke gefunden?« fragte ich ihn, und als er düster nickte, heiterte ich ihn etwas auf: »Ist ja fein, daß das Wägelchen wieder läuft. Sehen Sie, alles kommt ins Lot! Sie waren erst so pessimistisch – ah, man muß nur an seine Kraft und seine Fähigkeiten glauben, zupacken und fleißig sein.« Ich sah, wie sich eine Träne aus seinem Auge stahl. »Hier, die Rechnung«, sagte er.

»Ich werde sie mir in Ruhe durchlesen und sie Ihnen wieder zukommen lassen, damit Sie sie an die Versicherung schicken können«, sagte ich, nahm ihm die Papiere ab, drückte ihm kräftig die Hand und blickte ihm nach, wie er, einem entkräfteten Greise gleich, beide Hände am Geländer, die Treppe hinunterstieg. Ich sah ihn aus der Haustür torkeln, und heißes Mitleid stieg in mir auf: Wer weiß, wie lange seine Kunden noch Freude an ihm haben würden!

Ich persönlich habe also keinen Grund, über Autowerkstätten zu jammern. Ich habe die besten Erfahrungen gemacht. Und da ich nicht die Absicht habe, mich jemals wieder an das Lenkrad eines Autos zu setzen, werde ich diesen günstigen Eindruck vom Kfz-Service wohl bis an mein Lebensende behalten.

1979

Große Durchsicht

Tatort Werkstatt

Mein Paradies: Kfz-Meister Dietrich Nimmsatt gibt zu Protokoll

Ich kann nicht klagen. Ich gehöre zur Klasse, die die Produktionsmittel besitzt, also zur herrschenden und somit führenden Arbeiterklasse. Damals, am Ende meiner Schulzeit, muß wohl ein Engelchen auf meine Herzklappe gepullert haben. Denn ich entschied mich nicht fürs Abitur, sondern für eine Facharbeiterausbildung zum Autoschlosser.

Dumm war nur, daß ich während meiner Lehrzeit etwas zeitiger aufstehen mußte als meine ehemaligen Klassenkameraden, die zur EOS (Erweiterte Oberschule) gingen. Schließlich war schon um sechs Uhr Schichtbeginn in meiner Lehrwerkstatt in der Blankenburger Straße, im Werk II des ARW (Autoreparaturwerk) Pankow. »Robur« und »Sachsenring« prangte in schwungvollen Leuchtbuchstaben über dem Eingang zum Betriebsgelände. Bei uns wurde fast alles repariert und instandgesetzt, was in der DDR vier Räder hatte. Logisch, daß ich in der Grube nicht nur unter Trabis oder Wartburgs stand, sondern auch unter die Motorhaube eines H 3 A, des Lastwagens aus Werdau kroch oder mit dem Traktor RS 09 meine Runden drehte. In unserem Lehrkabinett stand sogar das Getriebe eines sowjetischen Panzers T 54, immerhin 624 Kilo schwer. Um es kurz zu machen: Über meine Ausbildung kann ich nicht meckern. Ich lernte alles, was man für das Gewerbe braucht, durchschritt alle Stationen vom Karosserie- über den Achsen- und Getriebebau bis zur Elektrik-Werkstatt. Ich lernte eine Zylinderkopfdichtung auszuwechseln, einen Anlasser zu demontieren oder eine Lichtmaschine wieder in Gang zu setzen. Für immer eingeprägt habe ich mir auch den allerwichtigsten Satz meines Lehrmeisters – nicht des Staatsbürgerkundelehrers –, der uns gleich zu Beginn einbleute: »So, und als erstes üben wir das entsetzte Kopfschütteln beim Öffnen der Motorhaube!«

Am besten fand ich, daß wir schon im zweiten Lehrjahr keine Trokkenübungen mehr verrichten mußten, sondern in den Reparaturalltag unserer Vertragswerkstatt eingebunden wurden. Da kam man manchmal mit Kunden in Berührung, und es fiel mitunter ein kleines Trinkgeld ab. Für mich als Jugendlichen ergab das zusammen mit dem bescheidenen Lehrlingsentgelt ein erkleckliches Sümmchen, so daß ich mir schon bald einen Troll-Roller leisten konnte und am Ende der Lehrzeit eine 150er MZ fuhr.

Mit dem Gesellen-, sprich Facharbeiterbrief in der Tasche, machte ich mich dann auf die Walz. Das heißt, ich ging nicht mehr zum Friseur, ließ mir wie Mick Jagger die Haare etwas länger wachsen – und arbeitete in verschiedenen Kfz-Werkstätten. Das war überhaupt kein Problem. Erstens gab es ja in der DDR keine Arbeitslosen, sondern Arbeitskräftemangel. Und zweitens waren qualifizierte Kfz-

Keine Bretter für die Laube,
für das Auto keine Schraube,
für den Hintern kein Papier,
aber 'n Sputnik haben wir.

»Nun, was ist mit meinem Moskwitsch?« fragt der Kunde in der Reparaturwerkstatt.
»Gut, daß es kein Pferd ist!«
»Wieso?«
»Sonst müßten wir es erschießen!«

Zwei Trabis stoßen frontal zusammen. Obwohl in jedem der beiden Autos nur jeweils einer sitzt, gibt es dreizehn Verletzte – außer den beiden Chauffeuren noch elf Personen, die beim gnadenlosen Kampf um die Ersatzteile zu Schaden kommen.

Lehmann schiebt mit letzter Kraftanstrengung seinen Wartburg zur Werkstatt.
»Die Mühle springt mal wieder nicht an«, kommentiert er atemlos, »aber diesmal kann's nicht an den Kerzen liegen ... die hab ich schon gestern rausgenommen!«

»Ach, du bist es nur. Ich dachte, hier wollte jemand was stehlen.«

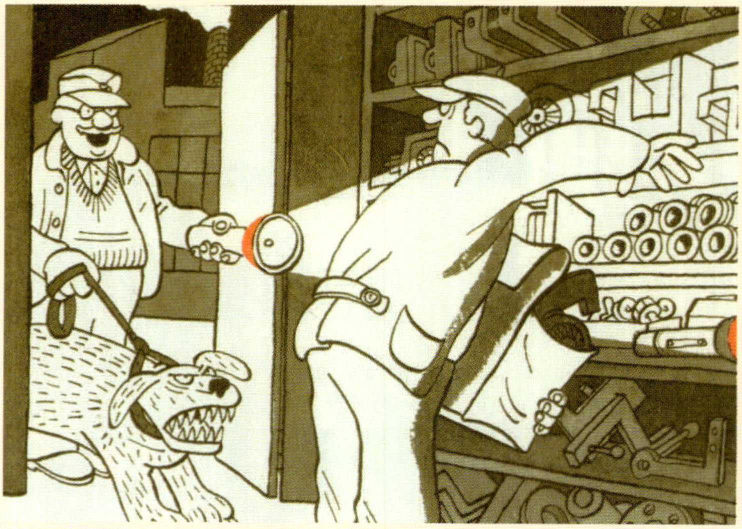

Mechaniker gefragter als Agitprop-Funktionäre. Obwohl ich mir nirgends ein Bein ausreißen mußte, wurde ich überall mit Kußhand genommen. So machte ich mir in einer volkseigenen IFA-Vertragswerkstatt, in einer PGH des Kfz-Handwerks und bei einem privaten Kfz-Meister meine Arbeiterhände mit Motorenöl schmutzig. Dabei lebten wir stets in einer Überflußgesellschaft – an Kunden und Aufträgen. Leider nicht an Material und Ersatzteilen, die manchmal nicht einmal für den Eigenbedarf reichten.

Ich kann mich noch gut an die Privat-Klitsche erinnern. Konrad Daumann, der Chef, hatte zwar eine Sondergenehmigung und 24 Leute angestellt, trotzdem waren die Reparaturkapazitäten knapp. Ersatzteile wurden streng kontingentiert, nach Plan »von oben« vorgegeben. Selbst wenn wir gewollt hätten, hätten wir nicht allen Kunden helfen können. Andrerseits wollten wir natürlich auch auf unser gutes Geld kommen und mußten deshalb pfiffig sein. Aus Teilen, die man im Westen nicht mehr angucken und nur noch wegwerfen würde, haben wir wieder etwas gemacht. Auf Glatzen Locken gedreht. Klar, fachliches Können und Geschick waren da schon gefragt. Handwerkerehre.

Nur mit den Teilen war das eine komische Sache. Es gab sie eigentlich alle, man mußte sie nur kriegen. Der Chef war da einfallsreich. Er setzte seine Frau auf seinen W 50-Laster und schickte sie direkt ins Trabant- und Wartburg-Werk nach Zwickau oder Eisenach. Irgendwie hatte er Materialbezugsscheine organisiert. Das Zeug mußte dann vor Ort gleich bar bezahlt und sofort mitgenommen werden. Am nächsten Tag hätte es schon jemand anders sich unter den Nagel reißen können. Der Meister kannte auch jede Menge Leute, die über Umwege helfen konnten. Daraus entwickelte sich ein reger Tauschhandel mit Naturalien. Mit seiner Autowerkstatt konnte er ja etwas anbieten: Leistungen und Ersatzteile. Befand sich mal ein

Teil nicht im Lager, schnappte er sich ein anderes gefragtes Stück, fuhr damit zum LPG-Vorsitzenden nach Beelitz und tauschte es gegen einen Zentner Spargel.

Noch verrückter ging es beim Bruder des Chefs zu, der eine Karosseriewerkstatt betrieb. Da die Menschen jahrelang auf ein neues Auto warten mußten, fuhren sie ihre alten Karren bis zur Schrottreife – und darüber hinaus. Freilich mit dem Ergebnis, daß früher oder später Teile oder die ganze Karosserie ausgetauscht werden mußten. Dazu brauchte man aber einen Bezugsschein oder mußte sich drei, vier Jahre vorher zum Blechtermin anmelden. Es kam auch vor, daß aus zwei Schrottautos, zum Beispiel Unfallwagen, ein neuer zusammengebaut wurde.

Dennoch waren die Leute glücklich, wenn wir ihnen irgendwie und irgendwann helfen konnten. Wir waren der Kaiser, der König Kunde unser Untertan.

Hektik, Streß und der karge Urlaub von vier Wochen waren die Gründe, weshalb ich mich mit einer Autobude nicht ebenfalls selbständig machte und letztlich bei Meister Daumann kündigte. Sonst hatte er mir keine Steine in den Weg gelegt. Sie stellten mich sogar von der Arbeitszeit frei, als ich in der Abendschule meinen Meister machte. Das hatte ich mit meiner Frau so abgesprochen. Monika war Hausfrau und wollte sich außer unserem Citroën und ihren Antiquitäten auch mal was Ordentliches leisten. Deshalb überzeugte sie mich, daß ich als Kfz-Meister viel besser verdienen könnte.

Zwar war ich anfangs etwas skeptisch, weil jeder gute Plan bei der ersten Feindberührung zum Teufel geht. Doch es klappte. Seit langem arbeite ich nun in der Allee der Kosmonauten in Berlin-Marzahn, wo wir in der volkseigenen IFA-Vertragswerkstatt vor allem jene Schlitten reparieren, die aus den sozialistischen Bruderländern importiert werden. Also von Wolga und Saporoshez über Polski Fiat bis zum jugoslawischen Zastava. Es kann gar nicht genug davon geben – schließlich sichern sie mir mein Brot und den Brotaufstrich. Will damit sagen, daß ich mit meiner Qualifizierung zum Meister auch endlich meine eigentliche Berufung gefunden habe: Annahme-Meister im Kundenservice, also vorn im Büro, nicht mehr hinten in der schmutzigen Werkstatt. In dieser verantwortungsvollen Tätigkeit blühe ich förmlich auf, hier habe ich ein erträgliches Ein- und Auskommen.

Gewiß, es gibt viel zu tun: Das ständig klingelnde Telefon abnehmen und den Kunden einen Reparaturtermin in Aussicht stellen. Oder sie vertrösten, daß sie in sieben Wochen noch einmal anrufen sollen. Oder einen Blick unter die Motorhaube werfen, wenn die Autofahrer nerven und es mit ihrer Karre bis zu unserer Werkstatt geschafft haben. Und nach erledigter Arbeit Rechnung prüfen, Probefahrt und den Glücklichen ihr Gefährt wieder aushändigen.

Das Wunderbare an meiner Arbeit ist der direkte menschliche Kontakt, die Kundennähe. Wer sein Auto reparieren lassen will, kommt

Ein Mann fährt mit einem total verbeulten Polski Fiat an der Tankstelle vor und sagt: »Waschen bitte!« Fragt der Tankwart: »Soll ich ihn auch bügeln?«

Warum konnten sich Sex-Shops in der DDR nicht durchsetzen? Weil Trabi fahren besser wirkte als jeder Vibrator.

»Sie grüßen so freundlich, kennen wir uns?«

an mir nicht vorbei. Doch es wird ja keiner gezwungen in unserem Land. Verständlich, daß man sich da mit der Zeit eine Beziehungskiste zusammenzimmert. Ich meine damit nicht wie im Westen die Affäre mit einer anderen Frau, so mit Gefühlen, Sex und Krise, sondern mehr das sozialistische Vitamin B, so eine Art Beziehungsgeflecht, Seilschaft oder Netzwerk.

Wie eine Spinne sitze ich in der Mitte und ziehe die Fäden. An deren Enden die einzelnen Kunden. Von denen unterscheide ich vier Sorten. An erster Stelle die Fliesen-Geber, beispielsweise Künstler oder andere Handwerker, die Westgeld besitzen oder Naturalien wie gespundete Bretter, Heizungskessel und ähnliches. Als zweites kommen Kunden mit Einfluß, also Leute, die an wichtigen Stellen sitzen, beispielsweise im Wohnungsamt, im Kartenverkaufsbüro im Palast der Republik, Verkaufsstellenleiter im Intershop oder Exquisit oder im Reisebüro. Als dritte kommen die Normalos, schlichtweg Kunden, die mir zwischen 20 und 50 Mark Trinkgeld zustecken, obwohl Ostgeld eigentlich wie ein Bezugsschein ohne Einlösungsgarantie ist. Und als letztes die Naivlinge, die keine Ahnung davon haben, wie es in einem Reparaturbetrieb zugeht, zum Teil auch Geizkragen und Habenichtse wie Lehrer oder Fließbandarbeiter bei NARVA, die unsereinem kaum etwas bringen.

Zum Glück wird die letzte Gruppe zahlenmäßig immer kleiner, die anderen wachsen kontinuierlich. Sie sind eine wichtige Voraussetzung, damit die wegweisende SED-Losung »Ich leiste was – ich leiste mir was!« auch für mich zum Tragen kommt. So sind meine Frau und ich jederzeit in der Lage, unsere kulturellen und materiellen Bedürfnisse immer besser zu befriedigen. Keine Frage – der Bäckermeister um die Ecke legt mir jeden Sonnabend einen Beutel frischer Brötchen zurück, weil ich ihm Karten für den »Kessel Buntes« im Friedrichstadtpalast besorgen kann. Mein Zahnarzt liegt mir zu Füßen, da ich ihn mit einem Telefonanschluß beglückte. Für mich ist ständig ein Tisch im Restaurant des Fernsehturms reserviert, weil ich dem Chef dort das Buch von dem chinesischen Philosophen Kin Ping Meh verschaffte. Und wenn Monika und ich in die Staatsoper gehen, werden wir vom Intendanten persönlich mit Handschlag begrüßt und in die erste Reihe geführt, wo wir dann bei Premieren meist vor Krenz, Hager oder Axen sitzen.

DURCHSICHTSHEFT

bis 100 000 Fahrkilometer

für den Pkw Wartburg 353

30.5.85
Fahrgestell-Nr. Kaufdatum

Schumacher, Michael
Name und Vorname

Kerpen Reifenstr. 15
Wohnort Straße

VEB AUTOMOBILWERK EISENACH

Betrieb des VEB IFA-Kombinat PKW

Bei Verlust der Durchsichts-Gutscheine KEIN ERSATZ

Selbstverständlich ist unser bescheidenes Häuschen am Müggelsee mit allem erdenklichen Komfort ausgerüstet. Wie die Nachbarn haben wir alles, was man sich wünscht – zwei Garagen, Motorboot, Marmorfliesen in Küche und Bad, Stilmöbel, HiFi-Anlage, Fernseher und Videorecorder von Grundig usw. Ein Handwerkerkollege, eigentlich zum Stillschweigen verpflichtet, erzählte mir mal im Vertrauen während eines Besäufnisses in der Sinus-Bar vom Palast-Hotel, wie ärmlich es dagegen in Wandlitz zugehe, wo er mal einen Auftrag erledigen mußte. Kein Vergleich zu uns. Wir mußten darüber so lachen, daß uns die Bäuche schmerzten.

Irgendwie tun mir die Jungs ja leid. Sie gehören zwar wie ich zur führenden Arbeiterklasse, aber ich möchte mit ihnen nicht tauschen. Abgesehen von der Last der Verantwortung, schon allein wegen des Gehalts. Damit meine ich weniger den runden Tausender, den mir mein Betrieb monatlich aufs Konto überweist. Viel gewichtiger sind die Scheine, die die Kunden mir bei der Begrüßung gleich in die Hand drücken, bei der Erstinspektion des Wagens in die Tasche meines blauen Kittels stecken oder bei Begleichung der Rechnung unauffällig über den Tresen schieben. Zur Vereinfachung rechne ich einen Arbeitstag mit nur 30 Kunden und lediglich 30 Mark Trinkgeld. Das ergibt bei 20 Arbeitstagen schlappe 18 000 Mark. Unversteuert, auf die Kralle. So viel verdient weder der Staatsratsvorsitzende noch der Generaldirektor vom Kombinat Carl Zeiss Jena.

Solche Vergleiche belasten ganz schlimm, damit muß man erst mal klarkommen. Aber wie sagt meine Monika immer so schön? Das Leben kann so schwer sein, man muß nur wollen.

»Schönen Dank für den Auftrag, und hier die schriftliche Bestätigung!«

Meine Hölle: Pkw-Besitzer Karl Geberich gibt zu Protokoll

Ich kann nur klagen. Eigentlich müßte ich inmitten unserer sozialistischen Menschengemeinschaft glücklich und zufrieden sein. Aber die Verhältnisse, die sind nicht so. Damit meine ich weniger die Produktionsverhältnisse im allgemeinen, sondern mehr die Autoreparaturverhältnisse im speziellen.

Sicher, keiner hat mich genötigt, daß ich mir privat ein Auto zulege. So grausam ist die Diktatur des Proletariats nun auch nicht. Ich hätte getrost wie die 35 Jahre zuvor weiterhin Straßenbahn, Bus, U-Bahn, Reichsbahn und hin und wieder ein Taxi benutzen können. Aber Erdmute, meine resolute und zielstrebige Frau, überzeugte mich damals, daß die Zeit reif wäre für einen eigenen Wagen. Mit den Kindern am Wochenende einfach raus ins Grüne fahren, zum Campingurlaub an die Ostsee, an den Feiertagen zu den Eltern und Schwiegereltern nach Bautzen bzw. Stendal und dabei das viele Gepäck einfach in den Kofferraum schmeißen. Was soll's – ich ließ mich überreden.

Freilich mußten wir rechnen und eisern sparen. Erdmute verdient zwar als Kindergärtnerin auch nicht viel weniger als ich, der ich als promovierter Germanist in einem Verlag als Lektor arbeite. Aber mit knapp 2000 Mark zusammen kann man keine großen Sprünge machen, will man einen 10 Jahre alten Trabi für 7000 Mark kaufen. Und das war noch ein Vorzugspreis, vermittelt von einem befreundeten Autor, dessen Vater die Karre abstoßen wollte, weil er für ein paar Jahre an der DDR-Handelsvertretung in Kairo arbeiten und mit einem repräsentativeren Auto zwischen den Pyramiden herumkurven würde. Ich schluckte anfangs ein bißchen, versprach dem Autor eine Nachauflage seines Werkes – und damit ein beträchtli-

Ein Trabi hat eine Panne. Ein BMW-Fahrer ist so nett und schleppt ihn ab. Als ein Mercedes die beiden überholt, vergißt der BMW-Pilot den Trabi und düst mit 250 Sachen dem Mercedes nach. Der Trabi-Fahrer dahinter hupt und blinkt wie verrückt. Das ganze Geschehen beobachten Erich und Margot Honecker. Erich sagt: »Unsere Trabis sind aber stark geworden. Da will doch wirklich einer einen BMW überholen!«

Schulze kommt mit einem Motorschaden an seinem Saporoshez in die Werkstatt. »Bauen Sie mir bitte einen neuen Motor ein, meinetwegen einen generalüberholten, aber billig muß er sein!« Zwei Tage später ist der Wagen fertig. Schulze steigt ein und fährt dreißig Meter vor, dreißig Meter zurück, dreißig Meter vor usw. Schließlich fragt er wutschnaubend, was denn das für ein Motor sei. Der Meister antwortet: »Der billigste, den wir hatten – ein Scheibenwischermotor.«

SIE: Das Auto ist kaputt. Es hat Wasser im Vergaser.
ER: Wasser im Vergaser? Das ist doch lächerlich!
SIE: Ich sag dir, das Auto hat Wasser im Vergaser!
ER: Du weißt doch nicht mal, was ein Vergaser ist! Ich werde das mal überprüfen. Wo ist das Auto?
SIE: Im Dorfteich.

ches Honorar –, legte das Geld auf den Tisch und flitzte mit dem Trabi los. Zu Hause war die Begeisterung riesig. Gleich nach Feierabend fuhren wir stolz zum Einkaufen zur Wohngebietskaufhalle und dann mit den Kindern zum Pioniertheater an der Lichtenberger Parkaue.

Leider wurde unsere Freude rasch gedämpft. Schon am nächsten Wochenende, auf der Jungfernfahrt zu den Schwiegereltern, war nach ein paar Autobahnkilometern Schluß. Der Trabi tuckerte und rollte dann sprachlos auf den Standstreifen. Ich versuchte mehrfach, ihn zu starten – nichts. Dann öffnete ich die Motorhaube, was aber angesichts meiner handwerklichen Qualifikation sinnlos war. Ich rüttelte an Kerzen und Kerzensteckern, überprüfte den Bezinstand im Tank, ruppfte am Keilriemen – nichts. Auch das Studium der Betriebsanleitung und des Reparaturhandbuches »Ich fahre einen Trabant« brachte kein Ergebnis. Anschließend versuchten wir es mit Anschieben. Erdmute und die Kinder mit aller Kraft hinten am Kofferraum, ich am Steuer. Bereits beim dritten Versuch merkte ich, daß es besser ist, die Handbremse zu lösen. Zündung an, zweiten Gang einlegen, Kupplung durchtreten und dann langsam kommen lassen. Bis auf ein kurzes Motorstottern – wieder nichts. Nach zwei, drei Kilometern gaben wir erschöpft auf.

Plötzlich hielt mit quietschenden Reifen ein Wartburg vor uns. Der Fahrer stieg aus und fragte, ob er helfen könne. Da ich vorher kein Autobesitzer gewesen war, kannte ich die Solidarität der DDR-Bürger nur von den Kampagnen zur Freilassung von Angela Davis und Luis Corvalán. Und nun durfte ich es selbst erfahren! Der Wartburgfahrer war auch kein Technikexperte, wollte es aber wenigstens mit An- und Abschleppen versuchen.

Ich holte mein Abschleppseil aus dem Kofferraum, und wir befestigten es an unseren Wagen. Er fuhr an, das Seil spannte – und riß. Zum Glück hatte mein Helfer ebenfalls ein Abschleppseil parat. Das neuerliche Anfahren klappte prima, dann knirschte es. Der Wartburg fuhr mit der vorderen Stoßstange meines Trabis im Schlepptau ein paar Meter weiter. Irgendwie schafften wir es dann, die abgebrochene Stoßstange im Auto zu verstauen und das Seil am Unterboden meines Autos zu befestigen.

Ohne weitere dramatischen Zwischenfälle schleppte er uns dann zurück nach Berlin bis zu vor unsere Wohnung. Ich wollte mich bei meinem Pannenhelfer bedanken und ihm als Dankeschön ein Pfund, also einen 20-Mark-Schein, zustecken, doch er winkte großherzig ab. Verdutzt fragte ich ihn: »Du bist so gut zu mir, bist du etwa in der Partei?« Doch er lächelte nur verschämt, setzte sich in seinen Wartburg und düste los.

Während Erdmute und die Kinder das Gepäck traurig in die Wohnung trugen, versuchte ich mich nochmals am Motor. Mein törichtes Unterfangen wurde erst unterbrochen, als Peter Jakob, mein Nachbar, mich unsanft beiseite schob. Der Mann war Lkw-Fahrer im Wohnungsbaukombinat, ich ließ ihn gewähren und holte nur von oben einen Kasten Bier. Als ich wieder unten am Auto war, lag er unter der Karre und fummelte hinter dem rechten Vorderrad herum. Nach fünf Minuten kroch er hervor und murmelte etwas vom völlig verkeimten Unterbrecher und daß die Unterbrecherkontakte hinüber wären. Ich verstand nur Bahnhof, folgte aber seiner Anweisung, den Wagen mit gezogenem Shoke zu starten. Ein Wunder geschah, der Trabi sprang an! Bei der Probefahrt ums Karree summte er wie ein Bienchen, nur aus dem Auspuff drang eine dichte graublaue Qualmwolke. »Das macht nichts«, beruhigte mich Peter Jakob, »damit kommst du auf alle Fälle bis zur Werkstatt.«

Am nächsten Tag stand ich im Morgengrauen vor der Werkstatt an der Leninallee in Hohenschönhausen. Es war meine Premiere, ich zitterte vor Aufregung am ganzen Leib. Wußte ich doch aus Erzählungen von Verwandten, Kollegen und Freunden, wie kompliziert und aufwendig der Umgang mit den Dienstleistern aus dem Autoreparaturgewerbe sein kann. Diese engelhaften Samariter müssen in ihrem segensreichen Wirken stets unterstützt werden, soviel wußte ich. Aber womit, das war für mich die Frage. Was konnte ich ihnen schon bieten, damit sie mir ihre Hilfe angedeihen lassen? Meine Dissertation über jambische Rhythmen in Schillers Balladen taugte nichts im Vergleich zu anderen Handwerkerleistungen. Auch kam ich weder an die raren heißbegehrten Lizenz-Schallplatten von AMIGA ran, noch hatte ich Westverwandte, die mir D-Mark zuschoben. Und einfach 20 oder 50 Mark Trinkgeld rüberschieben, das war mir zu profan. Nach gründlichem Überlegen packte ich die drei Winnetou-Bände ein, die unser Verlag kürzlich herausgebracht hatte und die es trotz gigantischer Auflagenhöhe im Volksbuchhandel nur unterm Ladentisch zu kaufen gab. Karl May wäre genau das richtige, dachte ich mir, um den Kundendienst freundlich zu stimmen.

Die Bücher offen auf dem Rücksitz, fuhr ich also auf den Werkstatthof und reihte mich in die lange Schlange der Wartenden ein. Nach gut drei Stunden kam ich schon dran, ein junger Annahme-Meister schritt mit mir zum Auto. Er machte die Motorhaube auf, startete den Trabi, kratzte sich besorgt am Hinterkopf und meinte versiert, daß ich einen neuen Unterbrecher bräuchte.

Bei dieser fachkundigen Diagnose hüpfte mein Herz vor Wonne. Freudig erregt reichte ich dem Mann die Bücher, stammelte ein Danke und fragte, ob ich den Wagen gleich hier lassen könnte.

Herr Kroll, der Annahme-Meister, schüttelte bedauernd den Kopf. Man hätte keine Unterbrecher vorrätig. Aber wenn ich so ein Ding besorgen und mitbringen würde, könnte ich sofort kommen und sie würden das Teil innerhalb einer Stunde auswechseln. Und dann fragte er mich noch zielgerichtet, ob ich etwas mit dem Volksbuchhandel oder dem Verlagswesen zu tun hätte. Ich nickte dienstbeflissen, und daraufhin wollte er von mir wissen, ob ich ihm »Mein Name

Kommt ein Mann mit seinem Lada in die Reparaturwerkstatt. »Reparieren Sie bitte die Hupe!« Nach kurzer Inspektion meint der Meister: »Die Bremsen sind auch hin!« »Deswegen ja ...«

Auf der Straße kommt dir ein Scheibenwischerpaar entgegen. Was ist das? Ein Trabi ohne Extras.

sei Gantenbein« von Max Frisch besorgen könne. Donnerwetter, ein Intellektueller in einer Reparaturwerkstatt! Natürlich konnte ich. Im Laufe der Zeit besorgte ich ihm auch Sartre, Updike und Freud. Der Beginn einer wunderbaren Beziehung, dank meines einzigen Privilegs, als Verlagsmitarbeiter gefragte Bücher aus DDR-Verlagen mittels Vorbestelldienst zum Rabatt beziehen zu können.

Herr Kroll und ich wurden schnell ein eingespieltes Kollektiv. Während einer Mittagspause erstand ich im IFA-Salon Unter den Linden sogar einen Unterbrecher für einen Trabant, staunte über das kleine Gerät und ließ es mir dann in der Werkstatt einbauen. So funktionierte es fast immer.

Gewitzt durch die Erfahrung, legte ich mir sicherheitshalber einen Vorrat an Autoersatzteilen an. Im Keller lagerte ich Kerzenstecker, Luftfilter, Keilriemen, Kotflügel, Stoßstangen, Schmutzfänger, Zylinderkopfdichtungen und vieles mehr. Da ich ständig Autoren besuchen mußte, kam ich viel im Land rum. In jeder Bezirks- und Kreisstadt durchforstete ich die Ersatzteilläden nach Brauchbarem, mit manchen Verkäufern duzte ich mich bald. Gab es was Besonders und stand eine lange Schlange an, wechselte ich mich mit Bekannten beim Warten ab. Nie werde ich das Glücksgefühl vergessen, als ich einmal in dem Laden in der Klement-Gottwald-Allee in Weißensee eine fabrikneue Auspuffanlage entdeckte. Einfach so zum Kaufen und Mitnehmen! Ein Geschenk des Himmels! Unter den neidischen Blikken zahlreicher Passanten trug ich den Auspuff zum Wagen.

Oder in Gera, in der Straße der Republik. Ein Kunde fragte nach vier Artikeln, darunter ein Regler. Die nette Verkäuferin schüttelte jedesmal den Kopf. Dasselbe auch bei mir, als ich eine Tachowelle verlangte. Draußen vor dem Laden sah ich den Mann aus der Schlange wieder. Er tat mir ein bißchen leid, und da ich im Kofferraum einen neuen Ersatzregler liegen hatte, bot ich ihm diesen großzügig an. Der Zufall wollte es, daß er eine Tachowelle besaß. So wurden wir uns schnell handelseinig.

Überhaupt entwickelte ich mich rasch zum gewieften Autofahrer. Ich meldete mich lange im voraus zu Reparaturterminen an, obwohl nichts kaputt war. Und kaum war ich aus einer Vulkanisierwerkstatt herausgefahren, bestellte ich fünf runderneuerte Reifen. Und selbstverständlich baute ich im Winterhalbjahr, wenn die Temperaturen unter null Grad fielen, die Autobatterie aus, goß destilliertes Wasser nach und hängte sie ans Ladegerät vom Typ »Ladefix 4«.

Leider gab es auch einige deprimierende Erlebnisse.

So in der Fachverkaufsstelle in Bad Düben. Ich fragte nach einem kleinen Ersatzteil, der Verkäufer ging nach hinten ins Lager und kam kopfschüttelnd zurück. Dann fiel mir noch ein zweiter Kaufwunsch ein. »Ich hab doch meine Beene nicht in der Lotterie gewonnen!« entgegnete mir der Mann schlagfertig. Schüchtern fragte ich: »Aber einmal werden Sie doch noch nachsehen können?« Worauf mich der Verkäufer aufklärte: »Nee, bei mir müssen Sie schon vorher wissen, was Sie ham wolln. Gucken Sie sich Ihr Auto gefälligst vorher genau an, damit Sie wissen, was Sie brauchen und mich nicht nerven!«

Schwierig war es auch, sich auf die Sensibilität der verschiedenen Werkstätten einzustellen, wenn ich mal unterwegs eine Panne hatte. Beispielsweise brach mir in Weimar das Gelenk des linken Radantriebs. Der diensthabende Mechaniker des Reparatur-Bereitschaftsdienstes am Friedrich-Engels-Ring schickte mich aber wieder weg, weil er das fehlende Ersatzteil nicht hätte. Mit Hilfe meines Weimarer Autors gelang es mir, das Stück über Nacht zu ergattern. Mit dem Gelenk in der Hand stand ich am nächsten Morgen in der Werkstatt. Abermals mußte ich unverrichteter Dinge abziehen. Es wäre eine zu große Reparatur, die könne man nicht schwupp-die-wupp erledigen, wurde mir beschieden. Aber ich könne einen Termin für die nächste Woche haben.

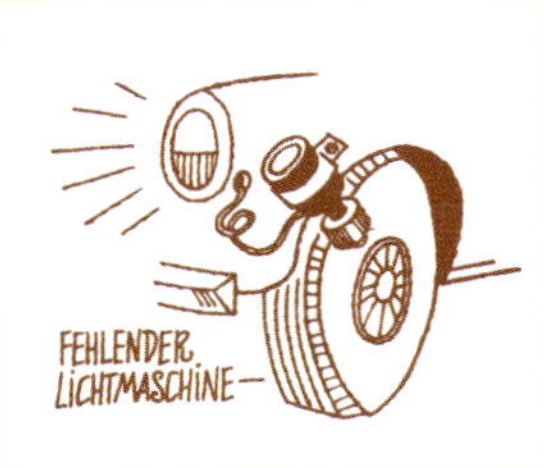

Lehrreich ging es auch in der PGH Kfz-Vertragswerkstatt in Neuenhagen zu, in die ich in den Dienstwagen unseres Verlages schieben mußte. Bei dem Wartburg war der Kühlwasserschlauch defekt, und ich wollte ihn als Unterwegshilfe auswechseln lassen. Ohne Umschweife erklärte sich der Meister bereit, ein kaputtes Teil am Kühler anzulöten. Ich mußte nur den Kühler ausbauen, erhielt einen neuen Kühlschlauch und Schlauchband und durfte den Kühler eigenhändig wieder einbauen. Die hilfsbereiten Kollegen reichten mir dann sogar eine Gießkanne voll Wasser. Zufrieden fuhr ich vom Hof, nachdem ich die Rechnung beglichen hatte, inklusive der Arbeitsleistung von 34,80 Mark.

In meinen Grundfesten erschüttert wurde ich allerdings, als sich die Lenksäule meines Trabis mit jeder Fahrt mir immer weiter entgegenschob. Als ich mich kaum noch hinters Steuer quetschen konnte, kam mir die Sache komisch vor, und ich fuhr in die Werkstatt. Meister Kroll genügte ein Blick. »Klarer Fall, das Geweih ist im Eimer.« Ich schaute ihn verständnislos an und ließ mich aufklären, daß der vordere Querträger des Autos völlig durchrostet und gebrochen sei, man mit Schweißen nichts mehr retten könne. So ein neues Ding müsse eingebaut werden, bis dahin sei mein Wagen nicht mehr betriebs- und verkehrssicher. Und wie üblich hätte die Werkstatt keine Geweih auf Lager, ich müsse also wieder selbst in die Spur gehen.

Dabei blieb es. Ich ließ zwar meinem Annahme-Meister einen vierbändigen Robert Musil zukommen, doch wie ein Mann ohne Eigenschaften teilte er mir lapidar mit, daß er im Betrieb gekündigt habe, weil er in Mittweida ein Ingenieurstudium aufnehmen wolle. Meine heile Welt brach zusammen. Wochen- und monatelang war ich mit nichts anderem beschäftigt, als in der ganzen Republik nach einem Querträger zu fahnden. Keine Chance. Ich hätte auch in der Spree nach Gold-Nuggets schürfen können.

Die Erlösung kam in Form einer Karte vom VEB IFA-Vertrieb. Ich könnte nächste Woche den vor Jahren bestellten Neuwagen abholen. Ich hatte überhaupt nicht mehr daran gedacht, schon gar nicht daran, daß Erdmute die Bestellung von einem Wartburg auf einen Saporoshez geändert hatte, weil man auf den sowjetischen Kleinwagen nicht ganz so lange warten muß. Ich ließ also unseren alten Trabi verschrotten, verkaufte den Kfz-Brief und kratzte das übrige Geld für die 12 000 Mark für den ZAZ 969 zusammen.

Sicher, der »Sappo«, wie ich ihn liebevoll nannte, war nicht jedermanns Geschmack. Höhnisch nannten manche das Gefährt »Europapanzer«, »Russenbuckel«, »Zappelfrosch«, »Soljankaschüssel«, »Taigatrommel« oder »Chrustschows letzte Rache«. Andere verpaßten ihm den Spitznamen »Volksfiatowitsch«, weil der Wagen der ukrainischen Autobauer aus dem »Kommunard-Werk« in Saporoshje dem kleinen Fiat 600 ähnelte. Mir war das egal. Das Auto war robust, machte – einmal in Schwung gekommen – seine 100

Sachen, und seine Heizung funktionierte einwandfrei, weil sie unter den harten klimatischen Bedingungen des sibirischen Winters getestet war.

Jedenfalls bin ich mit dem »Sappo« recht gut gefahren. Zufrieden war ich auch damit, daß ich nach der Anleitung des Serviceheftes vieles selbst machen konnte, zum Beispiel Ventile und Bremsen einstellen oder Achsen, Bremszylinder und Tank wechseln.

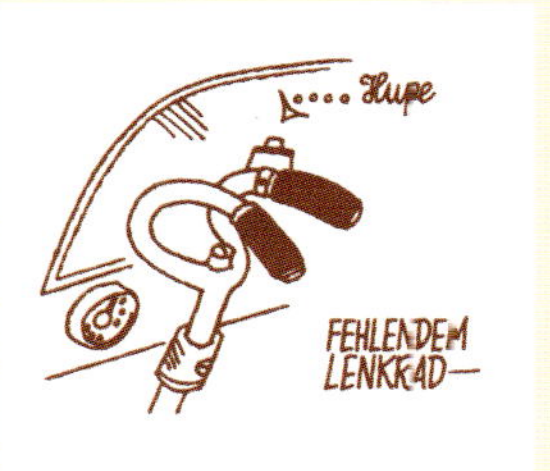

Nach vier Wochen aber stellte ich Mängel fest: An manchen Stellen der Karosserie blätterte der Lack ab, und man konnte darunter Rost sehen. Schnurstracks fuhr ich mit dem Auto in die Allee der Kosmonauten zur IFA-Vertragswerkstatt, um meine Garantieansprüche anzumelden. Aber Herr Nimmsatt, der Annahme-Meister, den alle anderen Kunden mit Handschlag begrüßt hatten und der daraufhin sofort seine Hand in die Kitteltasche steckte, stakste nur um das Auto herum und nuschelte etwas von Importlack und fehlender Karosseriekapazität. Nun gut, sagte ich mir, und zog unter meiner Dederonjacke den »Schatz im Silbersee« hervor. Angewidert meinte der Meister jedoch, daß er keine Bücher lese. Aber dann fragte er freundlicher, ob ich ihm Videos von Dolly Buster und Teresa Orlowski besorgen könne. Da ich weder wußte, was ein Video ist, noch die tschechische bzw. polnische Künstlerin kannte, zuckte ich nur mit den Schultern. Jedenfalls ging die Sache wie das Hornberger Schießen aus, ich wurde auf die Warteliste gesetzt.

Nach zwei Jahren auf die Folter gespannt, war meine revolutionäre Geduld arg überstrapaziert. Ich setzte mich hin und schrieb eine Eingabe an den Imperhandel, jene DDR-Firma, welche für den Verkauf von Importautos zuständig ist. Nach zwei Wochen erhielt ich den Zwischenbescheid, daß man sich meiner Angelegenheit widmen werde. Dann herrschte monatelanges Schweigen im Wald, bis wir in die Sommerferien fuhren. Nach vier Wochen Erholung wieder zu Hause, fand ich dort eine Benachrichtigung meiner Vertragswerkstatt. Allerdings lag der Termin schon um zwei Wochen zurück. Erwartungsvoll rief ich trotzdem in der Werkstatt an. Doch Herr Nimmsatt teilte mir empört mit, daß an besagtem Tag ein Vertreter von Imperhandel mit zwei sowjetischen Ingenieuren aus Saporoshje vergeblich auf mich gewartet hätten, um mein Auto zu inspizieren. Ich hätte es also nicht anders gewollt, nun könne er mir auch nicht mehr so schnell helfen. Und außerdem sei mein Garantieanspruch erloschen. Mir blieb nichts anderes übrig, als mich gebührend dafür zu entschuldigen, daß ich ihm und seinen Kollegen solche Unannehmlichkeiten bereitet hatte.

Seitdem grüble ich ständig über mein Fehlverhalten nach. Das Autofahren habe ich drastisch eingeschränkt, greife dafür öfters wieder zu einem guten Buch. Manchmal streiche mir beim Lesen gute Sätze an. Zum Beispiel bei Marx: »Das Sein verstimmt das Bewußtsein.«

Ohne Anstrengung
an jedes Wanderziel
Hubraum 47,6 cm³
1,5 PS bei 5000 U/min
MIT
SR2
Kraftstoffverbrauch auf
100 km ca. 2 l bei 45 km/h
VEB FAHRZEUG- UND GERÄTEWERK SIMSON-SUHL

Vom Hühnerschreck und komischen Vögeln in Kotzen

Schuld waren die Russen. Und daß man sie nicht verstehen konnte, rein sprachlich. Als sie damals im April 45 auf ihren Panjewagen ins Dorf kamen, wußte keiner von den Einwohnern, was sie eigentlich suchten. Erst als ein Soldat Vaters Kompaß – der nur einen Zeiger besaß und nicht ticktack machte – auf den Steinfußboden schmiß, wütend darauf herumtrampelte und brüllte »Gitler kaputt, Uri kaputt!«, dämmerte es den Eltern, was sie wollten. Folglich leisteten sie keinen Widerstand, als die Russen den Hühnerschreck aus dem Stall schoben und einfach beschlagnahmten. Auf Nimmerwiedersehen geklaut!

Jürgen Schuster hatte damals geheult wie ein Schloßhund. Das schöne Elite Diamant-Fahrrad mit MAW-Hilfsmotor und Karbidlampe! Er durfte auf dem Gepäckträger sitzen, wenn Vater oder Mutter damit sonntags früh zur roten Backsteinkirche fuhren. Vielleicht wog dieser Verlust so schwer, daß er seitdem nicht mehr auf einen fahrbaren zweirädrigen Untersatz verzichten konnte. Und natürlich hatte ihm auch Vater diesen Floh ins Ohr gesetzt, wie die Mutter immer mit spitzer Zunge behauptete.

Denn der Alte war ein Motorradnarr. Er besaß anfangs sogar zwei davon. Die AWO 425 war sein Dienstfahrzeug, das stand ihm als Bürgermeister von Kotzen mit seinen knapp 400 Einwohnern zur Verfügung. Mit der Karre fuhr er durchs Dorf, zur Ernteschlacht auf die Felder der neuen LPG vom Typ I und zum Kreis oder Bezirk nach Rathenow bzw. Potsdam. Wenn er den Kickstarter drei-, viermal getreten hatte, bullerte der Viertaktmotor mit seinen 250 Kubik immer mächtig los. Die Tourenmaschine stammte aus dem Simson-Werk Suhl, aus dem die Nazis das Gustloff-Waffenwerk gemacht hatten und das nun zur sowjetischen Aktiengesellschaft Awtowelo gehörte. Daher auch der seltsame Name AWO, wobei die 4 für Viertakter und die 25 für 250 Kubikzentimeter Hubraum steht. Wenn sie Bürgermeister Schuster, von seinen Agitationseinsätzen zurückkehrend, auf seiner AWO sahen oder hörten, sagten die Kotzener immer respektvoll: »Der Dampfhammer kommt.« Der Alte wußte allerdings nicht, ob er persönlich damit gemeint war oder sein Dienstfahrzeug.

Weil die AWO aber nur einen Sitz für den Fahrer hatte und die Partei dagegen war, daß Volkseigentum zu Privateigentum gemacht wurde, legte er sich für Familienfahrten eine zweite Maschine zu und bezahlte dafür bei der HO über 2000 Mark. Die EMW R 35/3 aus Eisenach sah der AWO auf den ersten Blick zum Verwechseln ähnlich. Man kam mit ihr ebenfalls über 100 Stundenkilometer, sie besaß auch einen luftgekühlten, kopfgesteuerten Einzylinder-Viertaktmotor sowie ein Viergang-Getriebe mit Fußschaltung. Aber die robu-

**Ein Motorradfahrer ist auf seiner MZ in einer eisigen Nacht unterwegs. Weil ihm der Wind so stark durch den Reißverschluß seiner Jacke zieht, hält er an und zieht seine Jacke verkehrt herum an, also mit dem Reißverschluß auf dem Rücken. Einige Kilometer weiter hat er einen Verkehrsunfall und wird schwer verletzt. Als der Rettungswagen eintrifft und die Sanitäter nur noch den Tod des Motorradfahrers feststellen können, fragen sie die Ersthelfer: »Hat der Motorradfahrer noch irgendwas gesagt?«
Einer der Passanten antwortet: »Zuerst hat er noch gestöhnt, aber nachdem wir den Kopf richtig herumgedreht haben, war er still.«**

**Woran erkennt man freundliche Motorradfahrer?
An den Fliegen zwischen den Zähnen.**

**Was ist der Unterschied zwischen einem Glatzkopf und einem Moped?
Ein Moped kannst du frisieren!**

ste »Benzinkuh«, wie Vater Schuster sie liebevoll nannte, hatte fast 100 Kubik mehr Hubraum, besaß eine ölgedämpften Vorder- und Hinterradfederung und war vor allem nicht nur als Soziusmaschine, sondern auch im Gespannbetrieb einsetzbar. Das heißt, zu den Wochenendausflügen saßen hinten immer die Mutter und im Beiwagen Klein-Jürgen. Allerdings wurde der Seitenwagen stets abmontiert, wenn der Alte zum Lehrgang nach Potsdam fuhr, ans Institut für Staat und Recht. Weil nämlich die alten Länder in der DDR aufgelöst waren und eine Neugliederung in Bezirke erfolgte, mußte er nochmals die Schulbank drücken. Nicht die der Fahrschule, sondern wie Demokratie sozialistisch und zentralistisch funktioniert. Übrigens trat auch hier Sohn Jürgen in des Vaters Fußstapfen, nur hieß das Institut dann »Akademie für Staats- und Rechtswissenschaften«, und man konnte dort sogar Doktor oder Professor werden.

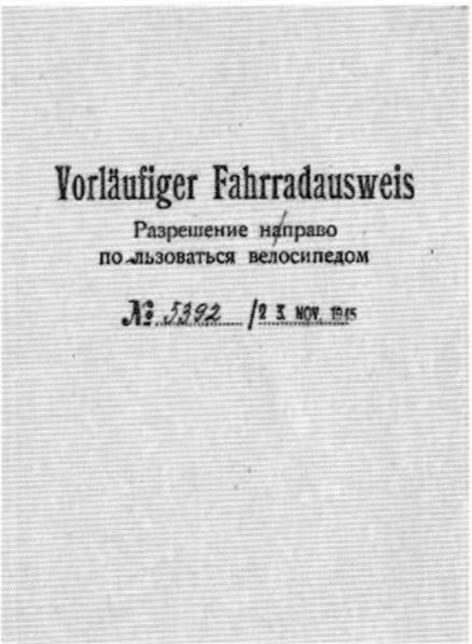

Vorläufiger Fahrradausweis

Разрешение на право

пользоваться велосипедом

№ 5392 / 23 NOV. 1945

Vor jener Zeit hatte Jürgen nicht mehr die Christenlehre beim Dorfpfarrer besucht und statt dessen bei der neu eingeführten Jugendweihe mitgemacht. Es ging recht feierlich zu, es gab das dicke Buch »Weltall, Erde, Mensch« und auch nette Geschenke von den Verwandten. Doch das Wichtigste: Man war endlich 14 und durfte offiziell Moped fahren. Diesen langgehegten Traum hatte er sich vom Munde abgespart, jedes Fünfzig-Pfennig-Stück Taschengeld eisern beiseite gelegt, jeden Lohn vom Kartoffellesen in den Herbstferien zusammengehalten. Nun stand das Prachtstück vor ihm: ein braunes Simson-Moped SR 1 aus dem VEB Fahrzeug- und Jagdwaffenwerk »Ernst Thälmann« Suhl. Das wunderbare Kleinkraftrad hatte die Kraft von anderthalb Pferden und kam damit auf fast 50 Stundenkilometer. Zum Starten mußte man die Pedalen antreten, und dann ging es los mit zwei Gängen.

Da auch ein paar seiner Freunde sich solch ein Moped zugelegt hatten, machte es Riesenspaß, in der Gruppe auf der Kotzener Dorfstraße herumzukurven. Und es machte einen Höllenlärm. Die alten Weiber meckerten zwar, daß die Hühnerschrecks verboten werden und der ABVer, der Dorfsheriff, das unterbinden müsse. Doch dabei blieb es auch. Aus Jux nannten sich die Jungs insgeheim »Hühner-Bande«. Freilich nicht, um im Kollektiv Federvieh zu stehlen, sondern weil man sich neben den Zweirädern auch für Mädchen zu interessieren begann. Bei den Erkundungstouren auf den Mopeds wurden die Kreise deshalb immer größer gezogen, man getraute sich selbst über die Bezirksgrenzen. Sie fuhren zwar nicht wie zwei Dresdener Ingeniere auf ihren SR 2 Simson-Mopeds 50000 Kilometer durch 30 Länder, aber immerhin ging es bis nach Busendorf und Hammelspring, bis Kuhbier und Schabernack.

In dieser bewegten Zeit fanden Jürgen und seine Kumpels auch zunehmend Gefallen an der Musik. Nicht an der von Helga Brauer und ihrem Lipsi-Tanz. Ihre Idole hießen Little Richard, Elvis Presley und Chuck Berry, und es ging um Rock'n'Roll. Um das mitzuerleben, wagten sie es sogar, nach Westberlin in den Sportpalast zu fahren. Es war das Größte! Der Mann mit der Schmalzlocke, Bill Haley mit seinen Comets im Konzert – »Whole Lotta Shakin' Goin' On«, »ABC-Boogie« und »See You Later Alligator« ... Es gab tatsächlich ein Nachspiel, eine FDJ-Versammlung im Lehrbetrieb. Der FDJ-Chef und der Parteisekretär schwafelten von einem »berüchtigten Rock'n'Roll-Gangster«, einer »Orgie der amerikanischen Unkultur«, von einem »Kometen der Triebentfesselung« und von einem »Destillat aus allen Widerwärtigkeiten unserer Zeit«. Die ertappten jungen Sozialisten nickten selbstkritisch und fuhren am nächsten Sonnabend wieder zum Tanz, nach Philadelphia, ganz in der Nähe von Storkow.

Es war Jürgen Schusters Glückstag. Nicht nur, weil sie trotz Schmalztolle, Lederjacke und Nietenhose auf den Tanzsaal gelassen wurden, sondern weil er sich auch zwischen »Sweet little Sixteen« und »Rock around the clock« richtig entschieden hatte. Genauer gesagt zwischen Barbara und Ulrike. Die schwarzen Haare zum kekken Pferdeschwanz gebunden, Ringelsöckchen und der wippende Petticoat – es war für Jürgen Liebe auf den ersten Blick. Er konnte mit Ulrike wunderbar auseinander tanzen, eben richtig Rock'n'Roll, so mit Hüftschwung und Überwurf. Außerdem fuhr das Mädchen nicht wie ihre Freundin dieses weinrote »Damenmoped«, diesen KR 50. Sie war viel reifer, erwachsener und klüger – und fuhr einen Pitty. Der moderne Stadtroller war genauso formschön wie seine Besitzerin, nur etwas pummliger. Er wurde im Heimatbezirk Potsdam hergestellt, im IWL, im VEB Industriewerke Ludwigsfelde. Die Konstrukteure hatten im Parteiauftrag schon 1953 innerhalb von 81 Tagen, bis zu Stalins Geburtstag, ein funktionsfähiges Versuchsmuster gebaut, und es dauerte nur anderthalb Jahre, bis das Produktionsband anlief. Mit ihrem 2300 Mark teuren Pitty, seinen 5,5 PS, drei Gängen und 80 Sachen Höchstgeschwindigkeit konnte Ulrike ihren Jürgen auf seinem klapprigen SR 1 mühelos abhängen. Was Ulrike aber zum Glück nicht tat. Ganz im Gegenteil.

»Sehen Sie nur die vielen Einsen, die er in der Schule hat!«

Ein Jahr später brachte sie das Opfer und zog von Neu Boston zu ihm nach Kotzen. Überglücklich vollzogen sie die sozialistische Eheschließung und erhielten Nachwuchs.

Sie bekam einen neuen Roller – keinen Wiesel oder Troll oder den tschechischen Cezeta-Roller, wohl aber den letzten Schrei aus Ludwigsfelde, den Berlin SR 59. Für das gleiche Geld wie für den Pitty gab es wesentlich mehr: 7,5 PS, 150 Kubik, Vierganggetriebe, eine Höchstgeschwindigkeit von 83 Stundenkilometern, wie auch in die Parallelogrammfederung des Hinterrades ein Stoßdämpfer eingezogen wurde, womit schlechte Straßen kein Problem mehr waren. Die Nebenkosten, obwohl das für die gut verdienende Betriebszeitungsredakteurin im EAW Treptow keine Rolle spielte, hielten sich mit 24 Mark Kfz-Steuer und 21,30 Mark Haftpflicht in vertretbaren Grenzen. Ulrike konnte der Ludwigsfelder Werbung nur zustimmen: »Für alt und jung ein Quell der Freude!«

Ein Mopedfahrer fährt mit seiner Schwalbe auf der Landstraße und wird von einem Polizisten angehalten: »Allgemeine Verkehrskontrolle, würden Sie bitte den Gurt ablegen und aussteigen!«
Darauf der Mopedfahrer: »Reicht's, wenn ich die Scheibe runterleire?«

Selbstverständlich ging auch Jürgen Schuster, nunmehr Kotzens neuer Bürgermeister, nicht leer aus. Zu seinem 25. Geburtstag durfte er mit Zustimmung seiner Frau eine 250er Jawa kaufen. Die Motoren der Maschine wurde in Prag hergestellt, Gießerei und Endmontage standen in Tynec. Die Jawa war für ihn perfekt – wie seine Frau: alltagstauglich, pflegeleicht und anspruchslos. Vor allem hatte sie 14 PS, und er vermochte – wie Walter Ulbricht es gefordert hatte – Ulrike auf ihrem Berlin-Roller mühelos überholen ohne einzuholen.

Ein paar Jahre später war Jürgen Schuster mit der Jawa nicht mehr so zufrieden. Denn nach dem Prager Frühling von 1968 war in ihm ein neuer sozialistischer Nationalstolz erwacht. Vor allem seit Nekkermann MZ-Motorräder im Westen verkaufte, das Trophy-Team bei den Six Days Sieg um Sieg nach Hause fuhr und die DDR-Sportler zur Olympiade in Grenoble und Mexiko grandiosen Erfolge erzielten, wollte er nun unbedingt auch aus heimischer volkseigener Produktion ein Motorrad fahren. Und zwar das Neueste vom Neuen, eine MZ ETS 250 Trophy Sport aus dem Motorradwerk Zschopau.

Da das NÖSPL, das Neue Ökonomische System der Planung und Leitung, in der DDR gerade in voller Blüte stand und man bei Motorrädern nicht so lange Wartezeiten wie bei Autos hatte, konnte sich Jürgen Schuster diesen Wunsch rasch erfüllen. Mit etwas mehr als 3000 Mark war er dabei. Das gelb-schwarze Gefährt war imposant, gestalterisch gelungen, sah aus wie eine Geländemaschine, nur bulliger, hat Vorderradschwinge und Telegabel und 19 PS. Damit könnte man richtige Rennen fahren. Manchmal kam er sich schon vor wie die MZ-Rennfahrer Ernst Degner und Alan Shepherd oder wie der Sechs-Tage-Sieger Fred Willamowsky. Aber als er die Jugendlichen in Kotzen sah, wußte er, daß er aus diesem Alter leider heraus war.

Deren Frisur war nicht mehr die Ente, sie ließen sich die Haare über Ohren und Kragen wachsen und grölten bei stampfender Musik »Satisfaction«. Außerdem hatte fast jeder der Jungen einen Vogel. Ja, im Dorf grassierte eine regelrechte Vogelseuche. Und Simson-Suhl hatten Namen dafür: Spatz, Star, Sperber, Habicht und Schwalbe.

Im Gegensatz zu seiner Sturm-und-Drang-Zeit sah Jürgen Schuster, daß im Land und im Dorf der Wohlstand ausgebrochen war. Zumindest war es bei der Jugendweihe mittlerweile Pflicht geworden, den halbwüchsigen Burschen wenigstens ein Moped oder Mofa zu schenken. Allerdings war im Verhältnis zum materiellen Überfluß das handwerkliche Geschick disproportional gewachsen. Mehr als einmal sah Jürgen Schuster, wie ein Jüngling hilflos vor seiner leblosen Schwalbe hockte, nur weil er nicht imstande war, dem kleinen Motor wieder Leben einzuhauchen. Dann wurde der Bürgermeister, der schon in der Schule beim UTP, dem Unterrichtstag in der Produktion, gut aufgepaßt hatte, von Mitleid übermannt.

Er zeigte dem Jungen, daß weder mehrmaliges Treten des Kickstarters etwas brachte, noch der Bock durch sinnloses Anschieben ansprang. Also als erstes Zündkerze rausdrehen, denn das Kerzengesicht sagt schon viel über mögliche Störungen. Ist die Kerze völlig trocken, liegt's vermutlich am Vergaser, ist sie naß, ist wahrscheinlich die Zündung defekt. Bei letzterem jedoch erst einmal eine neue Zündkerze probieren, bevor die ganze Karre in Einzelteile zerlegt wird. Also Zündkabel aus dem Kerzenstecker herausdrehen, in etwa fünf Millimetern Abstand zu Fahrzeugmasse halten und erneut probieren. Wenn es jetzt funkt, ist der Stecker nur noch Schrott!

Mit solchen Kunststückchen gelang es ihm, die Dorfjugend zu begeistern. Für die Sache. Und darüber hinaus konnte er auch den Duo reparieren, das Fahrzeug seines altgewordenen und leicht gehbehinderten Vaters. Das war für Jürgen kein Problem, da das Gefährt im Prinzip eine überdachte Schwalbe auf drei Rädern war. Mit seiner fast einen Meter breiten Sitzbank zudem ein echter Zweisitzer, also nicht nur etwas für Individualisten. Verständlich, daß er und Ulrike bei Regenwetter auch mal in den Duo umstiegen. Genauso verständlich, daß dann bald der erste Trabi in die Familie Einzug hielt.

Mit dem fahren Jürgen und Ulrike Schuster noch heutzutage einmal monatlich von Kotzen zum Beat-Keller nach Berlin-Treptow. Wenn der Diskjockey dann »Motor-Biene« auflegt, geht die Oldie-Party erst richtig los.

Mitternachts auf dem Friedhof. Zwei befreundete Skelette, Willi und Max, wollen eine Motorradtour unternehmen. Willi hat den Helm schon angelegt, da rennt Max zurück zu seiner Grabstätte und wuchtet seinen Grabstein aufs Motorrad. Willi fragt verblüfft: »Was soll denn das?« Antwortet Max: »Ich fahre doch nicht ohne Papiere!«

Hans-Joachim Riegenring
Autofahrt mit Cordula

Ein Mann, der heutzutage (und auch heutzunächte) zu Fuß geht, ist in den Augen der meisten Mädchen überhaupt kein Mann. Er ist eben ein Fußgänger. Und was gilt schon ein Fußgänger! Schließlich leben wir im Zeitalter der Auto-Mation. Früher waren die Mädchen ganz wild hinter den Matrosen her. Ein Maat hatte mehr Chancen, als er jemals bei einem Landurlaub ausnützen konnte. Aus. Vorbei. Mit seinen flatternden Mützenbändern lockt er kein Mauerblümchen hinter dem Ofen hervor. Auch ein Maat muß, wenn er Glück haben will, Autobesitzer sein. Auto-Maat.

Muskeln? Geist? Imponiert den Frauen alles nicht. Was heißt Manneskraft? Pferdestärken wollen sie fühlen!

Es gab Zeiten, da galt einer als feiner Mann, wenn er einen Zylinder besaß. Heute müssen es mindestens vier Zylinder sein. Die dümmsten Männer ernten die schönsten Frauen, wenn sie ein Auto besitzen. Ein Doktordiplom gilt nichts gegen eine Fahrerlaubnis. Ein Mann kann bekloppt sein und fettleibig – mit Auto ist er ein Don Juan. Der Benzingeruch ist das Parfüm des modernen Mannes. Die Liebe geht durch den Wagen.

Und damit komme ich zu Cordula. Wenn ich sage, daß es eine bezaubernde Frau war, dann können Sie mir das glauben. Sie war eine wundervolle, eine herrliche, eine ... Entschuldigen Sie den nassen Fleck auf dem Papier. Hat nichts zu sagen. Nur eine salzige Träne der süßen Erinnerung.

Eine Frau wie auf einem Reklamebild für amerikanische Super-Luxus-Straßenkreuzer. Und sie liebte mich unscheinbaren Trottoirtreter und Überfülltestraßenbahnbenutzer. Allerdings hatte ich ihr gleich nach dem ersten Kuß versprechen müssen, in Kürze Autobesitzer zu werden.

»Das ist leichter gesagt als gekauft«, seufzte ich. »Ich bin ein armer Mann!«

»Du brauchst aber ein Auto«, beharrte sie. »Du bist ein Autor, also brauchst du ein Auto. Oder liebst du mich nicht mehr?« Nach diesen Sätzen, deren komplizierten Zusammenhang ich nicht sogleich ergründen konnte, legte sie mir die Arme um den Hals. Sie trug eine hellblaue Bluse mit einem Reizverschluß.

Von diesem Tag an redete sie mir ständig ein, daß ich unbedingt ein Auto haben müßte, bis ich es selbst glaubte. Das war die Wirkung der Auto-Suggestion.

Den Versuch, im Lotto Geld zu gewinnen, gab ich auf, bevor ich es versucht hatte. Meinem Glück im Spiel nach, und wenn das Sprichwort stimmt, müßte ich schon längst einen Harem besitzen.

Ich überlegte, ob man sich einen Wagen selbst bauen könnte. Es gibt doch Anleitungen »Wie baue ich mir selbst ein Paddelboot, ein Wochenendhaus, einen Taubenschlag usw.« Warum nicht ein Auto? Dann fiel mir ein Bekannter ein, der das mal versucht hatte. Er kriegte es auch zusammen, nur den Vergaser vergaß er.

Von früh bis morgens schaltete mein Gehirn automatisch auf Auto. Ein amerikanischer Gangsterfilm brachte mich sogar auf die Idee – oh, Schreckliches schlummert im Menschen, und ich bitte die Redaktion, diese Mitteilungen vertraulich zu behandeln –, eine reiche Witwe mit Auto zu heiraten, sie dann zu ... ja, mit Schlaftabletten soll das ganz schmerzlos ... ich eigne mich aber doch nicht zum Mit-Giftjäger. Cordula wurde ungeduldig. Ich verzweifelte. Meine Nerven waren gestört wie eine Fernsehdirektübertragung. Im letzten Moment starb ein Onkel, von dem ich nie im Leben gehört hatte. Mein Erbschaftsanteil reichte für einen Wagen. Für einen gebrauchten, aber doch für einen Wagen.

Cordula kaufte sich sofort einen neuen Hut und die elegantesten Handschuhe, die es gibt.

Sie freute sich im dritten Gang. »Und jetzt besuchen wir beide die Fahrschule!«

»Warum beide?« Ich rechnete mein Konto nach. »Es genügt doch, wenn ich allein ...«

Nein, sie wollte auch mal an der Steuerschraube sitzen.

»Teures Mädchen«, sagte ich. »Wenn's sein muß ...« Der Laie stellt sich das Autofahren so einfach vor. Man drückt auf die Hupe, und alles macht Platz. Ja, aber was dahintersteckt, hinter dem Hupen – Batteriesäure, Kolbenringe, Integralgetriebe – das ahnt keiner! Wie? Differentialgetriebe? Möglich. Irgendwas Mathematisches ist es jedenfalls.

Durch irgendwelche mir heute noch unerklärlichen Umstände bestanden wir beide die Prüfung. Wir traten unsere erste große Fahrt an. Cordula saß stolz am Lenkrad. »Also los«, nickte ich. »Hals- und Beinbruch. Für dich.« Ich fand, sie fuhr etwas zu weit nach links. »Mehr rechts, Cordula.« Sie drehte das Rad nach links. »Rechts, rechts – paß auf – Bremseee!« Cordula gab Gas und fuhr präzise den Torpfeiler um. »Siehst du«, zischte sie mich an, »deine Schuld! Immer sagst du mir alles verkehrt.«

Wir lösten uns beim Fahren ab. Der eine gab gute Ratschläge, der andere steuerte und tat das Gegenteil. Nach einer halben Stunde hatten wir uns total verkracht und sprachen kein Wort miteinander. Mitten auf dem Alexanderplatz blieb der Wagen stehen. Cordula sah neidisch einem eleganten Sportwagen nach, der an uns vorüberzog.

»Laß fahren dahin«, tröstete ich und drückte auf den Anlasser. Ich probierte alle Knöpfe und Hebel. Die Bremse bremste, der Scheibenwischer wischte, die Hupe hupte, nur der Wagen wagte sich nicht weiter.

Als der Verkehrspolizist kam, stieg Cordula auf der anderen Seite aus und tat, als gehörte sie nicht zu mir.

Ich traf sie erst vierzehn Tage später auf der Straße. Ich verlangte eine Erklärung.

Na ja, sie wollte nicht gern mit so einem alten Kasten gesehen werden, und dann die Schande, mitten auf dem Alexanderplatz stehenzubleiben. »Alter Kasten?« rief ich empört. »Du warst ja froh, daß wir überhaupt ein Auto hatten! Und die Geschichte auf dem Alexanderplatz konnte nur passieren, weil der Benzintank leer war.«

Mag ja sein, meinte sie schnippisch, sie hätte jedenfalls genug von mir und meiner alten Karre. Außerdem hätte sie jemanden mit einem Sechszylinder kennengelernt, könnte sich also um zwei Zylinder verbessern.

Ich startete wortlos. Mein Wagen schoß drei erbitterte Fehlzündungen auf sie ab.

Cordula verlobte sich mit dem Sechszylindermann. Zwei Tage vor der Hochzeit lernte sie einen Filmschauspieler mit einem Achtzylinderluxuswagen kennen, mit eingebauter Klimaanlage und verstellbaren Schlafsesseln. Den heiratete sie dann. Den Filmschauspieler. Vielleicht auch den Wagen.

Manchmal winkte sie mir freundlich zu, wenn sie in ihrer Chromschaukel an mir vorüberrollte. Ich fühlte mich tief geehrt.

Das Eheauto fuhr glücklich, bis Cordula den Zwölfzylinder-Amati mit versenkbarem Verdeck und automatischer Kaffeemaschine sah. Aber auch der Italiener konnte sie nicht halten, denn sie verliebte sich in einen Cadillac, der mit Radiotelephon, gekacheltem Bad und Infrarotgrill ausgerüstet war.

Dann bekam ich eine Postkarte. Ich sollte sie doch mal besuchen. Im Krankenhaus. Sie lag im Bett, umwickelt mit einer Jahresproduktion von Binden. Ich lächelte sie verbindlich an. »Siehste, das ist die Strafe. Du bist ja nie zufrieden. Kein Wagen war dir gut genug. Kleiner Autounfall, nicht?«

»Ja.« Ihre Augen strahlten. »Aber mit was für einem Wagen! Den hättest du sehen müssen!«

1962

Yesterday – der Minol-Pirol pfeift es schon vom Dach

Bettgeflüster mit Berti Brause, Verkehrsminister a.D.

Hey Baby, klar kenne ich den Spruch vom Autoaufkleber: Ich kann tatsächlich auch so gut einparken. Mußte ich aber in den letzten Jahren gar nicht mehr machen, weil ich einen eigenen Chauffeur hatte. Laß uns eine Pause machen. Bist schließlich nicht nur zum Ackern ins Hotel gekommen, ich bezahle auch dafür, daß du mir einfach zuhörst. Vor irgend jemand muß man sich ja mal ausquatschen können.

Was, du verstehst nicht richtig Deutsch? Kommst nicht aus Weißrußland, sondern aus der Ukraine? Macht nichts, ist doch dasselbe. Außerdem habe ich mal in der Schule Russisch gelernt. *Nina, Nina, tam Kartina, Prasdniki fikifiki ...*

Ach, Olga heißt du, Olga von der Wolga, hast sogar in Biochemie promoviert. Prima, laß uns gleich einen Schampus darauf trinken! Dann bist du ja fast so gut wie ich als Informatiker. Habe nämlich sogar zweimal den Doktor gemacht unterm Zwangsregime. Denn Fleiß ist die Tugend der Einfallslosen. Einmal in Rostock, da wollte ich Honeckers Wohnungsbauprogramm rechnergestützt verwirklichen. Und dann in Wismar. Da ging's um Software für den Containerumschlag. Damit du es kapierst – wie kriegt man möglichst schnell mögliche viele Kisten auf ein Schiff und wieder runter. Du siehst also, Verkehr hat immer was mit hin und her zu tun. Daß dieses geniale Computerprogramm nicht praktisch funktioniert hat, lag nicht an mir. Ich hatte es sogar als »Parteitagsinitiative« tituliert, mußte mich aber dann wegen Grippe krank schreiben lassen. Bin damals selbst um Wirtschaftslenker Günter Mittag rumscharwenzelt und habe viel durchgestellt, aber die Genossen wollten mich nicht. Typisch Diktatur. Aus Protest bin ich dann eben zwischendurch auf die CDU-Parteischule in Burgscheidungen gegangen.

Ja, war damals ziemlich hart. Einerseits der aufreibende Job an der Wismarer Hochschule, andererseits hatte ich mir im Bezirk eine uraltes, winziges, schilfgedecktes Häuschen zugelegt und eigenhändig dafür Reet geschnitten. Sicher, kennst du ja aus alten Sowjetzeiten, ein paar Beziehungen und Rubelchen haben auch geholfen. Aber keine Angst! Mein Kumpel Achim aus Rostock, dieser fromme Theologe und Gaukler, hat dafür gesorgt, daß die Akten vom Denkmalschutz in Schwerin sauber sind. Ebenso die aus der Wismarer Hochschule. Noch nicht einmal die Fotos von der Kampfgruppe, wo ich mal mitgemacht habe, sind noch aufzufinden. Zum Dank dafür haben sie mich dort schnell noch zum Ritter, äh Professor geschlagen.

Darauf muß ich gleich noch einen Cognac kippen. *Nasdarowje!* Und du hast doch nichts dagegen, wenn ich mich mal hier in der

Bei welchem Schild ist das Wenden auf der Autobahn erlaubt? Willkommen im Freistaat Bayern

Kommt ein Trabi mit Karacho an eine Tankstelle gedüst, der Tankwart lehnt gelangweilt an einer Zapfsäule und guckt. Der Fahrer springt aus dem Trabi, ruft zum Tankwart »Tanken Sie bitte voll!« und rennt zur Toilette. Nach fünf Minuten kommt er zurück und fragt: »Na, wieviel ging denn rein?« Darauf der Tankwart: »845 Liter – mehr paßte nicht, weil das Seitenfenster noch auf war.«

Wessi steht im Walde,
ganz still und stumm
Da kam ein kleiner Trabi
und fuhr ihn um.
Trabi sag, wo kommst du her?
Aus der alten DDR.
Wessi, sei jetzt stille,
sonst komm'n noch mehr.

Einmal voll, bitte!

Suite an den Flügel setze und ein bißchen darauf herumklimpere? In ruhigen Momenten gehe ich nämlich gern ans Klavier und greife in die Tasten. Am liebsten Beatles. Da kann ich wunderbar abschalten und in die Erinnerungen abtauchen ... *Yesterday, all my troubles seemed so far away, now it looks as though they're here to stay, oh, I believe in yesterday* ... Da guckste mit deinen hübschen Russenaugen, wa? Komm her, Olga, setz dich auf meinen Schoß und laß dir von Onkel Berti was erzählen.

Die Vorsehung trieb mich nämlich, daß ich beschloß, Politiker zu werden. Aber du siehst ja an meinem perfekten Klavierspiel – ich hätte auch ein guter Organist werden können. Auf alle Fälle klimpere ich besser als mein alter kleiner Chef auf der Bratsche fiedelt. Der bildete sich tatsächlich ein, im Land die erste Geige zu spielen. Doch er hatte von Tuten und Blasen keine Ahnung, übrigens ganz im Gegensatz zu dir, mein Schatz. In Wahrheit habe ich allein mit den Bundis den ganzen Übergabevertrag ausgehandelt. Das heißt, eigentlich habe ich gar nichts ausgehandelt oder gar gehandelt, außer dann am Ende die Kapitulationsurkunde unterschrieben. Alles andere hat Wölfchen, ein enger Parteifreund, mit seinen Leuten geregelt. Aber bei einer Sache blieb ich unbestechlich: Im Übergabevertrag ließ ich die Vereinheitlichung der Promille-Grenze in beiden Teilen Deutschlands ausgeklammert, schon aus persönlichem Interesse. Die Geschichte gab mir Recht. Jetzt sind auch die Ossis vom brutalen absoluten Alkoholverbot hinterm Steuer befreit. Gieß mir doch gleich noch einen Cognac ein. Prost! ... *Why she had to go I don't know, she wouldn't say, I said something wrong, now I long for yesterday* ...

Und dann war es wie bei einem vorzeitigen Erguß: Ich wurde nach ganz, ganz oben katapultiert. Eben weil ich alles konnte und wußte. Sogar mein neuer großer dicker Chef meinte, ich sei überragend, überdurchschnittlich begabt und engagiert. Ich mußte mir keine Kinkerlitzchen einfallen lassen wie die beiden jungen Kolleginnen, die zur Weihnachtsparty im Kanzleramt in durchsichtiger Rüschenbluse Irish-Coffee einschenkten oder einen Striptease aufs Parkett legten und dann prompt Familien- bzw. Umweltministerin wurden. Ich dagegen besitze Kompetenz und Potenz. Nicht wahr, ich verstehe doch was vom Verkehr?

Und genau diesen Sektor wollte ich zum Motor für die gesamte Wirtschaft machen. Also quer durchs Land neue Autobahnen, die alten auf acht Spuren verbreitert, und die Ossis sollten eine Automobilisierungsrate wie die Wessis haben. Das habe ich geschafft. Die verödeten Fahrbahnen im Osten Deutschlands sind passé, durchschnittlich 65 Stunden im Jahr steht jeder Autofahrer im Stau. Eines der letzten Abenteuer unserer Zivilisation. Wer durch den Stau gekommen ist, kommt auch durchs Leben. Nur nebenbei, Olga, ich spüre auch schon wieder so einen fürchterlichen Triebstau ...

Klotzen, nicht kleckern, wurde mein Leitmotiv. Und den alten Kumpels habe ich aus eigener Erfahrung sagen können: Paß auf, du bist Ossi, mach dich selbständig! Nimm vier Pflöcke und hau sie in die Erde! Kaufe das Volkseigentum, das drauf steht! Und tue es, bevor ein Wessis kommt! Ich hab's ja genauso gemacht, dienstlich wie privat. Das war eine Heidenarbeit, den Parteiauftrag Privatisierung zu erfüllen. Kannst du dir bestimmt vorstellen bei 1855 Kilometern Autobahn, den MITROPA-Raststätten und 1200 Minol-Tankstellen. Das war ähnlich wie bei euch im ruhmreichen weiten Sowjetland. Der VEB Kombinat Minol war in der DDR Monopolist für Treib- und Schmierstoffe für Motoren und Betreiber der Staatlichen Tankstellenkette, einschließlich Intertank an den Transitstrecken. Allerdings besaß das Unternehmen keine eigene Raffinerie und kein eigenes Markenschmieröl. Wie es bei uns auch nur drei Sorten Benzin gab: VK (Vergaserkraftstoff) 79 »Normal« für 1,40 Mark je Liter, VK 88 »Extra« für 1,50 Mark und VK 94 »Sonderkraftstoff« für 1,65 Mark, wobei die Preise überall gleich waren und über Jahre unverändert blieben. Dafür verfügte Minol, mit Ausnahme des Militärs und der Staatsreserve, über die gesamte Tanklagerkapazität des Landes. Noch 1991 war Minol das umsatzstärkste ostdeutsche Handelsunternehmen mit einem Umsatz von rund 7 Milliarden DM und Überschüssen in zweistelliger Millionenhöhe. Minol kam also einer Lizenz zum Gelddrucken gleich. Das Schönste aber – sie hatten seit den 60er Jahren eine niedliche Werbefigur: den Minol-Pirol, eine Ölkanne mit Flügeln und Beinen. Die Werbefilme in den Tausend Tele-Tips im Fernsehen habe ich mir als Kind immer gern angesehen. Bei dem Tele-Tip, der helfen soll, gibt Ihnen der Minol-Pirol, kamen solche klugen Ratschläge wie »Erst Tanksäule freimachen, dann zahlen!« oder »An ruhigen Tagen, Montag bis Donnerstag tanken!«

Okay, ich will dich nicht langweilen und mache es kurz. Bei Minol und der Treuhand standen die Firmen Schlange, um sich dieses Schnäppchen unter den Nagel zu reißen. Deshalb haben wir da ein bißchen gepokert, um den besten Preis zu erzielen. Für alle Beteiligten sollte ja dabei etwas herauskommen. Es gibt Schlachten, die man

Interfimmel

Es stinkt so langsam
schon zum Himmel
Der sogenannte Interfimmel.
Als Intershop und Intertank,
die Interflug gibt's – Gott sei Dank!
In vielen Städten baut man heuer
Interhotels – groß und teuer.
Die Toiletten sind gewiß
das allerneuste Interpiß.

Der größte Knüller, den wir sah'n,
steht an der Leipziger Autobahn.
Ein Parkplatz nur für Westtouristen,
und für den Fall,
daß sie mal müßten,
gibt's blau geflieste Interklo,
das stimmt dann heiter
und macht froh.
In diesen stillvertrauten Winkeln
kann man nur für Westgeld pinkeln.

Legt sich der Darm bei uns in Falten,
wir dürfen dort noch nicht mal halten.
Hocken wir stöhnend
in den Büschen –
müssen mit Laub
den Hintern wischen.
Um kalte Backen pfeift der Wind,
warum?
Weil wir nicht »Inter« sind.

Es fehlt uns neben Frau und Suff
nur noch ein schöner Interpuff.
Wo ein devisenträcht'ger Mann
Auch einmal interbumsen kann!

(DDR-Volksmund, Ende 70er Jahre)

»Ich werde dem Chauffeur kündigen«, tobt Minister Krause, »er hat mich heute schon zum dritten Mal in Lebensgefahr gebracht!« »Aber Günti«, beruhigt ihn seine Frau, »gib ihm bitte noch eine Chance!«

Agitation und Propaganda am Trabi-Heckfenster

26 brutale PS
Achtung, Stasi Dienstwagen!
Airbag ist mitzubringen
Als Gott die anderen Autos schuf, hat er nur geübt
Angeschmiert: Abgefahren
Augenweide
bescheiden – entscheiden – unterscheiden
Bis zum bitteren Ende
Blühende Landstraßen
Das ist der wilde Osten
Die Arroganz der Ossis
Die fahrende Rolle
Die Kraft der zwei Kerzen
Die Rache der Entnervten
Du bist nicht wie ich!
Eastmania
Ehrliche Haut
Eine Laune der Natur
Einer von uns
Einfach riesig, der Kleine!
Elaskon is my best friend
Ferrari inkognito!
Gernegroß
Gib Daimler eine Chance!
Gott kennt Gnade, ein Trabant nicht
Held der Arbeit
Herz aus Gold
Honnis Bester
Ich bin der kleine Zwerg aus dem Zwickauer Werk
Ich bremse nur zum Kotzen!
Ich hasse Kompromisse
IFA-Krieger
ismirschlecht
It's not a trick – it's a Zoni!
Klein und gemein
Kurve gekriegt
Kuschelmonster – ich bin wieder da!
Küß mich! Bin ein verzauberter Porsche.
Leistungsarm & abgasstark
Lieb und billig
Listen to the sound of 2-Takt
Mein Auto fährt auch ohne Wald.

schlagen will, und Schlachten die man schlagen muß, sagte ich mir. Nach außen hin haben wir das natürlich ganz demokratisch und kompliziert dargestellt, den Minol-Verkauf mit dem der Leuna-Raffinerie gekoppelt, viel über veraltete Technik und Umwelt-Altlasten geschwätzt, über Steuererleichterungen, Subventionen und Investitionsbeihilfen geredet usw. Am Ende machte ein französisch-deutsches Konsortium aus der Societé Nationale Elf Aquitaine, der Thyssen Handelsunion und der Deutschen SB-Kauf AG den Deal, wobei die Deutschen aus dem Geschäft schnell wieder ausstiegen.

Da ich Richtlinienkompetenz hatte, habe ich mich mit den Details nicht abgegeben. Dafür bildete ich mich auf Dienstreisen, pendelte wochenlang zwischen Nizza und Monte Carlo. Vorher wußte ich gar nicht, was es auf der Welt für schöne Casinos, exquisite Hotels und Privatclubs gibt. Oder edle Villen, wie mein neuer Freund Dieter, ein ehrenwerter Makler und Lobbyist, eine hat, direkt am Meer. Konnte er sich locker leisten bei den 50 Millionen Mark Provision von Elf Aquitain. Das stünde mir auch zu, bei der Last der Verantwortung, hat er mir gesagt. Und die anderen haben kräftig genickt und gelacht.

Die Pariser, Le Floch-Prigent, André und Alfred, gossen immer wieder von dem teuren Champagner nach und staunten nicht schlecht, als ich ihnen erzählte, daß die Aufbauhelfer aus Bonn ein Buschzulage wie bei den Negern bekommen, wenn sie im Osten Aufbauarbeit leisten. Das brachte sie sofort auf die Idee, ebenfalls afrikanische Maßnahmen einzuleiten. Die Lobbyarbeit sei ihnen mindestens 80 Millionen Mark wert, gaben sie mir zu verstehen.

Die anderen aus der fröhlichen Runde verstanden auch. Beispielsweise die netten Banker aus Liechtenstein, der liebe Dieter vom Kartellamt, der gute Doktor, der für eine Investmentbank das Ausschreibungsverfahren für Leuna/Minol maßgeblich gestaltete, zugleich Berater von Elf Aquitaine und früher mal Wirtschaftsminister war, dann Jürgen, sein Nachfolger in diesem Amt, und Theo, der Oberfinanzer. Auch der sympathische Holger, einst Chef vom Verfassungsschutz und dann Staatssekretär im Verteidigungsministerium, wollte sich bei dieser Arbeit einbringen. Und ganz scharf war die Agnes. Nein, nicht wie du denkst, Olga, nicht sexuell. Zumindest nicht in jener Nacht. Aber da sie vom Verteidigungsministerium zu Thyssen-Krupp gewechselt hatte, war sie für den Deal unverzichtbar und ihre acht Millionen Mark Provision wert. Als dann unterm Strich auch noch ein hübsches Sümmchen für die Parteikasse übrigblieb, habe ich Big Boss, den großen Dicken, angerufen. Der hat bloß gesagt, wenn alles rechtens ist und korrekt, macht, was ihr wollt, ich weiß von nichts.

Ich bin dann zurück auf die Party und habe die Chefentscheidung den Verhandlungsteilnehmern übermittelt. Das war ein Jauchzen und Frohlocken! So ließ ich mich auch nicht lange bitten, am Klavier ein paar fröhliche Kampflieder zu schmettern. Sause-Brause in Aktion, wie in der Rostocker Storchenbar oder in Boba's Bar in

Bonn. Oder wie jetzt mit dir im Hotelzimmer. Komm Süße, laß dich knutschen! ... Yesterday, love was such an easy game to play ... Gib mir noch was von dem Cognac. Soll ich dir den Rest auch noch beichten? Also gut.

Ich genoß natürlich meinen unaufhaltsamen Aufstieg. Doch wie man so schön sagt, auf hoher See, vor Gericht und in der Ehe ist man in Gottes Hand. Und Hildegard, meine Frau und ich, wie waren zwei Kriegsschiffe in einem Hafen. Ich opferte meine Karriere ihrer Gier. Mir ging es wie dem armen Fischer mit seiner Frau. Sie wollte immer mehr besitzen, war süchtig nach Reichtum und Wohlstand. Das Haus konnte ihr mit 1,8 Millionen Mark gar nicht teuer genug sein, mit Designerküche und Marmorbad. Dann hat die dumme fette Kuh sich auch noch unseren privaten Umzug aus der Staatskasse bezahlen lassen, obwohl wir das bei meinem Ministergehalt von 40000 Mark im Monat gar nicht nötig hatten. Und zu allem Übel schaffte sie sich eine Putzfrau an, die sie zu 70 Prozent aus Fördermitteln vom Arbeitsamt bezahlen ließ.

Das bekam irgendwie so eine verkniffene subalterne Tussi aus meinem Ministerium mit, der ich mal in den Arsch gekniffen hatte, aber dann nicht mit ihr in Bett gegangen war. Aus Enttäuschung und Rache gab sie die Insiderinformation an die linke Kampfpresse. Wem die Tragik nicht zugestanden wird, dem bleibt der Skandal. Vom absoluten Elend direkt in den Abgrund. Mir blieb nichts als der freiwillige Rücktritt übrig, wie mir wohlmeinende Parteifreunde empfohlen hatten. Das Folgende kennst du ja: Grundstück, Haus mit vier Garagen, Büro und Gästeräumen futsch, Firma pleite, Scheidung, Frau weg. Ein alltäglicher Schiffbruch im Kapitalismus. Es war lächerlich, aber nicht peinlich.

Da verstehst du doch sicherlich, Olga-Schatz, daß ich mich bei dir nach Zärtlichkeit sehne. Sonst mußt du dir um mich keine Sorgen machen. Die Hotelsuite hier, Speisen und Getränke zahle ich aus der Portokasse. Meine Freunde lassen mich schon nicht fallen. Da habe ich ein viel zu gutes Gedächtnis. Mir geht's sauwohl. Ist erst der gute Ruf ruiniert, lebt es sich ganz ungeniert! ... *Now I need a place to hide away, oh, I believe in yesterday ...*

1945

Agitation und Propaganda am Trabi-Heckfenster

Mercedes Jagdgeschwader
Neidsch?!
No Airbags – Wir sterben wie Männer!
No Risk, No Fun
Nur 26 PS, aber 1.280 Watt!
Out? Fit!
Pappe satt
PappenHeimWeh
Perfektion läßt sich nicht verbessern
Plastepfeil
PS-Mangel wird durch Wahnsinn ersetzt
Sachsenring statt Ehering!
Sachsens Rache
Schadstoffstark und leistungsarm!
Sohn seiner Klasse
Soviel Spaß für wenig Geld
Streicheleinheit
Tatü-tattoo
The Magic of Power
Totgesagte leben länger
Trabant – Man sagt, er habe magische Kräfte
Trabant – Technik, die begeistert
Trabifahrn ist Kult, wer keinen hat, ist selber schuld
Trabis – die tun (niemandem) was!
Trabi-Tuning: Ihr werdet uns nie los
Trotz Vereinigung und Wende – Trabi-Treue ohne Ende!
Unsterblich
Unvergänglich, unverbesserlich, unentbehrlich, unverkäuflich
Von guten Züchtern empfohlen
Von Trabant-Fahrern lernen, heißt siegen lernen!
Vorsicht! Keine heiße Asche einfüllen!
Während in Wolfsburg noch gearbeitet wird, wird in Zwickau schon gefeiert!
Was Software in die Knie zwingt, den Trabi nur zum Lachen bringt
Wendemanöver
Wenn ich Mercedes fahren will, ruf ich mir ein Taxi.
Wie gut, daß ich kein VW-Golf bin!
Wir danken dir Erich für die milde Gabe!
Zwickauer Luxus hat nicht jeder

- 3.7.: Beginn der Demontage des DKW-Werkes in Zschopau auf Befehl der sowjetischen Besatzungsmacht. Die Sprengung der Werksgebäude kann durch einige ehemalige Werksangehörige mit Unterstützung des Bürgermeisters nach Verhandlungen mit der sowjetischen Besatzungsverwaltung verhindert werden.
- 24.9.: Eine Gruppe von Arbeitern und Angestellten gründet die »Maschinenbaugenossenschaft (DKW) e.G.m.b.H. Zschopau«
- 13.10.: Befehl Nr. 93 des Obersten Befehlshabers der Sowjetischen Streitkräfte in Deutschland zur Wiederaufnahme der Produktion in Eisenach
- Das Framo-Werk in Hainichen wird lt. Befehl 124 der SMAD demontiert

1946

- März: Beendigung der Demontage des Framo-Werkes, Beginn des Wiederaufbaus und Produktion von Kartoffelkörben, Handwagen, Kinderrollern, Gespannwagen, Kfz-Ersatzteilen und Reparaturen
- 30.6.: Durch Volksentscheid in Sachsen wird die Auto Union AG enteignet. Aus dem ehemaligen Werk Horch entsteht der VEB Sachsenring, aus Audi wird der VEB Automobilwerke Zwickau
- 1.7.: Eingliederung des DKW-Werkes in die Industrie-Verwaltung Fahrzeugbau unter der Firmenbezeichnung »IFA-Motorradwerk Zschopau«
- 15.9.: In Eisenach wird der Demontagebefehl aufgehoben; das Eisenacher Werk ist Teilbetrieb der Sowjetischen Aktiengesellschaft Awtowelo
- Wiedereröffnung des »Gerätebau Waltershausen«, Beginn der Herstellung von landwirtschaftlichen Geräten, Anhängern und Anhängerkupplungen
- Wiedergründung der FAKULTA

1947

- Gründung des Industrieverbandes Fahrzeugbau (IFA)
- Eingliederung von Simson-Suhl in die sowjetische Aktiengesellschaft SAG Awtowelo, Beginn der Produktion von Kinderwagen und Fahrrädern

1948

- 1.7.: Zusammenlegung der nach Schönebeck verlagerten Breslauer Fahrzeug- und Motorenwerke GmbH (FAMO) mit den WELTRAD Werke Schönebeck a./E. zu »IFA – Vereinigung volkseigene Fahrzeugwerke Werk Schönebeck
- 17.8.: Die Auto-Union AG wird im Handelsregister Chemnitz gelöscht
- 17.10.: Das erste Motorradrennen (Vergleichsrennen) in der SBZ wird auf dem Schleizer Dreieck gestartet
- Die erste Neukonstruktion in Eisenach, der BMW 340, wird der Öffentlichkeit vorgestellt
- Umbenennung des »Gerätebau Waltershausen« in VEB Fahrzeugwerk Waltershausen
- Eisenach baut auf Befehl der SMAD die AWO 425

1949

- 24.7. Das Stralsunder Bäderrennen gibt den Auftakt für die erste Rennsportsaison in der SBZ
- 5.9.: Freigabe des Motorradwerkes

Zschopau für die Motorradproduktion durch die SMAD; Ausstellung von 3 RT 125 auf der Leipziger Frühjahrsmesse
- 18.9.: 16. Schleizer Dreieckrennen mit 160 000 Zuschauern
- Gründung der ersten volkseigenen Verkehrsbetriebe
- In Eisenach wird die Serienproduktion des BMW 340 aufgenommen.
- In Zwickau wird bei Audi in kleinen Stückzahlen wieder der beliebte Vorkriegs-Kleinwagen DKW F 8 als IFA F 8 produziert
- Framo in Hainichen nimmt die Fahrzeugproduktion wieder auf mit dem Bau des Transporters V 501/2; das Werk wird volkseigen und nennt sich »IFA Vereinigung Volkseigener Fahrzeugwerke – Werk FRAMO Hainichen/Sa.«
- Zschopau beginnt die Wiederaufnahme der Produktion der legendären DKW RT 125, zunächst als IFA-DKW
- Das erste Sachsenring-Rennen nach dem Krieg findet statt
- Die Zittauer Phänomen-Werke werden volkseigen, Fertigungsbeginn der ersten Granit 27

1950

- In Zwickau wird der IFA F9 mit Stahlkarosse produziert
- Gründung des VEB Zeitzer Kinderwagen (Zekiwa)
- Im Motorradwerk Zschopauer läuft das Motorrad DKW RT 125 vom Band
- Fertigungsbeginn des Traktors »Pionier«

1951

- Auf der Leipziger Frühjahrsmesse stellt das IFA-Werk Horch, Zwickau, erstmals ein Funktionsmuster des Lkw H 6 vor; parallel wird der Lkw H 3 A entwickelt
- 1.7.: Paul Greifzu siegt beim Internationalen Avus-Rennen in Berlin
- Das Sachsenringrennen zählt erstmalig zur DDR-Meisterschaft

1952

- 1.5.: Simson-Suhl wird VEB und in das IFA-Kobinat eingegliedert; Produktion der AWO 425 und von Mopeds
- 10.5.: Paul Greifzu verunglückt tödlich bei einer Trainingsfahrt für das 3. Dessauer Wagen- und Motorradrennen
- 7.10.: Für die Volkspolizei werden militärischen Dienstgrade festgelegt; neue olivgrüne Uniformen
- Gründung des Verkehrsmuseums in Dresden
- Bau des Kettentraktors »Rübezahl« KS 07 im Brandenburger Traktorenwerk
- In Ludwigsfelde wird der Kleintransporter »Dieselameise« gebaut
- Umbenennung der Eisenacher Wagen von BMW in EMW (Eisenacher Motorenwerke)
- Die Motorradwerke Zschopau lassen den Markennamen DKW fallen, heißen VEB Motorradwerke Zschopau (MZ); der erste Zweitakter mit Kardanantrieb, die BK 350, erscheint
- Baubeginn des Omnibus H 6 B in Werdau, vorerst noch unter der Typenbezeichnung W 501

1953

- VEB Robur-Werke Zittau fertigen Lkw Garant 30 K und Garant 32
- In Eisenach beginnt die Produktion des Pkw IFA F 9; die Produktion der Typen EMW 342 und 343 wird eingestellt
- Der Geräteträger RS 08 »Maulwurf« wird im VEB Traktorenwerk Schönebeck gefertigt
- VEB Kraftfahrzeugwerk »Ernst Grube« Werdau baut den einzigen Serien-Dreiachser G 5 vorwiegend für den militärischen Bereich
- Gründung des IFA Rennkollektiv Zschopau

1954

- 14.1.: Beschluß des Präsidiums des Ministerrats zum Bau eines Kleinwagens – Beginn der Trabant-Geschichte
- MÄRZ: Manfred von Brauchitsch siedelt in die DDR über
- 26.11.: Das Ministerium für Eisenbahnwesen, das Staatssekretariat für Schiffahrt und das Staatssekretariat für Kraftverkehr und Straßenwesen werden zum Ministerium für Verkehrswesen vereinigt.

1955

- 16.10.: Start zur ersten Motorradgeländefahrt »Rund um Zschopau«
- 18.10.: Eisenach stellt den Wartburg 311 vor
- 2.12.: Start zur I. Rallye Wartburg
- VEB Fahrzeug- und Jagdwaffenwerk Ernst Thälmann, Suhl beginnt mit der Produktion von Kleinkrafträdern
- Ludwigsfelde beginnt mit dem Bau des Stadtrollers »Pitty«

1956

- 1.1.: Gründung des VEB MINOL.
- März: Beschluß des RGW, daß in der DDR nur noch kleine und mittlere Pkw und Lkw unter 5 Tonnen Nutzlast produziert werden
- 3.10.: Sachsenring Zwickau stellt den P 50 vor
- Einführung eines neuen Stopschildes in der DDR
- MZ Zschopau präsentiert die ES 250, die erste 250er Maschine nach dem Krieg
- Ludwigsfelde baut den Roller SR 56 »Wiesel«
- Auflösung des AWE-Rennkollektivs in Eisenach

1957

- 1.1.: Neue StVO: Höchstgeschwindigkeit innerhalb geschlossener Ortschaften 50 km/h; außerhalb Tempo 80, auf Autobahnen Tempo 100
- 7.11.: Der erste Trabant P 50 geht in Zwickau in die Nullserie
- Erste erfolgreiche Testversuche zur Zulassung von Gehörlosen als Kraftfahrer im öffentlichen Straßenverkehr der DDR
- Gründung des Allgemeinen Deutschen Motorsport Verbandes (ADMV); der 18 Disziplinen unter seinem Dach vereint; Manfred von Brauchitsch wird erster Präsident
- Umbenennung der Phänomen-Werke in VEB Robur-Werke Zittau und des Horch-Granit in Garant; Angliederung des Karosseriewerks Bautzen und des Motorenwerks Kamenz
- Das Fahrzeugwerk Waltershausen übernimmt von Ludwigsfelde den Bau des Kleintransporters »Dieselameise«
- Die »Bibra-Werkstätten Brandis« werden verstaatlicht und firmieren unter »Brandiser Maschinen- und Apparatebau KG«; Produktion der Dumper Picco 1und 2

1958

- Auf der Frühjahrsmesse stellt das Zwickauer Horch Werk den Nachfolger des Lkw H 3 S , den S 4000 vor
- 14.4.: Der Rat der Stadt Teterow beschließt die Stiftung des silbernen »Bergring Pokals« beim jährlichen Pfingstrennen auf dem Teterower Bergring
- 1.5.: Die beiden Zwickauer Werke VEB Audi und VEB Kraftfahrzeug- und Motorenwerk Zwickau KMZ, vorm. Horch, schließen sich zum VEB Sachsenring Automobilwerke Zwickau zusammen
- 10.7.: In Zwickau geht der P 50/1 in Vorserie
- September: Beginn der Serienfertigung des Trabant P50/1; der letzte »Sachsenring P240« läuft vom Band
- Im Fahrzeugwerk Waltershausen Aufnahme des Models M 21; der Name »Multicar« wird geboren
- Umbenennung der »Framo« Frankenberger Motorenwerk in »Barkas-Werke«; Vereinigung der Betriebe VEB Barkas-

Werke Hainichen, Motorenwerk Karl-Marx-Stadt, Fahrzeugwerk Karl-Marx-Stadt, Einspritzpumpenteilewerk Wolfpfütz zu »VEB Barkas-Werke Karl-Marx-Stadt«
- Bei MZ Zschopau Weiterentwicklung der 125er MZ zur RT 125/3 und RT 125/4; erste WM-Siege für MZ und Vizeweltmeister in der 250er Klasse
- Einweihung der Speedwaybahn im Stralsunder Paul-Greifzu-Stadion

1959
- 30.6.: 1. Neubrandenburger Speedwayrennen
- Die Dresdener König und Schrader kehren von einer Testfahrt vom Nordkap zum Äquator mit zwei serienmäßigen Simson-Mopeds SR 2 zurück
- Heinz Melkus beginnt mit dem Umbau von Wartburg-Modellen für den Straßenrennsport
- Simson-Suhl baut das »Damenmoped« KR 50
- Ludwigsfelde produziert den Stadtroller SR 59 »Berlin«

1960
- Im VEB Schlepperwerk Nordhausen wird der Traktor »Famulus 36« produziert
- Sachsenring Zwickau arbeitet am Prototyp »P 100«, ein Ganzstahlauto mit Dreizylinder-Zweitaktmotor
- Die zentrale Verkehrskonferenz fordert, das Raststättennetz der Autobahnen zur gastronomischen Betreuung der Mitropa zu übertragen
- In Ludwigsfelde verläßt der 100000. Motorroller das Montageband
- In Zschopau/Hohndorf wird die MZ-Sportabteilung eingerichtet
- Erstes Motorradrennen auf dem Frohburger Dreieck

1961
- Zur Frühjahrsmesse wird der Robur LO 2500 als Nachfolger des Garant präsentiert
- 14.6.: Das erste Nullserienfahrzeug L1 mit der Typenbezeichnung »Barkas B-1000«; der Kleintransporter löst den Framo »V 901« ab
- 23.8.: Anordnung des Innenministeriums, daß Westberliner für Besuche in Ost-Berlin Passierscheine benötigen und im Straßenverkehr nur die Übergänge Chausseestraße, Invalidenstraße, Sonnenallee und Oberbaumbrücke benutzen dürfen; Westdeutschen stehen im Straßenverkehr zwischen den beiden Teilen Berlins lediglich die Übergänge Bornholmer Straße und Heinrich-Heine-Straße zur Verfügung
- 1.10.: Eröffnung des Zweitakt-Motorrad-Museums auf der Augustusburg
- 13.10.: Das Ampelmännchen wird ins offizielle Leben gerufen
- Beginn des Siegeszug der Simson-Vögel: Schwalbe, Spatz und Star gehen vom Band
- Der »Große Preis der DDR« zählt zur Motorradweltmeisterschaft.

1962
- Juli: In Ludwigsfelde wird der in Werdau entwickelte IFA W 45 als Prototyp des W 50 vorgestellt; gemäß der Förderung des Bauernkongresses nach einem Allrad getriebenen Transportfahrzeug für Straße und Feld
- Oktober: Bei Sachsenring Zwickau löst der Trabant 600 den bisherigen Typ P50 ab; Beginn die Mitarbeit zur Entwicklung des Kreiskolben- bzw. Wankelmotors
- Bei MZ Zschopau beginnt die Fertigung der ES 150; des ersten Motorrads mit asymmetrischem Abblendlicht

1963

- Bei Sachsenring Zwickau Beginn der Fertigung des Trabant 600, später Trabant 601
- In Ludwigsfelde wird der Motorroller Troll 1 gebaut

1964

- An der Kreuzung Greifswalder/Dimitroffstraße in Berlin wird die erste industriell gefertigte Lichtsignalanlage der DDR aufgestellt
- In Schönebeck wird das erste Funktionsmuster des Traktors ZT 300 vorgestellt
- In Waltershausen läuft die Weiterentwicklung Multicar 22 erstmals vom Band
- Simson-Suhl stellt die Produktion der AWO zugunsten kleinerer Mopeds ein
- Änderung des Reglements der Formel III mit 1000 ccm Hubraum

1965

- 17.7.: In Ludwigsfelde Beginn der Serienproduktion des Lkw W 50, zunächst ausschließlich als Pritsche
- Nach dem Betriebsteil Mühlbach kommt das Lager Niederau zu MZ. Das Motorradwerk Zschopau erreicht die höchste Jahresproduktion an Motorrädern: 90 000 Stück
- Lizenzvertrag zwischen der VVB Automobilbau DDR mit NSU/Wankel

1966

- 1.7.: In Eisenach beginnt die Serienproduktion des Wartburg 353
- Bei den »Six Days« wird die DDR Mannschaft in ununterbrochener Folge zum vierten Mal Sieger; Werner Salevsky gewinnt den Alpenpokal zum dritten Mal
- Ausstrahlung des mehrteiligen Fernsehfilms »Ohne Kampf kein Sieg«

1967

- Auf der Leipziger Messe stellt MZ Zschopau die überarbeiteten Modelle ES 175/2 und ES 250/2 vor
- Juli: Kündigung der NSU-Entwicklungslizenz (Wankel-Motor) durch die DDR
- Im Traktorenwerk Schönebeck beginnt die Serienproduktion des ZT 300
- In Werdau läuft die Fertigung des Lkw S-4000-1 aus, damit endet hier die Lkw-Produktion; anschließend nur noch Produzent von Traktor- und Lkw-Anhängern und Zubehör

1968

- 10./11.6.: Die Volkskammer beschließt die Einführung des Paß- und Visumzwangs im Reiseverkehr mit der BRD und Westberlin
- Das Versandkaufhaus Neckermann importiert die MZ in die Bundesrepublik. Die Modelle ES 125 und ES 150 werden modifiziert zur ES 125/1 und 150/1 und erhalten ebenfalls den Beinamen Trophy
- Peter Uhlig auf MZ 175 und Werner Salevsky auf der MZ 250 werden Europameister im Motorgeländesport

1969

- Beginn der Bildung der Kraftverkehrskombinate
- Bei Sachsenring Zwickau kommt der Prototyp »P 603« als Nachfolger des Trabant zur Serienreife
- 21.6.: In Zschopau läuft das 1-millionste Motorrad vom Band, eine MZ ETS 250 Trophy Sport

1971

- 5.10.: Otto Arndt, Minister für Verkehrswesen, übergibt als erste Neubaustrecke die Autobahn Leipzig – Dresden dem Verkehr
- Unterzeichnung des Transitabkommens zwischen BRD und DDR
- Die Zahl zugelassener Pkw ist auf 1,3 Mio. gestiegen
- Fred Willamowski wird auf MZ Europameister in der Klasse über 350 ccm

1972

- 26.5.: Der Verkehrsvertrag zwischen der DDR und BRD wird unterzeichnet
- Das Ministerium für Verkehrswesen erklärt die Harzquerbahn zum technischen Denkmal
- Die Kfz-Industrie produziert in diesem Jahr 206 000 Lkw, 50 000 Spezialfahrzeuge, 203 000 Zugmaschinen, 18 000 Busse, 1,4 Millionen Pkw und 1,3 Millionen Krafträder
- Verstaatlichung der Krankenfahrstuhlfabrik Louis Krause in Leipzig, wo der Grundstein für das Duo 4/1 gelegt wurde
- Auf der Leipziger Herbstmesse erhält MZ für die TS 250 eine der vielbegehrten Goldmedaillen für Spitzenexponate
- Beginn der Konstruktion und des Baus des Melkus-Spider Sportwagens

1973

- 3.4.: In einer Sitzung des Politbüros der SED wird die Arbeit am RGW-Auto P 760 ad acta gelegt
- 17.6.: In Plauen wird die 1. Spitzenfestrallye durchgeführt
- 12.11.: In Zwickau rollt der 1-millionste Trabant vom Band
- Bei MZ Zschopau Beginn der Produktion der Typenreihe TS 150

1974

- 1.1.: Auf Anordnung des Ministeriums des Inneren der DDR müssen DDR-Kraftfahrzeuge anstelle des bisherigen »D« das Zeichen »DDR« anbringen
- Das Ampelmännchen wird als Lichtsignalbild zum DDR-Standard gemacht
- Waltershausen baut mit dem Multicar M 24 ein kräftigeres, schnelleres und komfortableres Modell, die Exportquote liegt bei 48 %.
- Die DDR bestellt geheim bei Volvo in Göteborg mehrere Volvo 164
- Simson-Suhl bringt das Mokick S50 auf den Markt
- Die Wartburg-Werke Eisenach erzielen erstmals eine Jahreswarenproduktion im Wert von 1 Mrd. Mark
- Beim Teterower Bergringrennen wird erstmals der Lauf um den Goldenen Helm ausgetragen
- Das Naumburger Bergrennen zählt nun als Weinbergrennen als DDR – Meisterschaftslauf für den Straßenrennsport in allen Auto – und Motorradklassen

1975

- Innovationen beim Trabant: größerer Innenspiegel, verbesserter Korrossionsschutz, Schalldämmatten in Fahrgast- und Kofferraum
- Bei Simson-Suhl Produktionsauslauf des »Habicht«, des letzten neuen Modells der »Vogelserie«

1976

- 19.11.: Beim Trabant kommt erstmals die Krümmerheizung zum Einsatz

1977

- Import von 10 000 Pkw VW Golf 1
- Import von 1000 Volvos für den Partei- und Staatsapparat sowie von 2000 Volvo 244 DLS für den IFA-Vertrieb
- Konstruktion und Bau des MT-77 Rennwagens durch Melkus und Thaßler

1978

- 1.1.: Inkrafttreten der neuen StVO; u.a. neues Stop-Schild und Grüner Pfeil; VEB Signaltechnik in Wildenfels wird zum Alleinproduzenten der Verkehrsampeln (1989 gibt es insgesamt 1 200 Ampelanlagen)
- 1.8.: Der 1 500 000. Trabant läuft vom Band; Sachsenring Zwickau entwickelt den Prototyp »P 610« mit Ganzstahlkarosserie und Viertaktmotor
- 12.9.: Trabant P 601 »Tramp« (Kübel) geht offiziell in Serie
- Der Pkw-Bau in der DDR wird durch das VEB IFA-Kombinat Pkw als Dach-

organisation geleitet. Die Kombinatsbildung entstand durch die Teilung der damaligen Vereinigung Volkseigener Betriebe (VVB) in die Kombinate Pkw in Chemnitz, Nutzfahrzeuge in Ludwigsfelde, Zweiräder in Suhl und Spezialaufbauten/Anhänger in Werdau.
- Der neuentwickelte Zweisitzer aus Waltershausen heißt Multicar 25

1979
- 16.4.: DDR-Bürger dürfen im Intershop, bei Intertank und Genex nicht mehr bar mit D-Mark, sondern nur noch mit Forum-Schecks bezahlen.
- Premiere des DEFA-Films »Einfach Blumen aufs Dach« mit einem Pkw »Tschaika« in der Hauptrolle
- Beginn des Imports von 5 500 Pkw Citroën GSA

1980
- 22.2.: Der 100000. Barkas B-1000 rollt vom Band
- In der DDR werden 177000 Pkw sowie 37000 Lkw produziert.

1981
- April: Bei MZ Zschopau geht die ETZ 250 in Serie und löst die seit 8 Jahren gebaute TS-Reihe ab
- 31.5.: Handelsabkommen mit Japan, darauf hin u.a. Lieferung von 10000 Pkw Mazda 323
- Import von Volvos 245 Transfer, die auch als Mietwagen des Autovermieters AVIS verwendet werden

1982
- Die drei Westmächte legen bei der sowjetischen Botschaft Protest gegen ein DDR-Gesetz ein, in dem das Ministerium für Verkehrswesen der DDR für alle Wasserstraßen in West-Berlin als zuständig erklärt wird.
- Der 2-millionste Trabant verläßt die Endmontage
- Der VEB Barkas-Werke wird Stammbetrieb des IFA-Kombinates Pkw

1983
- In Zschopau läuft das 2-millionste Motorrad läuft vom Band, eine MZ ETZ 250
- Im Traktorenwerk Schönebeck wird der ZT 323 A als Nachfolger des ZT 303 gebaut

1984
- Vertragsabschluß mit VW, welcher die Produktion für zwei VW alpha 4-Takt-Motoren (ein 1.1 Liter aus dem VW POLO und ein 1.3 Liter aus dem VW Golf) erlaubt

1985
- Der Multicar ist jetzt auch mit Allradantrieb ausrüstbar
- Eine MZ-Werksmannschaft wird erstmals Enduro-Junioren-Weltmeister

1986
- 8.4.: Der 150000. Barkas B-1000 wird produziert.
- 15.8.: Der 2,5-millionste Trabant geht vom Band
- Der Bau einer Auto- und Motorradstrecke wird in den Fünf-Jahrplan der DDR aufgenommen
- Simson Suhl produziert den SR50 als Nachfolger der Schwalbe KR51/2
- Premiere des DEFA-Spielfilms »Fahrschule«

1987
- Neuerung beim Trabant: Verwendung asbestfreien Belags für die Kupplung
- Die Motorsportverbände der sozialistischen Länder einigen sich bei Rennwagen auf eine Hubraumerhöhung von 1300 ccm auf 1600 ccm

1988

- 31.8.: Beginn der Serienfertigung von VW-Viertaktmotoren im Barkas-Motorenwerk Karl-Marx-Stadt, die anfangs in Trabant- und Wartburgmodelle eingebaut und später nach Wolfsburg geliefert werden für Golf- und Polomodelle
- Abkommen zwischen DDR und BRD über Pannenhilfe für westdeutsche Fahrzeuge auf den Transitrouten; es erlaubt der ADAC-Straßenwacht, in der DDR liegengebliebene Fahrzeuge direkt am Ort der Panne zu reparieren. Der ADAC stellt im Gegenzug dem Verkehrskombinat Potsdam zunächst 15 neue VW Passat zur Verfügung.
- In der DDR gibt es im Herbst 7,5 Millionen zugelassene Kraftfahrzeuge, davon 3,7 Millionen Personenkraftwagen; etwa 95% dieser Pkw befinden sich in Privatbesitz
- Die Produktion des Wartburg 1,3 mit Viertakt-Motor-Lizenz des VW-Golf 1300 wird gestartet; er ist als Limousine und als tourist (Kombi) verfügbar.

1989

- 18.11.: Die Volkskammer spricht dem Kabinett Modrow mit fünf Gegenstimmen und sechs Enthaltungen ihr Vertrauen aus; Heinrich Scholz wird Minister für Verkehrswesen

1990

- 25.7.: In Zwickau läuft der letzte und 3-millionste Trabant P 601 vom Band. Am gleichen Tag wird der erste Trabant 1.1 mit einem in Lizenz des Volkswagen-Konzerns gefertigten Viertakt-Ottomotor produziert.
- Im letzten Jahr des Bestehens der DDR werden rund 217000 Pkw und 39000 Lkw produziert

Montag

Dienstag

Mittwoch

Donnerstag

Freitag

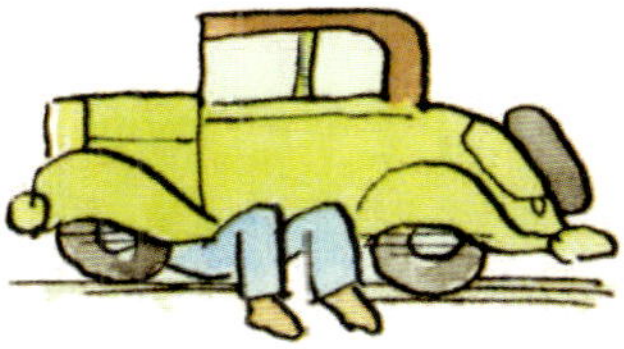

Sonnabend

Sonntag

Werkstätten und Ersatzteillager

Andert, Reinhold: Unsere Besten. Die VIPs der Wendezeit, Berlin 1993
Böhm, Karl/Dörge, Rolf: Unsere Welt von morgen, Berlin 1959
Brecht, Bertolt: Über Kunst und Politik, Leipzig 1977
Cerny, Jochen (Hrsg.): Wer war wer – DDR, Berlin 1992
Das dicke DDR-Buch, Berlin 2002
DDR. Tatsachen und Zahlen, Dresden 1974
Deutsches Institut für Zeitgeschichte: DDR – 300 Fragen, 300 Antworten, Berlin 1964
Deutz-Schroder, Monika/Staadt, Jochen (Hrsg.): Teure Genossen! Briefe an Erich Honecker, Berlin 1994
Die Wirtschaft (Hrsg.): Kombinate. Was aus ihnen geworden ist, Berlin/München 1993
Dokumentationszentrum Alltagskultur der DDR e.V. (Hrsg.): Fortschritt, Norm & Eigensinn. Erkundungen im Alltag der DDR, Berlin 1999
Eberle, Henrik (Hrsg.): Mit sozialistischem Gruß! Parteiinterne Hausmitteilungen, Briefe, Akten und Intrigen aus der Ulbricht-Zeit, Berlin 1998
Eberle, Henrik/Wesenberg, Denise (Hrsg.): Einverstanden, E.H. Parteiinterne Hausmitteilungen, Briefe, Akten und Intrigen aus der Honecker-Zeit
Fröhlich, Jörn: AWO, Simson und EMW. Die Viertaktmotorräder der DDR, Süstedt 1999
Gaier, Achim (Hrsg.): Personenwagen in der DDR, Stuttgart 2000
Geschichte der deutschen Arbeiterbewegung, Bd. 6-8, Berlin 1966
Geschichte der Freien Deutschen Jugend, Berlin 1982
Golle, HermannGolle, Hermann: Das Know-how, das aus dem Osten kam. Wie das westdeutsche Wirtschaftswunder von der SED-Politik profitierte, Stuttgart/Leipzig 2002
Heckhausen, Markus: Das Buch vom Ampelmännchen, Berlin 1997
Hell, Andreas: Wie lebt man in der DDR? Lebensstandard und Lebensweise im Sozialismus, Berlin 1974
Judt, Matthias (Hrsg.): DDR-Geschichte in Dokumenten. Beschlüsse, Berichte, interne Materialien und Alltagszeugnisse, Berlin 1997
Kirchberg, Peter: Plaste, Blech und Planwirtschaft Die Geschichte des Automobilbaus in der DDR, Berlin 2000
Kittler, Eberhard, DDR-Automobil-Klassiker, Band 1 und 2, Stuttgart 2002/2003
Kluge, Volker: Das Sportbuch DDR, Berlin 2004
Kurze, Peter/Steiner, Christian: Motorräder aus Zschopau, Kiel 1999

Michel, Robert: Die Beziehungskiste. Ein Autobuch für Menschenarren, Berlin 1995
Modrow, Hans (Hrsg.): Das Große Haus. Insider berichten aus dem ZK der SED, Berlin 1994
Oswald, Werner: Kraftfahrzeuge der DDR, Stuttgart 1998
Peters, Sieglinde: Meine Hand für mein Produkt. Briefe aus der sozialistischen Produktion, Berlin 1996
Petzholtz, Wilhelm/Ritschel, Peter: Ich fahre einen Dacia, Berlin 1985
Potsdamer Abkommen und andere Dokumente, Berlin 1950
Potsdamer Abkommen. Ausgewählte Dokumente zur Deutschlandfrage 1943 bis 1949, Berlin 1967
Przybylski, Peter: Tatort Politbüro. Die Akte Honecker, Berlin 1991
Wolfgang Richter (Hrsg.): Das Rekord-Buch. Besonderheiten, Kuriositäten & Superlative aus dem Osten, Berlin 2003
Röcke, Matthias: Die Trabi-Story. Der Dauerbrenner aus Zwickau Königswinter 1998
Rönicke, Frank/Melenk, Wolfgang: Helden der Arbeit. Busse, Last- und Lieferwagen der DDR
Schietzelt, Heinz/Thieme, Balduin: Komm fahr mit!, Halle 1960
Schumann, FranK (Hrsg.): Lotte Ulbricht – Mein Leben. Selbstzeugnisse, Briefe und Dokumente, Berlin 2003
Schwietzer, Andy: MZ, Ifa, Simson, AWO, EMW u.a. Zweiradfahrzeuge aus Ostdeutschland 1945–1994, Suderburg-Hösseringen 1994
Siem, Gerhard: Trabant, 2003
Sommer, Stefan: Das große Lexikon des DDR-Alltags, Berlin 2003
Sostschenko, Michail: Der Agitator, in: Werthers Leiden oder Die Zukunftsvisionen eines Radfahrers, Berlin 1968
Statistisches Jahrbuch der DDR 1989, Berlin 1989
Simone Tippach-Schneider: Das große Lexikon der DDR-Werbung, Berlin 2004
Simone Tippach-Schneider: Tausend Tele-Tips. Das Werbefernsehen in der DDR 1959 bis 1976, Berlin 2004
Urlaub, Klappfix, Ferienscheck. Reisen in der DDR, Berlin 2003
Uschner, Manfred: Die zweite Etage. Funktionsweise eines Machtapparates, Berlin 1993
Weltall, Erde, Mensch, Berlin 1955 und 1966
Wilke, H. u.a.: Lehrbuch für Fahrschüler, Berlin 1965
Wolle, Stefan: Die heile Welt der Diktatur. Alltag und Herrschaft in der DDR 1971–1989, Berlin 1998
www.barkas.de
www.zonentalk.de

Die Karikaturen stammen von Peter Dittrich (8, 114), Lothar Otto (10, 162), Heinz Behling (78), Leo Haas (83), Manfred Bofinger (90, 94, 95, 136), Wolfgang Schubert (101), Thomas Schleusing (154, 189), Henry Büttner (32, 168, 169), Peter Butschkow (2), Harri Parschau (12, 28, 36, 139, 141, 179), Louis Rauwolf (98, 140, 163, 164, 165), Heinz Jankofsky (93, 106, 125, 176), Barbara Henniger (97, 138, 148, 156, 158), Karl Schrader (110), Milen Radev (98), Horst Schrade (67, 159)

Die Fotos stammen von Max Ittenbach (31, 68, 92), Lothar Kaster (16), Imago (48, 49), Klaus Nitsche (53, 54), Herbert Lachmann (104), A. Schubert (120), Heinz W. Sütterlin (142), Rössing-Winkler (174), Erich Fritsch (180), Archiv Heubner

Nicht in allen Fällen ist es uns gelungen, die Urheber zu ermitteln. Berechtigte Honoraransprüche bleiben gewahrt.

ISBN 3-359-01619-X

Rosa-Luxemburg-Str. 39, 10178 Berlin
Druck und Bindung: Salzland Druck, Staßfurt

Die Bücher des Eulenspiegel Verlags
erscheinen in der Eulenspiegel Verlagsgruppe.

www.eulenspiegel-verlag.de